Inhalt

1. Einleitung

Ich gehe davon aus, dass du dieses Buch gekauft hast, weil du dein Leben spürbar verändern möchtest. Hiermit möchte ich dir versichern, dass du das bestmögliche Werk ausgewählt hast, wenn es darum geht, große und dauerhafte Veränderungen in deinem Leben herbeizuführen. Ich habe dieses Buch nicht geschrieben, damit du demnächst in der Lage sein wirst, einen Parkplatz in der Innenstadt zu finden, und auch nicht, um 100 Euro Gehaltserhöhung zu bekommen. Das könntest du alles auch ohne meine Inspiration erreichen. Ich liebe die wahren Veränderungen, die wirklich großen Sachen! Mein eigenes Leben ist voll davon, und deines sollte es auch bald sein. Wenn dein Leben schon absolut zauberhaft sein sollte, du in einer wahrhaft glücklichen Beziehung lebst, du finanziell mehr als versorgt bist und darüber hinaus eine strahlende Gesundheit hast, dann solltest du natürlich keine weiteren Veränderungen vornehmen. Dann brauchst du dieses Buch nicht zu lesen, schenke es jemandem, der es benötigt, und mach dir einen netten Abend mit deinem Partner. Aber ich denke, das ist nur bei den allerwenigsten so, dass sie wahrhaft in allen Bereichen ihres Lebens glücklich sind. Viele können dieses Glück nicht erreichen, weil sie sich abhängig gemacht haben von der Meinung anderer Personen oder Institutionen. Vielen ist es wichtiger, was die anderen denken, als das, was sie selbst möchten. In diesem Buch ermutige ich dich, **anders zu denken!**

Besonders möchte ich betonen, dass dieses Werk möglichst frei gehalten wurde von jedweden Ideologien, religiösen Dogmen und weltlichen Meinungen, was denn nun gut ist und was nicht, was erstrebenswert ist und was nicht. Diese Entscheidung, was für dich erwünscht ist und was du in deinem Leben nicht möchtest, überlasse ich dir ganz allein. Jeder Mensch hat darüber die hundertprozentige Freiheit, das selbst zu entscheiden. Um diese Freiheit genießen zu können, wirst auch du lernen, dich von Meinungen anderer unabhängig zu machen, denn das kosmische Gesetz hat dir diese Freiheit gegeben, selbst zu entscheiden, was du gerne magst und was nicht. Die Meinung anderer, was denn nun gut und schlecht für dich sei, solltest du mit ruhigem Gewissen ignorieren.

Wenn du glaubst, diesen Schritt wagen zu wollen, können wir gemeinsam beginnen, die Ketten abzulegen, um die Freiheit zu genießen, alles haben, tun und sein zu können, was immer das auch für dich sein mag. Du kannst buchstäblich **alles** haben, wonach dein Herz begehrt, ohne jemand anderem unrecht zu tun!

Es gibt unzählige Menschen, die eine sehr gesunde Lebensweise praktizieren, aber dennoch krank sind, Millionen, die schwer arbeiten, aber dennoch sehr arm sind, viele, die sämtliche Dogmen ihrer Religion befolgen, aber trotzdem keinen Seelenfrieden finden, etliche anständige Menschen, die kein Liebesglück erleben, unzählige ehrliche Leute, denen scheinbar Ungerechtigkeit geschieht.

Auf der anderen Seite sieht man in dieser Welt aber auch genau das Gegenteil: Menschen, die Raubbau mit ihrer Gesundheit treiben, jedoch kerngesund sind, etliche Menschen verdienen Millionen im Jahr, ohne die geringste Anstrengung, viele interessieren sich nicht für Religion, leben nach ihren natürlichen Trieben und haben ihren

Seelenfrieden. Da gibt es genug Menschen, die man als unanständig bezeichnet, die sich vor lauter Liebesglück gar nicht mehr retten können, und sehr viele, die unehrlich sind, und denen trotzdem anscheinend unverdientes Glück zuteilwird.

Wenn man dieses Phänomen einmal bis zum Ende durchdenkt, dann wird man zwangsläufig zu der Erkenntnis gelangen, dass diese „weltlichen Regeln", nach denen man reich oder arm wird, gesund oder krank, glücklich oder unglücklich, einfach nicht der Weisheit letzter Schluss sein können.

Sie stimmen einfach nicht! Es sind weltliche Meinungen, die auf einer Religion, einem kulturellen Hintergrund oder einer Ideologie beruhen. Aber würde nur eine dieser Meinungen stimmen, dann wären alle Menschen, die dieser bestimmten Religion folgen oder diese bestimmte Ideologie vertreten, gesund, reich und glücklich!

Aber das ist nun einmal nicht der Fall.

Also, es muss noch etwas anderes geben, das darüber entscheidet, wie unser Leben sich entwickelt, in die erwünschte oder unerwünschte Richtung.

Ob du nun eine gute Ehe führen willst oder erst einmal den richtigen Partner dazu finden möchtest, ob du viel Erfolg im Beruf haben willst oder einen gesunden, attraktiven Körper oder am besten natürlich alles zusammen – anhand der hier beschriebenen Gesetzmäßigkeiten wirst du es erlangen – konsequent! Und genau deswegen habe ich dieses Buch geschrieben, damit es noch mehr Menschen gelingen mag, ihren wahren Traum zu leben. Dazu musst du natürlich die Verantwortung übernehmen, deswegen könnte es sein, dass dir meine

Wortwahl etwas rüde erscheinen mag oder dass du dich gar angegriffen fühlst. Aber bitte erkenne, dass ich dich nicht angreife, sondern eher wach rütteln möchte, denn du musst aufwachen aus diesem weltlichen Normaldenken, dass die anderen die Schuldigen sind, dass es böse Menschen gibt, die dir etwas wegnehmen wollen. Ich weiß, es ist sehr zeitgemäß so zu denken, überall in den Medien wird so geredet, immer sind die anderen die Schuldigen, selbst ranghohe Politiker reden so, deine Eltern haben so geredet, fast **alle** reden so, nahezu alle Spielfilme haben dieses „richtig und falsch" zum Thema. Das heißt aber noch lange nicht, dass diese Meinung auch der Wahrheit entspricht. **Die Mehrheit irrt meistens!**

Das ist im Übrigen der Grund, warum die Mehrheit der Menschen eben **nicht** absolut gesund, reich und glücklich sind, weil sie sich darauf konzentrieren, was sie **nicht** wollen, und den anderen die Schuld geben.

Aber schon vor über 100 Jahren erklärte uns die Physik, dass die Welt überhaupt nicht so funktioniert, wie die Menschheit bis dahin annahm. Die mechanische Physik eines Sir Isaac Newton wurde grundlegend von Max Planck auf den Kopf gestellt, und zwar so sehr, dass die Welt es bis heute noch nicht geschafft hat, sein Paradigma auch nur ansatzweise zu verändern. Auch heute denken noch fast alle Menschen in den mittelalterlichen, physikalischen Strukturen eines Sir Isaac Newton. Aber das Gegenteil wurde längst bewiesen.

Da stehen sich zwei völlig verschiedene Weltbilder diametral gegenüber; während Newton einfach ausgedrückt sagte: „Da ist die Materie, sieh zu, wie du mit ihr klar kommst", sagt die Quantenphysik: „Da ist die Materie, und weil du sie siehst, ist das Beweis genug, dass dein Bewusstsein sie erschaffen haben muss." Also nicht: Sieh zu, wie du deinen Geist anpasst, um damit klar zu kommen, was ist, sondern: Sieh zu, dass du zuerst deinen Geist so ausrichtest, um Materie zu erhalten, wie du sie haben möchtest. Das zu erschaffen, was man möchte, hört sich doch auch wesentlich spannender an, als mit zufälligen Begebenheiten irgendwie klarkommen zu müssen.

Das Zweispaltenexperiment ist absolut legendär. Es hat den Beweis erbracht, dass sämtliche Materie erst zur Materie wird, wenn sie beobachtet wird. Wird sie nicht beobachtet, existiert sie lediglich als Energie in einer Wellenform, erst durch Bewusstsein wird daraus Materie. Wir wollen uns jetzt hier nicht in physikalischen Abhandlungen versteigen, dennoch sei bemerkt, dass so legendär und wegweisend die Quantenphysik auch ist, so hat sie doch nur bestätigt, was die Weisen schon vor tausenden Jahren wussten:

Der Geist erschafft die Materie!

Albert Einstein erklärte uns mit seiner revolutionären Formel $E=mc^2$, dass nicht nur Materie in Energie gewandelt werden kann, sondern auch Energie in Materie!

Materie ist verdichtete Energie!

Gedanken sind Energie!

Materie besteht aus verdichteten Gedanken!

„Das Universum sieht nicht mehr wie ein Ding aus, sondern eher wie ein Gedanke. "

Arthur Stanley Eddington

„Heute ist man sich ziemlich einig darüber und auf der physikalischen Seite der Wissenschaft nahezu völlig einig, dass der Wissensstrom auf eine nicht mechanische Wirklichkeit zufließt. Das Weltall sieht allmählich eher wie ein großer Gedanke als eine große Maschine aus."

Sir James Jeans

Wissenschaft im Einklang mit Jahrtausende alten Weisheiten:

„Wie innen, so außen"
Smaragdtafel (ca. 3000 v. Chr.)

„Ein Mensch ist das, was er den ganzen Tag denkt."
Mark Aurel

„Der Geist ist alles, wir werden, was wir denken."
Buddha

„Nach deinem Glauben wird dir geschehen."
Jesus Christus

„Alle Dinge sind möglich dem, der da glaubt."
Markus 9,23

Man sollte bedenken, dass diese Menschen damals vor Jahrtausenden nicht in Kontakt standen, da gab es noch kein Internet. Diese Leute waren buchstäblich durch die Weltmeere und die Weiten der Kontinente getrennt. Und trotzdem kamen alle Weisen aus allen Kulturen zu demselben Schluss:

Du bist, was du denkst!

Das ist sogar schon logisch, wenn man das Gesetz einmal beiseitelässt. Du kannst nur tun, was du gedacht hast, du kannst noch nicht einmal auf die Toilette gehen, ohne bewusst oder unbewusst zu denken, dass du auf die Toilette musst.

Es ist absolut logisch, dass eine Tat nur durch einen Gedanken entsteht. Deshalb sollte es jedes Kind verstehen, dass die Qualität deiner Gedanken die Qualität deiner Handlungen und damit die Qualität deines Lebens bestimmt.

Wir lassen das Gesetz der Anziehung hier natürlich nicht beiseite, denn es ist der Hauptdarsteller, der Superstar in diesem Buch. Man nennt es auch das Gesetz der Resonanz, Gesetz der Schöpfung oder auch einfach nur das Gesetz.

Das Buch heißt **DENKE! ANDERS**, weil anders zu denken die einzige Möglichkeit darstellt, andere Resultate zu erzielen. Willst du dich positiv absetzen von der grauen Masse, **dann musst du anders denken als die graue Masse!**

In diesem Buch wird Klartext geredet, weil es die einzige Möglichkeit ist, dir zu vermitteln, was wirklich wichtig ist. Um den heißen Brei herumzureden, hat noch niemandem etwas gebracht.

Ich möchte das hier als die Kultur des offenen Wortes bezeichnen, und dabei kann es schon mal passieren, dass ich die Linien des politisch Korrekten ein wenig überschreite. „Politisch korrekt" basiert auf der irrigen Annahme, dass das einzelne Individuum machtlos ist. Ein Kranke zum Beispiel ist eben nicht dafür verantwortlich, dass er krank ist, s sind übermächtige, meist namenlose Mächte am Werk, wie z. B. die heutige hektische Zeit; der Stress; industriell gefertigte Lebensmittel; Umweltzerstörung und ein marodes Gesundheitssystem sowie übermächtige namenlose Verantwortungsträger, wie die Pharmaindustrie oder die Atomlobby oder eine andere große mächtige Verschwörung, die das Ziel hat, den normalen Bürger zu schädigen und ihm das Geld aus der Tasche zu ziehen.

Aber diese Annahme ist grundsätzlich falsch und basiert auf der Unkenntnis des Gesetzes der Gesetze. Ich bin da eher der Pragmatiker. Was ich hier beschreibe, das führt dich zum Ziel, da wird nicht lange drumherum geredet. In diesem Buch wird Klartext geredet – konsequent, aus dem Grunde, weil auch das Gesetz der Anziehung konsequent ist, genau wie alle anderen Gesetze der Natur.

„Das Gesetz der Anziehung ist das Gesetz der Gesetze!"
Ralph Waldo Emerson

2. Das Gesetz der Anziehung

Die meisten Menschen auf diesem Planeten kennen das Gesetz der Anziehung nicht, obwohl es schon seit Jahrtausenden Erwähnung findet. Eigentlich ist es sehr, sehr simpel, für jeden verständlich, zu jedem Zeitpunkt verlässlich. Aber die Menschheit taumelt weiter völlig unbewusst wie ein Blinder durch ein Labyrinth, bar des Mutes, bar des Verantwortungsbewusstseins, die Bürde der Macht auf sich zu nehmen. Es werden immer neue Umstände erfunden, ja ganze Wissenschaften geboren, die uns alle erklären wollen, warum das so ist, was ist, warum in der Welt passiert, was passiert, nur um nicht der Wahrheit des Gesetzes der Gesetze ins Auge blicken zu müssen. Wenn man aber die Widersprüchlichkeit dieser Wissenschaften und Religionen und vor allem deren zum Himmel schreiende Unlogik genauer betrachtet, kommt man schnell zu dem Schluss, dass da irgendwie das alles entscheidende verbindende Glied fehlt. Dieses Glied ist das Gesetz der Anziehung, aber es verbindet nicht nur, es gibt nicht nur Erklärungen für vorher unerklärliche Phänomene, sondern es zeigt auch auf, dass einige dieser Wissenschaften wirklich völlig absurd sind und nur aus einem Mangel der Erkenntnis des Gesetzes entstanden sind. Da gibt es ganze Heerscharen von Psychologen, Sozialwissenschaftlern, Medizinern, Religionsführern, Politikern, Theologen, Philosophen, Gesellschaftskritikern und Kulturwissenschaftlern, die alle ungefiltert ihrer Meinung darüber Ausdruck verleihen, was gut und schlecht, richtig und falsch ist. Allein die Gegensätzlichkeit dieser Meinungen zeigt einem auf, dass es sich nicht um Gesetzmäßigkeiten oder gar höhere Bestimmung handeln kann, sondern lediglich um Ansichten von Kleingeistern, für die nur eine Meinung richtig ist: ihre eigene! Diese Leute, für so klug sie sich auch halten mögen, haben noch nicht verstanden, dass es bei sieben Milliarden Menschen auf diesem Planeten mehr als eine Meinung geben kann oder sogar muss.

Du erschaffst **deine** Welt inklusive aller Ereignisse, Begebenheiten, Begegnungen, guter oder schlechter Gefühle, Glück oder Pein, Reichtum oder Armut, Gesundheit oder Krankheit selbst durch **deine eigenen Gedanken.**

Wenn du jede beliebige Kausalkette bis zum Ende durchdenkst, kommst du immer bei deinen eigenen Gedanken an.

Man kann nicht zur falschen Zeit am falschen Ort sein! Du bist immer zur richtigen Zeit am richtigen Ort, deine eigenen Gedanken haben dich da hingeführt. Man kann niemals die Schöpfungen eines anderen bekommen! Es ist immer deins, deine eigenen Gedanken haben es angezogen! Anders herum kann niemals ein anderer das bekommen, was dir zusteht, er hat das, was er bekommt durch seine eigenen Gedanken angezogen! Jeder, egal wer und egal was, hat es wahrhaft verdient, was er bekommt. Verdient im wahrsten Sinne des Wortes, denn er hat es erschaffen, durch seinen eigenen Geist! Wenn auch oft gesagt wird, im Guten wie im Bösen, dass jemand es nicht verdient hat, was er da bekommt. Egal, ob es das größte Unglück ist oder das größte Glück, wenn es zu einem kommt, dann **hat man es verdient, sonst wäre es nicht da!**

Wenn Ralph Waldo Emerson sagt, dass das Gesetz der Anziehung das Gesetz der Gesetze ist, dann sagte er das, weil er erkannt hat, dass es sich um das mächtigste Gesetz im Universum handelt. Es ist das Gesetz, welches das Feinstoffliche je nach der Natur deiner Gedanken in das Grobstoffliche wandelt, sprich aus Gedanken werden Dinge laut ihrer Beschaffenheit. Es wurde von der Quantenphysik bewiesen, dass es Bewusstsein benötigt, um überhaupt Materie aus Wellen entstehen zu lassen.

Dass das Feinstoffliche mächtiger ist als das Grobstoffliche, das versteht eigentlich jedes Kind. Wenn man Atome spaltet, hat das eben eine weitaus größere Wirkung, als würde man eine Kohle verbrennen. Weiterhin ist es logisch, weil ja das Grobstoffliche von dem Feinstofflichen durchdrungen wird. Um das am Menschen auszudrücken: Was die Zelle tut, ist dem Atom egal, umgekehrt natürlich nicht, denn die Zelle besteht aus Atomen. Wenn jetzt der Arzt sagt, dass du nicht zu heilen bist, dann sieht er nur die Ebene des Grobstofflichen; was das Atom tut und vor allem, wie es entstanden ist, das interessiert ihn nicht im Mindesten. Dass es viele Beispiele von „Wunderheilungen" gibt, spricht gegen die Meinung des Arztes. Bei der „Wunderheilung" hat eben ein Mensch das Urteil des Arztes nicht akzeptiert und bewiesen, dass sein Wille und sein Denken an Gesundheit stärker waren als der Glaube an Krankheit und die Meinung des Arztes! Das ist einfach nur logisch, weil eben das Denken diese Atome und damit die Zellen entstehen lässt.

Da das Gesetz der Anziehung das mächtigste Gesetz im Universum ist, macht es natürlich Sinn, sich vorwiegend mit diesem Gesetz zu beschäftigen. Es ist das wichtigste Wissen, was du jemals erlangen kannst! Wenn du dieses Gesetz beherrschst, dann beherrschst du das Leben, dann erschaffst du das Leben so, wie du es haben möchtest! **Deine Gedanken sind die allererste Ursache in deinem Leben.** Es sind die kleinsten Energieeinheiten, die du aussendest. Alles andere, was geschieht, ist eine Wirkung, deren Ursache **deine eigenen Gedanken sind.** Also eine Resonanz auf deine Gedanken.

Davon gibt es keinerlei Ausnahme!

Das heißt, dass die Menschen in deinem Leben zu dir passen, wie die Faust aufs Auge. Du hast sie ja schließlich selbst angezogen. Und wenn ihr euch noch so sehr streitet und wenn ihr euch noch so sehr hasst – ihr habt euch gegenseitig angezogen. Und wenn dir dein Umfeld nicht behagt, dann musst du lediglich deine Gedanken ändern, und es ändert sich dein Milieu. Es ist schlichtweg unmöglich, dass ein anderer in deinem Leben eine Ursache setzen kann. Und wenn es dir noch so sehr erscheint, weil du deinen Blick größtenteils nach außen richtest, diese Menschen bringen dir **dein Paket**, die Wirkung **deiner Gedanken.**

Die meisten Schüler des Gesetzes versuchen, ihre bisherige Vorstellung von der Welt mit dem Gesetz der Resonanz zu vereinen, aber da beide einen Absolutheitsanspruch haben, sind sie nicht miteinander kompatibel. Entweder – oder! Entweder die Welt ist eine Scheibe oder sie ist rund. Dazwischen gibt es keinen Kompromiss. Entweder du denkst, wie die meisten denken, und dein Leben wird geprägt sein vom Auf und Ab des durchschnittlichen weltlichen Daseins, vom kleinen Glück und von großen Enttäuschungen, und irgendwann stimmst du ein in den großen Chor und sagst: Das Leben ist nicht fair! Oder du erkennst das Gesetz als Lebensgrundlage an und verstehst, dass die allererste Ursache in deinem Leben **immer** deine eigenen Gedanken sind und der Rest nur eine logische Konsequenz dessen.

Genauso wie andere Naturgesetze hat natürlich auch das Gesetz der Resonanz keinerlei Toleranz für Unwissenheit. Es funktioniert immer, ob du dir dessen bewusst bist oder nicht.

Du solltest dich freimachen von jedweden Ideologien und Dogmen. Diese teilen bloß die Menschheit in irgendwelche Gruppen ein und hacken auf den anderen Gruppen herum, weil die nach ihrer Ansicht die Bösen sind, die für das Unheil der Welt verantwortlich sind. Egal wer du bist, es gibt prinzipiell immer eine Ideologie, die dich als Bösen sieht, und eine andere, die dich als Guten sieht. Selbst Mutter Theresa gilt beim Taliban als Ungläubige. Auch Hitler und Stalin haben ihre Verehrer. Das sind lediglich Meinungen, die mit Emotionen aufgeladen werden. Aber es gibt keine mir bekannte Ideologie, die in Gut und Böse unterteilt und dennoch nützlich ist, wenn es um das Erreichen deiner Wünsche und Träume geht. Diese kannst du nur erreichen, wenn du dich mit dem Gesetz befasst, das dich lehrt, dass du alles selbst erschaffen hast, was in dein Leben tritt. Da solltest du negative Emotionen erfolgreichen Menschen gegenüber genauso bei Seite lassen, wie das in „richtig und falsch" eingeteilte Denken von irgendwelchen Gruppen, die alle das moralische Recht gepachtet haben.

Zuerst solltest du das Gesetz studieren, damit du es wahrhaftig verstehst, das ist logisch; wenn du es nicht verstehst, kannst du es nicht beherrschen. Damit ist nicht gemeint, dass du seine Funktionsweise bis ins kleinste Detail durchschauen musst. Das machen die meisten Menschen auch nicht mit ihrem Handy, aber zumindest sollte man wissen, wie man es benutzt, wie man es bedient, damit du deinen erwünschten Nutzen daraus ziehen kannst.

Dass du es nun auch anwenden musst (was die meisten versäumen), ist auch logisch. Wenn du theoretisch weißt, wie man eine Mahlzeit zubereitet, es aber nicht tust oder es einen anderen tun lässt, wirst du das Erwünschte nicht essen können. Das ist genau die Stelle, an der die meisten Menschen, die sich mit „The Secret" beschäftigen, versagen. Mit tun meine ich **nicht** harte Arbeit, sondern das Ausrichten deiner Gedanken auf das erwünschte Endresultat!

Eines ist ganz wichtig zu verstehen: Mit dem Gesetz der Anziehung kann man unmöglich die Zustände eines anderen Menschen verändern. Man ändert es prinzipiell nur für sich selbst; wenn sich das Leben anderer gleich mit verändert, ist das ausschließlich auf ihre eigenen Gedanken zurückzuführen, die natürlich auch eine Reaktion auf deine Worte und Handlungen sein können. Das Gesetz der Anziehung gilt zwar für jeden, aber prinzipiell immer nur aus seiner eigenen Perspektive. Damit unterscheidet es sich grundlegend von allen anderen Gesetzen des Universums. Die Gravitation ist für alle annähernd gleich. Sie zieht dich nach unten. Auch die Elektrizität ist für alle irgendwie das Gleiche. Aber durch das Gesetz der Resonanz lebt der eine Mensch in bitterer Armut, ist krank und einsam, während der andere **durch das gleiche Gesetz** mit großer Familie reich, glücklich und gesund ist. Der einzige Unterschied besteht darin, dass beide andere Gedanken denken.

Das Gesetz der Anziehung ist das Gesetz, was Gedanken in Materie und Gegebenheiten verwandelt.

Das Gesetz der Anziehung basiert einzig und allein auf Gedanken und bringt deren Entsprechung als Begebenheit oder Materie zur Quelle des Gedankens zurück!

In der unbeseelten Materie wird natürlich auch alles von Ursache und Wirkung geregelt. Das sind dann die normalen Gesetze der Physik, Chemie usw., die da wirken. Angenommen es ist Sturm, dann regelt die Physik, ob der Baum dem Sturm standhält oder ob er entwurzelt oder abgeknickt wird. Aber weiter angenommen, der Baum steht in deinem Garten und du und deine Familie lieben diesen Baum und glauben fest daran, dass er jedem Sturm standhalten wird, dann wird das so sein, er wird standhalten! Wie genau das funktioniert, das vermag man nicht zu sagen, ob nun der Sturm in deinem Garten etwas lauer ausfällt oder der Baum etwas stärker wird oder beides. Das ist im Grunde auch nicht relevant. Einzig wichtig ist zu wissen: Gedanken erschaffen Materie, Gedanken beeinflussen Materie. Das Gesetz der Anziehung ist das Gesetz der Gesetze! Dem Gesetz der Anziehung sind andere Gesetze untergeordnet.

Dein Glauben kann Berge versetzen!

Zum besseren Verständnis der Funktionsweise:

Dein Verhalten wird durch dein Unterbewusstsein gesteuert, und deine eigenen Gedanken sind es, die das Unterbewusstsein prägen. Jede einzelne Reaktion deinerseits entspringt nicht deinem Gehirn – wie die Mehrheit glaubt –, sondern deinem Unterbewusstsein. Das heißt, ob du dich in einer Situation dem Kampf stellst oder die Flucht ergreifst, ist keine spontane Entscheidung, wie du glaubst, sondern wird einzig und allein unbewusst gesteuert. Da kommen sämtliche Gedanken und Meinungen deines Lebens zusammen. Da fließen in Millisekunden sämtliche Erfahrungen, Glaubenssätze und angeborenen Verhaltensweisen zusammen, und dein Unterbewusstsein trifft die Entscheidung. Das heißt: **Gedanken haben einen Langzeiteffekt!**

Deine heutigen Entscheidungen basieren auf deinen Gedanken der Vergangenheit. Deine Wünsche und Ziele, das sind alles Gesamtsummen von Gedanken. Das ist der Grund, dass sich Wünsche und Begierden und Geschmack, wenn überhaupt, nur sehr langsam wandeln, weil sich die Inhalte des Unterbewusstseins nur langsam durch neue Gedanken verändern. Selbst wenn du einen Menschen triffst, entscheidet dein Unbewusstes, ob du ihn schön findest, sympathisch, vertrauenerweckend, erotisch usw. Das entnimmt dein Unterbewusstsein aus der Gesamtsumme deiner Gedanken und Erfahrungen.

Vereinfacht ausgedrückt könnte man sagen: Wenn du etwas denkst, wird daraus zum Ersten dein eigenes Verhalten geprägt! Das heißt, wenn du täglich intensiv an Reichtum und Erfolg denkst, werden sich deine eigenen Handlungen dementsprechend verändern. Du wirst einfach Dinge tun, die du vorher nicht getan hast, du wirst Dinge sehen und hören, die du vorher niemals beachtet hättest. Du kennst doch sicherlich das Phänomen, dass wenn bei einer Frau Nachwuchs ansteht, sie nun plötzlich überall Schwangere oder Frauen mit Babys sieht. Das ist im Prinzip dasselbe: Du denkst häufig an etwas, und auf einmal bemerkst du Dinge, die deinen Gedanken gleich geschaltet sind, überall. Studien belegen, dass der Mensch nur maximal ein Prozent aller Informationen wahrnimmt, die auf ihn einströmen, der „Rest" wird einfach unbewusst ausgeblendet. Also nimmst du buchstäblich nur max. 1 Prozent von dem bewusst wahr, was eigentlich auf dich einströmt, 99 Prozent aller Informationen blendet dein Unterbewusstsein gemäß seinen Inhalten aus. Wenn du also sehr schlecht von der Welt denkst, wirst du das sehr stark wahrnehmen. Vermutlich wird dein Unterbewusstsein dich dazu bringen, täglich Zeitung zu lesen und Nachrichten zu schauen, und überall wird dir Verrat, Betrug und Lüge begegnen. Nun, wenn du aber täglich intensiv an Erfolg und Reichtum denkst, dann verschiebt sich sozusagen diese Wahrnehmung in die Richtung von Reichtum und Erfolg, und du wirst von Menschen hören, die große Erfolge feiern, reich und glücklich sind, ohne andere zu betrügen. Das kannst du dir wie einen Lichtkegel einer Taschenlampe vorstellen, der ja nur ein kleines Stück des Panoramas beleuchtet. Das ist dein Blick auf die Welt, der sich gemäß deiner vorherrschenden Gedanken auf das richtet, was diese Gedanken beinhalten. Du wirst da Chancen sehen, wo du vorher – wenn überhaupt – nur Risiken gesehen hast! Und logischerweise wirst du anders handeln und dadurch andere Dinge in dein Leben bringen.

Zum Zweiten sendet jeder Gedanke etwas aus, was dann eine Reaktion des Universums zur Folge hat, das sind dann die Dinge, die auf dich zukommen und für die du so oft keine Erklärung hast. Du nennst das Zufall, aber es gibt keinen Zufall, nicht einen einzigen im gesamten Universum. Das Universum würde kollabieren, wenn es da auch nur einen Zufall geben würde.

Denk mal darüber nach. In jedem einzelnen Atom dieses Universums kreisen Elektronen mit annähernd Lichtgeschwindigkeit um die Kerne. Das ist das Einzige, was der Materie überhaupt ihren Halt, ihre scheinbare Festigkeit gibt. Kann es da einen Zufall geben? Glaubst du, dass deine Uhr zufällig die richtige Zeit anzeigt? Dein Auto zufällig schneller wird, wenn du Gas gibst? Zufall? Wo ist da Platz für Zufall? Das ganze Universum wird von Gesetzen regiert. Von diesen Gesetzen gibt es keine Ausnahme.

Folglich gibt es keinen Zufall.

Zufall nennen ungebildete Menschen das, was sie nicht verstehen. Also das, was auf dich „drauf zukommt", ist das Echo dessen, was du durch deine Gedanken ausgesendet hast. Gedanken sind Dinge, sind Energie, man kann sie messen! Du sendest sie aus! Dein Gehirn sendet, dein Unterbewusstsein sendet am stärksten, aber auch deine gesamte DNA sendet, jede einzelne Zelle!

Stell dir vor, du schreibst eine SMS an eine Freundin, in der du sie aufs Übelste beschimpfst (du Schlampe, du behinderst mich schon so lange; ich wünsche dir den Tod ... usw.). Was ist eine SMS? Ja, da gehen irgendwelche unsichtbaren Schwingungen aus deinem Handy. Könnte diese SMS ein anderes Echo hervorrufen, als würdest du eine liebevolle, schmeichelhafte (mein Engel, meine Beste, wie schön, dass es dich gibt ... usw.) schreiben? Wenn du dir vorstellen kannst, dass diese unsichtbaren Schwingungen aus deinem Handy eine Wirkung gemäß ihrer Natur haben, dann akzeptiere, dass deine Gedanken das auch haben. Beachte weiterhin, dass SMS 1 und SMS 2 natürlich nur auf deinen Gedanken beruhen. Ohne zu denken, hättest du weder die eine noch die andere schreiben können.

Zum Dritten sinken deine Gedanken in dein Unterbewusstsein, wo sie abgespeichert werden und zur Qualität deines „Soseins" beitragen. Wenn ein Mensch vorwiegend negativ denkt, ist sein Unterbewusstsein eben negativ geprägt. Er ist dann einfach so und wird dementsprechende Resultate in sein Leben bringen. Du bist die Gesamtsumme aller Gedanken deines Lebens. Jeder einzelne Gedanke kann das verbessern oder verschlechtern. Wenn du das wahrhaftig verstehst, kannst du beginnen, dein Leben Stück für Stück selbst zu erschaffen.

Ausnahmslosigkeit

Niemand würde auf die Idee kommen, den konstanten Wert der Lichtgeschwindigkeit infrage zu stellen, weil er etwas erst ein wenig später gesehen hat als andere. (Zu mir kommt das Licht immer langsamer. Kann mich wohl nicht leiden.) Niemand stellt die Gravitation infrage, weil die Waage mal wieder zu viel anzeigt. Wenn jemand einen Stromschlag erleidet, würde niemand auf die Idee kommen, die Gesetze der Elektrizität zu leugnen. Warum stellen sich also immer wieder gebildete Menschen hin und bestreiten die Allumfassenheit des Gesetzes der Anziehung? Die Antwort ist einfach: Es ist eben das Gesetz der Gesetze. Es umfasst alles im Leben aller Menschen. Das Gesetz der Anziehung klammert Faktoren wie Glück, Pech und Zufall vollkommen und rigoros aus! Die wahre Kenntnis des Gesetzes impliziert hundertprozentige Verantwortung für alles, was in das eigene Leben tritt, und dazu sind die meisten Menschen nicht bereit, sie pflegen und kultivieren lieber ihre Opfermentalität. Angenommen jemand trainiert seine Muskeln und wird dadurch stärker, dann ist eben das Training dafür verantwortlich. Wenn jemand täglich Reichtum visualisiert und zwei Jahre später ist er reicher als andere, dann kommt kaum jemand mit einer materiellen Weltsicht auf die Idee, dass die Vision die primäre Ursache ist. Vielmehr werden jetzt irgendwelche sekundären äußeren Umstände, die eine Wirkung der Visualisierung sind, die den Reichtum sichtbar in sein Leben gebracht haben, als die primäre Ursache beziffert. Natürlich muss ja jetzt das

Geld irgendwie sichtbar in sein Leben treten, er könnte überraschend befördert werden, in der Lotterie gewinnen, eine gut situierte Partnerin kennenlernen, eine gute Idee haben und diese zum Patent bringen usw. – es gibt unzählige Möglichkeiten. Aber in fast allen Fällen würde die Masse behaupten, er habe einfach nur Glück gehabt. Ohne seine Vision von Wohlstand wären diese Umstände aber niemals in dieser Form eingetreten. Ebenso wie der trainierende Athlet zuerst Gedanken an einen starken Körper haben muss, um überhaupt die Idee und Motivation zu haben, trainieren zu gehen.

Achte auf deine Gedanken, denn sie werden zu Worten. Achte auf deine Worte, denn sie werden zu Taten. Achte auf deine Taten, denn sie werden zu Gewohnheiten. Achte auf deine Gewohnheiten, sie werden dein Charakter. Achte auf deinen Charakter, denn er wird dein Schicksal.

Viele kennen dieses wunderbare Zitat, ohne es jemals wirklich durchdacht zu haben. Genau genommen sagt es: **Deine Gedanken erschaffen dein Leben!**

Ohne Ursache keine Wirkung, ohne Bewusstsein keine Ursache!

Man kann den Zufall nicht erklären, weil es ihn nicht gibt. Egal was es ist, ob Begebenheit oder Gegenstand. Es muss erst einmal „gedacht" werden. Es muss erst einmal eine Ursache gesetzt werden, bevor eine Wirkung eintritt.

Auch wenn der Weg zum Resultat manchmal sehr kompliziert aussieht, so ist das nur im Äußeren so. Da könnte man sagen, wenn „das" nicht passiert wäre, hätte es „so" nicht kommen können. Aber das Resultat stand von Anfang an fest.

Stell dir vor, man rollt einen Ball einen 200 Meter hohen, mit Bäumen bewachsenen Berg hinunter. Der Ball rollt, stößt an Bäume, um irgendwann auf Umwegen an einer ganz genauen Stelle zum Liegen zu kommen. Dennoch war in dem Moment, wo ich ihn habe rollen lassen, klar, wo er zum Liegen kommt, und zwar zu 100 Prozent! Das unterliegt ganz klaren Gesetzen! Man könnte sagen: „Wenn er nicht gegen diesen Baum gerollt wäre, dann wäre er nicht ...“ Aber vom Moment des Loslassens bis zum Stillstand könnte man jede noch so kleine Bewegung berechnen. Das Berechnen wäre sehr kompliziert und aufwendig, aber die Praxis ist sehr einfach. Der Ball rollt einfach, blind die Gesetze des Universums befolgend. Er hat weder einen eigenen Willen noch einen Antrieb, um es anders zu machen. Und genauso geht alles, was zu dir kommt, seinen Weg. Es folgt dem Gesetz der Anziehung. Wenn es zu dir kommt, muss es ein Inhalt deines Unterbewusstseins sein, sonst hätte es nicht zu dir kommen können! Es muss ein mentales Gegenstück in deinem Inneren existieren. Sonst könnte das Resultat – was auch immer es war – nicht in dein Leben treten!

Wenn du ganz klar weißt, wo **du** ankommen willst, und dieses Bild deinem Unterbewusstsein unauslöschlich einprägst, dann **wirst du dort ankommen**, auch wenn der Weg zum Ziel manchmal nicht der kürzeste ist und dir nicht logisch erscheint und du glaubst, er war von Zufällen gepflastert.

„Gottes Wege sind unergründlich“, sagt uns die Bibel. Bitte beachte, dass da nur vom „Weg“ gesprochen wird, nicht etwa das Ziel oder dein Wille sind unergründlich, sondern nur der Weg! Die Wege, wie etwas zu dir kommt, musst du auch nicht kennen. Du hast es erschaffen, und es hat seinen Weg zu dir gefunden. Es findet immer seinen Weg, ohne Ausnahme! Wenn du etwas im Internet bestellst, ist es dir auch gleichgültig, welchen Weg der Postbote wählt. Für dich ist wichtig, dass du das Erwünschte erhältst.

Die meisten Menschen betrachten nur das als logisch, was sie mit ihren fünf Sinnen erkennen und mit ihrem begrenzten Verstand erklären können. Und da gehört das Gesetz der Anziehung nun einfach nicht dazu!

Man denkt ca. 60 000 Gedanken am Tag, **jeder einzelne** beeinflusst in irgendeiner Art und Weise dein Unterbewusstsein, denn jeder Gedanke wird gespeichert und verändert damit das Ganze. Deine geistige Gesamtsumme ist für die Hauptereignisse verantwortlich. Wenn deine Inhalte grau sind, wird auch der kleinste gute Gedanke (weißes Tröpfchen Farbe) eine, wenn auch sehr geringe, Aufhellung des Ganzen zur Folge haben. Stell dir vor, du bist der Farbenmischer! Genau das ist das Entscheidende an dieser Sache, dass du erkennst, dass deine Macht ausschließlich auf das Farbenmischen konzentriert sein sollte. Sämtliches nachträgliches Beklagen über die Farbe, Schuldzuweisungen an andere Personen und Negieren von schöneren Farben der anderen ist nur ein Mittel, um deine eigene Macht abzulegen.

Deine täglichen Gedanken – jeder einzelne – sind dafür verantwortlich, welche Inhalte dein Unterbewusstsein hat, diese Inhalte werden **immer** zum Ausdruck gebracht. Das ist ein Naturgesetz!

Naturgesetze sind völlig gefühllos, was aber nicht heißt, dass sie schlecht sind. Sie sind auch nicht gut, sie sind einfach; was du damit anfängst, sei dir überlassen. Auch die wunderschöne Schneeflocke, die da auf deinem Fenstersims landet, oder die schöne Kerze neben der Christbaumkugel sind völlig gefühllos. Der Selbstmordattentäter dagegen ist voller Gefühl. Er ist – im wahrsten Sinne des Wortes – ein sehr gefühlvoller Mann. Also, gefühlvoll muss nicht gleich gut und gefühllos nicht gleich schlecht sein.

Das Gesetz der Anziehung ist nicht etwa gnadenlos. Das ist für ein Gesetz eine unangebrachte Rhetorik. Das Gesetz besteht einfach nur. Wirf einen Stein ins Wasser, und er sinkt auf den Grund. Das ist konsequent, das plant man ein, das gibt Verlässlichkeit. Wenn du aber die **Ausnahmslosigkeit** nicht verstehst und anfängst zu relativieren, dann wirst du natürlich auch nur relative Resultate erhalten. Und wenn man schon mal beim Relativieren ist, dann werden immer mehr Dinge relativiert. Und schon ist man wieder wie all diese Loser, die aber auch **immer** die Verantwortung bei anderen suchen. Erfolg, egal in welchem Bereich, geht anders.

Das Gesetz der Gravitation besagt, dass jeder Körper mit einem Gewicht in Richtung des Erdmittelpunktes angezogen wird, dabei ist die Gewichtskraft eines Körpers proportional zu seiner Masse. Das Gesetz der Gravitation ist zuständig für den Zusammenhalt des Universums. Würde es bei diesem Gesetz eine Unregelmäßigkeit geben, eine Ausnahme oder einen Zufall, dann würden nicht schon seit Jahrmilliarden die Gestirne in perfekter Harmonie umeinander kreisen. Weiterhin sagt uns die Thermodynamik ganz genau, wann ein Element in welchem Aggregatzustand zu sein hat. Auch das ist unbestechlich und unveränderbar. Unter den Bedingungen auf der Erde ist es nun mal so, dass Wasser, je nach Reinheit, bei einer Höhenlage von 0 Metern bei ca. 100 Grad Celsius siedet. Wie würdest du reagieren, würde sich auf dem Topf für deine Frühstückseier, trotz funktionstüchtigem und eingeschaltetem Herd, langsam eine Eisschicht bilden? Genauso gut könnte sich ja – nur so als Ausnahme versteht sich – trotz normaler Temperaturen der Sauerstoff in der Luft zu verflüssigen beginnen. Das würde uns natürlich alle umbringen – ups, war Zufall, kann ja mal passieren. Es gibt noch viele andere elementare Naturgesetze, die unveränderbar sind und bei denen sich niemals, auch nicht in einer Milliarde von Jahren, auch nur ein einziger Zufall ereignet. Egal ob es sich nun um die Trägheit der Masse handelt oder das Ohmsche Gesetz. Man sagt: „Die Ausnahme bestätigt die Regel", aber das trifft auf gar keinen Fall bei Naturgesetzen zu. Ansonsten würde das Universum nicht mehr existieren. Ein Zufall ist da vollkommen ausgeschlossen. „Gott würfelt nicht", wird Albert Einstein gerne zitiert.

Der Gravitation ist es egal, ob es ein kleines Baby ist, was da vom Wickeltisch fällt, oder ein Holzspielzeug. Ein Mathematiker könnte dir das ganz genau berechnen, wie weit sich etwas mit einer bestimmten Größe, einer bestimmten Beschaffenheit und einem bestimmten Gewicht über die Kante hinaus schieben muss, bevor es fällt. Das ist einfach so! Daran ist nichts zu ändern, auch nicht mit schönen Worten, auch nicht mit bösen Worten. Es ist einfach so, was du daraus machst, das liegt ganz allein bei dir! Genauso ist es dem Gesetz der Resonanz egal, ob du dir mit deinen Gedanken etwas für dich Schönes oder für dich Schlechtes erschaffst. Es handelt sich um Gesetze – wenn wir sie verstehen, dann können wir sie beherrschen. Du kannst **alles** in deinem Leben erreichen (im Erwünschten wie im Unerwünschten), aber dazu musst du es zum Ersten verstehen, zum Zweiten anwenden und dir zum Dritten der **Ausnahmslosigkeit** von Naturgesetzen bewusst sein.

Vielleicht wird es dir zu Anfang nicht leichtfallen, für wirklich **alles** die Verantwortung zu übernehmen, aber je mehr du dich mit dem Gesetz befasst, umso logischer wird es dir erscheinen, und je mehr du deine eigene Verantwortung erkennst, umso größer wird deine Macht. Irgendwann ist dann der Zeitpunkt gekommen, an dem du erkennst, dass du vor dem Gesetz der Anziehung immer allein bist, dass niemals ein anderer Mensch etwas in deinem Leben erschaffen kann, denn diese anderen Menschen, denen du begegnest, hast du selbst durch dein „Sosein" angezogen. Dieses „Sosein" kannst du jederzeit durch neue Gedanken ändern, das ist die absolute Freiheit, denn nun brauchst du niemals wieder Angst zu haben, dass irgendetwas passieren könnte, was du nicht möchtest. Das totale Verständnis dieses Gesetzes impliziert die vollständige Abwesenheit von Sorge und Angst. Du weißt dann mit Gewissheit, dass alles, was du möchtest, problemlos in dein Leben treten wird, wenn du es nur ausdauernd visualisierst. Du wirst buchstäblich im Paradies leben und dir die Beziehungen, die dich glücklich machen, genauso erschaffen wie eine unverwüstliche Gesundheit und den materiellen Reichtum, von dem du schon immer geträumt hast. Nichts wird dir unmöglich sein. Natürlich ist es bis dahin ein gewisser Prozess. Es ist noch kein

Meister vom Himmel gefallen, sagt der Volksmund. Auch mir ist es nicht auf Anhieb gelungen, das Gesetz in seiner ganzen Konsequenz zu erfassen. Aber das kommt Stück für Stück, und es ist eine wunderbare Reise, weil du ab dem Moment, wo du damit beginnst, nur noch aufwärts gehst und dein Leben Stück für Stück besser wird. Verschlechterungen der Lebensumstände, wie sie bei vielen Menschen zur Tagesordnung gehören, wird es bei dir nicht mehr geben. Durch dein eigenes Erleben dessen wird sich dein Glauben an dieses Gesetz weiter verfestigen, was dich wiederum schneller gedeihen lässt. Wie schnell diese Entwicklung bei dir vonstattengeht, entscheidest du ganz allein. Es wird von deinem Willen zu lernen ebenso beeinflusst wie von der Stärke deiner Wünsche. Wenn deine Wünsche in dir ein brennendes Verlangen auslösen, eine unbändige Sehnsucht, dann hast du genug Motivation, diesen Weg bis zur vollständigen Manifestation jener zu gehen.

Das Gesetz der Anziehung ist das Gesetz des Entstehens der Realität, das Gesetz der Schöpfung!

3. Das Geheimnis?

Oftmals wird das Gesetz der Anziehung als „Das Geheimnis" bezeichnet, nicht nur in dem Weltbestseller „The Secret", sondern auch viele andere haben es so genannt, aber ist es wirklich ein Geheimnis? Im Film „The Secret" gibt es eine Passage, in der irgendwelche Männer beschließen, dass das Geheimnis niemals an die Öffentlichkeit gelangen darf. In der gesamten Geschichte ist aber kein Vorfall zu finden, der das bestätigen würde. Weiterhin wird vermittelt, dass Anhänger des Geheimnisses verfolgt wurden. Auch das ist geschichtlich nicht belegt; der einzige Anhaltspunkt in der Geschichte, der diese Vermutung belegen könnte, ist die Ermordung tausender Tempelritter im Jahre 1307 durch den französischen König im Pakt mit der katholischen Kirche. Die Ansichten und das schnelle Wachsen ihrer Macht lassen schon die Kenntnis des Gesetzes der Anziehung vermuten. Aber die Ermordung tausender von ihnen sowie der Abstieg in die Bedeutungslosigkeit lassen eher darauf schließen, dass sie die wahre Lehre nicht kannten.

Das Gesetz der Anziehung ist in vielen Sprichwörtern enthalten. Wie du in den Wald hinein rufst, so schallt es heraus, sagt der Volksmund, oder: Wer anderen eine Grube gräbt, fällt selbst hinein, oder: Gleich und gleich gesellt sich gern.

Welche Mutter hätte nicht schon mal zu ihrem Kind gesagt, dass es nur ganz fest an etwas glauben muss, und dann würde es geschehen? Leider hat sie ihrem Kind nie erklärt, wie man es anstellt, etwas zu glauben.

Die Bibel ist voll davon, zigmal wird der Satz in vielen unterschiedlichen Variationen gesagt: Nach deinem Glauben wird dir geschehen.

Auch Buddha sprach davon, dass ein Mensch das ist, was er den ganzen Tag denkt.

Schon in vorchristlicher Zeit sprachen die Weisen davon, wie z. B. Mark Aurel, auch er drückte es so aus: Das Leben eines Menschen ist das, was seine Gedanken daraus machen.

Der Placeboeffekt ist weltbekannt, fast jeder Mensch in der zivilisierten Welt kennt die Macht von Placebos. Warum denkt fast niemand diesen Gedanken bis zum Ende durch und versucht, diese Macht auf andere Bereiche des Lebens anzuwenden? Es ist doch logisch, wenn ich durch ein Placebo (also durch Glauben) wieder gesund werden kann, dann könnte doch dieser Glauben auch noch andere Dinge bewirken? Die meisten Menschen denken da nicht weiter. „Ja ja, davon hab ich auch schon gehört", und das war es dann. Sie kommen gar nicht auf die Idee, ihr Leben zu verbessern. Das liegt aber zum größten Teil daran, dass sie nur im Außen leben. Nur das betrachten, was ist. Laut dem Gesetz muss jetzt immer noch mehr von dem, was ist, in ihr Leben treten. Da haben solche Gedanken an wesentliche Verbesserung natürlich keinen Platz.

In der christlichen Welt gibt es Millionen von Bibeln. Sie ist der Weltbestseller Nr. 1. In jedem noch so miesen Hotel liegt ein Exemplar auf jedem Zimmer. Also war es noch nie wirklich ein Geheimnis, auch wenn es nicht in der Schule gelehrt wurde. Aber es gibt viele Dinge, die nicht in der Schule gelehrt werden und die trotzdem fast alle wissen, z. B. wie man einen Joint dreht. Es gibt Bücher, die vor 100 Jahren über das Gesetz geschrieben wurden, das „Master Key System" von Charles Haanel oder „Das Gesetz des Reichwerdens" von Wattles.

Bibliotheken gibt es in jedem zivilisierten Land. Heute im Zeitalter von Internet und Google kann praktisch jeder von zu Hause auf sämtliches Wissen der Geschichte zugreifen. Das Gesetz der Anziehung hat am 22.06.2012 ca. 279.000 Ergebnisse auf Deutsch, The Law of Attraction ca. 17.500.000 Ergebnisse, und es gibt bei Google ca. 35.500 Videos zu diesem Thema. Da kann man wohl kaum von einem Geheimnis sprechen. Also, warum wird es dann als solches gesehen? Wenn keine bösen Übeltäter es für sich behalten wollen? Im Übrigen weiß man, dass, wenn jemand etwas nur für sich allein behalten möchte, es sich gegen einen selbst richtet, weil man ja schließlich an Mangel denkt, weil es implizieren würde, dass ich glaube, dass nicht genug für alle da ist. Und wenn ich das glaube, dann werde ich selbst diesen Mangel anziehen, an den ich glaube.

Im Grunde sind es die Menschen selbst, die daraus ein Geheimnis machen, indem sie es ablehnen. Erzähle es einem Versager, einem Kranken, einem Armen, einem Gepeinigten. Sie werden es nicht annehmen. Genau genommen nimmt es das „kleine" Volk nicht an, der Mob, der Pöbel, die Linken nehmen es nicht an, die Rechten auch nicht, die katholische Kirche genauso wenig wie der Islam oder die Gewerkschaften.

Jeder hat dafür andere Motive, aber im Grunde ist eines klar: Sie nehmen es nicht an, weil sie es nicht verstehen. Man ist geneigt zu glauben, dass zum Beispiel die Politik nicht dieses Gesetz annimmt, weil die Politiker einen Machtverlust hätten, oder die Kirche oder sonst wer, aber das genau zeugt wieder davon, dass sie es nicht verstanden haben. Es gibt keinen Machtverlust. Die Masse will immer geführt werden, ob mit dem Gesetz der Anziehung oder ohne. Das ist die Natur des Menschen, daran kann auch der Mensch nichts ändern. Der einfache Arbeiter mit seiner Familie; er will diese Macht gar nicht haben. Er braucht jemanden, auf den er schimpfen kann, dem er die Verantwortung für sein Elend geben kann, für die gefühlte Ungerechtigkeit. Er will diese Macht nicht. Er will das nicht glauben. Er kann das nicht glauben. Ja, das ist völlig absurd, aber so ist es nun einmal, wenn du ihm sagen würdest, hier hast du einen Zauberstab, mit dem du dir alles, aber auch **alles** erschaffen kannst. Jede Wette, wenn er allein wäre, würde er ihn heimlich ausprobieren, obwohl ihm sein Verstand sagt, dass das Schwachsinn ist. Sagst du ihm dagegen, dass seine eigenen Gedanken dieser Zauberstab sind, dann wird er dich auslachen. Das ein kleiner Stab große Macht hat, das glaubt er noch eher, als dass er sie selbst haben könnte.

Professor Tepperwein sagte einmal:

„Über die Macht des Glaubens haben schon viele gelacht, aber es sind nicht die Erfolgreichen, die da lachen."

Und so versteht ein Erfolgreicher dieses Gesetz besser als ein Loser. Genau genommen hat der Erfolgreiche Erfolg, weil er mehr an seine Macht und Fähigkeiten glaubt als der Versager. Dazu muss er noch lange nicht das Gesetz verstehen. Dem ist es egal, ob du es verstehst.

Das ist genauso wie mit der Gravitation. Und genau genommen glaubt jeder, nur jeder eben was anderes. Wenn du an deinen Erfolg glaubst, wirst du ihn haben, egal welchen Eigenschaften deiner selbst du ihn zuschreibst. Selbst wenn du an die Macht eines Talismans glaubst oder eines Schutzengels. Dem Gesetz ist es egal, warum du etwas glaubst. Nur wenn es ein Talisman ist, dem du diese Macht zusprichst, wirst du auch Befürchtungen haben, er könnte dir gestohlen werden, abhandenkommen oder seine Macht verlieren. Wenn du dagegen das Gesetz verstanden hast, dann weißt du, dass deine Macht unbegrenzt ist und völlig unabhängig von äußeren Begebenheiten. Selbst wenn man dir alles nehmen sollte, kannst du dir, solange du denken kannst, Neues in unbegrenzter Fülle erschaffen. Es sei bedacht, dass auch dieses „alles nehmen" natürlich von dir selbst erschaffen wurde. Im Video „The Secret" ist die beeindruckende Geschichte von Mr. Goldmann zu sehen, dem nach einem Flugzeugabsturz von den Ärzten ewige Lähmung vorausgesagt wurde und dennoch wieder vollkommen gesund wurde. So beeindruckend diese Geschichte auch ist, ich habe mich gefragt, **warum** ist er mit dem Flugzeug abgestürzt? Seine Frau, Mrs. Goldmann, kommt auch darin vor. Sie ist ohne Chemotherapie völlig von Brustkrebs genesen. Auch da fragte ich mich, **warum** eine Frau, die das Gesetz der Anziehung offensichtlich verstanden hat, an Brustkrebs erkrankt?

Nun, ich kenne die Goldmanns nicht, aber ich weiß, dass wenn man das Gesetz verstanden hat, auch der Wunsch entstehen kann, es zu demonstrieren, um auch andere Menschen von der Richtigkeit dessen zu überzeugen. Nun, das ist ihnen beiden in eindrucksvoller Weise gelungen. Sie sind ausgebucht mit Terminen, um mit ihrer Geschichte anderen Menschen das Gesetz näher zu bringen und so Hoffnung und Mut um die Welt zu tragen. Sie haben sehr schlimme Dinge in ihr Leben gezogen, um sich daraus mit den eigenen Gedanken wie Phönix aus der Asche zu erheben.

Aber eben auch diese schlimmen Begebenheiten müssen sie selbst angezogen haben, sonst wären sie nicht da.

4. Warum wird das nicht in der Schule gelehrt?

„Wer die Wahrheit nicht weiß, der ist bloß ein Dummkopf. Aber wer sie weiß und sie eine Lüge nennt, der ist ein Verbrecher."
B. Brecht

„Durch die Gasse der Vorurteile muss die Wahrheit ständig Spieß-ruten laufen!"
Indira Gandhi

Schon im Kindergarten sollte gelehrt werden, dass wenn man sich et-was wünscht, nur mental darauf zu fokussieren braucht, es nur visua-lisieren muss und dass deswegen Neid und daraus resultierender Hass oder Diebstahl völlig sinnlos oder gar kontraproduktiv sind. Gerade Kinder sind noch viel offener dafür und wesentlich fantasie-voller. Aber im Grunde wird von der Politik die politisch korrekte Meinung gelehrt, wonach der Arme nichts für seine Armut kann, son-dern der böse Kapitalist in seiner Profitsucht dem Armen alles weg-nimmt. Daraus resultiert natürlich, dass Neiddebatten an der Tages-ordnung sind.

Warum es nicht schon im Kindergarten gelehrt wird?

Das ist ein ähnlicher Grund, warum die meisten Krankenkassen den Heilpraktiker nicht bezahlen oder keine Hypnose. Alles ist alteinge-sessen, genau wie unsere Lehrpläne. Und dieses Wissen ist nur teil-weise mit dem vereinbar, was die Kirchen lehren. Und auch nicht mit dem, was die alten Naturwissenschaften lehren.

Aber der wahre Grund ist der, dass eine **völlige** Neuausrichtung der Gesellschaft vonnöten wäre. Nicht nur ein bisschen frischer Wind, sondern tief greifende Veränderungen mit einem unabsehbaren Machtverlust der etablierten Systeme. Alte Machtsysteme würden verschwinden und neue würden entstehen. Heute wird das noch alles als Grenzwissenschaft abgetan. Ja, „The Secret" in der Schule würde heißen, Macht für alle. Wer schreibt Lehrpläne? Ja, so was wird im Ministerium verfasst. Wollen die Leute dort Macht für alle? Natürlich nicht, dann könnten sie ja nach Hause gehen.

Hier mal ein mögliches Szenario:

Das Gesetz der Anziehung wird in der Schule gelehrt. Jedes Kind weiß also, dass es durch seine Gedanken sein Leben erschafft. Natürlich würde sich die Welt sehr schnell zum Besseren wenden, aber wir spielen jetzt das Szenario durch, was das für Konsequenzen für die heutige Gesellschaft hätte.

Alle Parteien links von der Mitte könnten nach Hause gehen. Genauso wie die Gewerkschaften. Ihre Ideologie ist es, dass der Reiche verantwortlich ist für die Armut der Armen. Deshalb muss man dem Reichen sein Geld wegnehmen und es den Armen zurückgeben (**zurückgeben** ist gut, als wenn sie es jemals besessen hätten). Diese Ideologie hat vor dem Gesetz keine Chance. Der Reiche ist verantwortlich für seinen Reichtum, weil er sich auf Reichtum konzentriert hat. Der Arme für seine Armut, weil er eben auf Armut fokussiert hat. Das besagt das Gesetz, dass **jeder** sein Leben selbst erschaffen hat und keiner im Leben anderer erschaffen kann! Will der Arme reich werden, muss er an Reichtum denken, an **seinen** Reichtum denken, jeden Tag! Täglich zweimal 15 Minuten intensives entspanntes Denken an Reichtum und nichts in der Welt könnte verhindern, dass dieser Mensch reich wird.

Würde das Gesetz der Anziehung in der Schule gelehrt, keiner würde es denen noch abkaufen, wenn sie gegen die Reichen wettern. Es ist ein Wunder, dass ihnen das jetzt noch jemand abkauft, da diese, die da wettern, ja selbst zu den Reichen gehören. Es wäre genauso, als würde Helmut Schmidt gegen Rauchen in der Öffentlichkeit predigen. Die rechten Parteien könnten auch nach Hause gehen, weil Fremdenhass auch dem Gesetz widerspricht. Der Fremde kann unmöglich dafür verantwortlich sein, wenn du kein Geld hast oder keine Frau bekommst. Auch Umweltparteien könnten nach Hause gehen. Man würde erkennen, dass durch das ganze Gelaber und Gemahne über Umweltprobleme diese sich noch verstärken. Genau genommen könnten alle Parteien nach Hause gehen. Wir brauchen keine Parteien, denen ihre Ideologie wichtiger ist als die Freiheit und das Wohlergehen ihrer Bürger. Man bräuchte eigentlich nur noch unparteiische Beamte, die das Ganze im Sinne des Volkes verwalten und nach außen repräsentieren. Alle Politiker aller Parteien könnten sich nicht mehr hinstellen und die Verantwortung bei den anderen suchen.

In der Washington Studie wurde 1993 in Experimenten in Washington D. C. nachgewiesen, dass eine Gruppe meditierender Menschen die Kriminalitätsrate des Stadtteils Columbia entscheidend senkte, bei Gewaltverbrechen sank diese Rate um über 23 Prozent. Die guten Gefühle, die Liebe, die in der Meditation erfahren wurden, haben sich buchstäblich verbreitet und andere Menschen positiv beeinflusst. Das war eine Gruppe von ca. 4000 Menschen, die acht Wochen lang in Schichten meditierten.

Heute kommt es schon vor, dass sich über Facebook tausende Menschen spontan verabreden, zum Umtrunk unter dem Eifelturm beispielsweise oder zu einer Geburtstagsparty. Mit diesem Wissen für alle könnten sich jetzt Millionen Menschen zum gemeinsamen Erschaffen verabreden. Das wäre die wahre Demokratie. Es liegt eine politische Entscheidung an, bei der das Volk nicht mitzureden hat? Z. B. die Wahl des Bundespräsidenten in Deutschland? Eine Entscheidung im US-Kongress? Na wollen wir doch mal sehen! In großen Ländern könnten sich jetzt Abermillionen Menschen dazu verabreden, zu einer bestimmten Zeit ein bestimmtes Ergebnis zu visualisieren. Das könnte jeder bequem zu Hause auf der Couch tun. Das wäre eine Welle der Macht, der man nichts entgegensetzen könnte. Das wären **wahre** Volksentscheide.

Stell dir vor, so etwas würde in einer Diktatur passieren, sagen wir in Nordkorea. Stell dir vor, 90 Prozent der Bevölkerung würden täglich zweimal 15 Minuten visualisieren, dass Demokratie und Freiheit herrschen, würden in Gedanken sehen, wie die Grenzzäune abgebaut werden und in ihr Land der Wohlstand einkehrt. Es gibt viele Möglichkeiten, wie das Bild ins Dasein treten würde. Kim Jong Un könnte eine Vision haben und seine Innen- und Außenpolitik um 180 Grad drehen. Genauso gut könnte es einen Putsch aus den eigenen Reihen geben. Wie es auch immer sein würde, es würde für die Bevölkerung unblutig daherkommen. Die Zeiten der Politik, wie wir sie kennen, wären vorbei. Jeder Politiker wüsste, nur wenn er ein wahrer Volks-vertreter ist, lässt ihn das Volk an der Macht. Will das die Politik? Natürlich nicht, deswegen wird das Gesetz der Anziehung, trotz Er-wähnung in allen Religionen, trotz Bestätigung von großen, weisen Menschen, trotz über 100 Jahre quantenphysikalischer Beweise, nicht an unseren Schulen gelehrt werden. Also werden sich weiterhin Milliarden von Menschen täglich über das ereifern, was ihnen miss-fällt, werden weiter kämpfen gegen Krankheiten, Drogen, Armut und Kriminalität. **Und genau diese Dinge werden weiter wachsen!** Sind die Politiker deswegen böse Menschen? Nein, sie sind wie sie sind, auch ein Politiker kann nicht in deinem Leben erschaffen, egal wie viel Macht ihm das Parlament auch immer gegeben hat. In **deinem** Leben erschaffst **nur du!** Das ist Gesetz! Also, wenn du dich auf Wohlstand, Gesundheit, Freiheit und Liebe ausrichtest, dann kann es niemand verhindern. Dein Verbündeter ist das mächtigste Gesetz im Universum! Genau genommen ist auch das Gesetz: die Politiker den-ken an ihre Macht und sie werden die Macht behalten. Der einfache Bürger denkt an seine Machtlosigkeit, und auch er wird sie behalten. Ist das schlimm? Eigentlich nicht. Genau genommen ist es völlig egal! Denn **du** erschaffst **dein** Leben nach **deinen** Vorstellungen, egal was andere denken, sagen oder tun! Wenn du dich dafür ent-scheidest, **nicht** zu den Machtlosen zu gehören, dann tu es jetzt.

5. Was ist mit meinem Körper?

Es gibt immer wieder Menschen, die das Gesetz der Anziehung kennen, aber nicht in seiner ganzen Bandbreite verstehen. Deshalb behaupten sie, dass Krankheiten davon ausgenommen seien. Aber warum sollte, wenn du jede Begebenheit deines Lebens selbst anziehst, es ausgerechnet bei einer Krankheit anders sein? Alle Weisen sind sich darin einig, dass das Gesetz der Anziehung ein universelles Gesetz ist, dem also alles im Universum unterworfen ist. Auch quantenphysikalisch ist nicht erkennbar, warum bestimmte Begebenheiten davon ausgeschlossen sein sollten. Wie sollte da also die Krankheit eine Ausnahme machen? Wenn alles in deinem Leben diesem Gesetz unterworfen ist, ist es demnach völlig unlogisch, dass sich Gesundheit oder Krankheit außerhalb dieses Gesetzes bewegen. Es ist schlicht nicht möglich. Viele wohl dokumentierte Geschichten von der Heilung unheilbarer, tödlicher Krankheiten, einzig und allein durch Glauben, untermauern und beweisen diese Theorie. Bei genauer Betrachtung dieser Problematik erkennt man schnell, dass es sich um ein moralisches Problem handelt, weil eben aus wohlmeinenden Gründen die politisch korrekte Meinung vertreten wird, dass der ja sowieso schon Leidende nicht auch noch die Verantwortung dafür aufgebürdet bekommen sollte, eben für seine Krankheit nichts kann.

So sagte Bärbel Mohr in ihrem Video „Cosmic Ordering":

„Immer wieder taucht die Frage auf, ob der Kranke selbst schuld an seiner Krankheit ist. Das sehe ich nicht so, unser Körper ist auch ein Produkt der Lebensweise und ungelösten Traumata unserer Ahnen.

Wir sind schuld als gesamte Menschheit der letzten Jahrtausende, aber nicht als Individuen. Jeder wird aber mit einem Schlüssel geboren, um sich davon zu befreien."

Das ist eine klare Aussage, dass es zwar mit den Bestellungen im Universum klappt, aber eben nicht, wenn es um Gesundheit geht.

Nach deinem Glauben wird dir geschehen!

Sie hatte diesen Schlüssel offenbar nicht gefunden. Diese wunderbare Frau musste zeitig von uns gehen, weil sie glaubte, auf Erkrankungen keinen Einfluss zu haben.

Bärbel Mohr starb mit 46 Jahren an Krebs und ihr Verleger Konrad Halbig sagte: „Wir sind fassungslos, können es kaum glauben. Niemand hat doch so gesund gelebt wie Bärbel."

Im Lichte des Gesetzes betrachtet, macht dann die ganze Sache einen Sinn. Wer das Gesetz kennt, aber glaubt, dass Gesundheit durch Gedanken nicht beeinflussbar ist, und Ahnen der letzten Jahrtausende dafür verantwortlich macht, der muss ein Gefühl der Ohnmacht in dieser Beziehung verspüren. Dieses Ohnmachtsgefühl könnte man durch eine übertrieben „gesunde Lebensweise" zu kompensieren versuchen.

Vergleicht man das jetzt einmal mit jemandem, der sich um seine Gesundheit nie Sorgen machte und eine eher exzessive ungesunde Lebensweise an den Tag legte. Nehmen wir die Rocklegende Ozzy Osbourne, dessen Alkohol- und Drogeneskapaden nahezu legendär sind. Laut eigenen Aussagen hatte er in seinem Leben unzählige „Totalabstürze". Das waren Zeiten, die er wochenlang in Hotelzimmern verbrachte und **ausschließlich, rund um die Uhr** mit rauchen, trinken und koksen beschäftigt war. Selbst außerhalb dieser Totalabstürze zählten **täglich** vier Flaschen Schnaps und Unmengen Kokain zu seiner Normalität. Dazu rauchte er Marihuana und schluckte über 40 verschreibungspflichtige Medikamente gleichzeitig. Die versehentlichen Überdosen, die er überlebte, konnte er – laut eigenen Aussagen – schon gar nicht mehr zählen. Dieser Mann ist gesund und mit 65 noch fit wie ein Turnschuh. Da gibt es noch viele weitere Fälle in der Rockerszene, wie z. B. Keith Richards, Lemmy Kilmister, die ihr Leben lang rauchten, tranken und Drogen aller Art konsumierten, aber dennoch im Rentenalter noch gesund und fit genug sind, Konzerte oder gar Welttourneen zu bestreiten.

Die Aussage von Bärbel Mohr impliziert aber auch in fataler Weise Schuld, denn wenn wir als Gemeinschaft für Krankheiten der Einzelnen verantwortlich wären, dann hieße dies, dass auch du oder ich für Krankheiten anderer Menschen verantwortlich sind.

Da das Gesetz der Anziehung das dominanteste von allen Gesetzen ist, ist es auch logisch, dass es auch auf unseren Körper wirkt. Was sollen da Ahnen der letzten Jahrtausende damit zu tun haben? Genauso gut könnte jemand sagen, dass ihn Armut plagt, weil seine Ahnen im frühen Mittelalter auch arm waren. Das ist einzig und allein ein Abgeben der Verantwortung an nicht bekannte Menschen aus grauer Vorzeit. Da ist er wieder, dieser übermächtige unbekannte Verantwortungsträger. Der Geist erschafft die Materie. Also folgt daraus, dass auch dein Körper einzig und allein von deinen Gedanken erschaffen wird. Jeder einzelne Zellvorgang in deinem Körper wird durch dein Unterbewusstsein gesteuert, und dessen Inhalte sind **ein-**

zig und allein auf deine Gedanken zurückzuführen.

Die Schulmedizin studiert immer mehr die Krankheiten und wundert sich, dass diese nicht weniger werden. Du kannst nicht Gesundheit erschaffen, indem du deine Aufmerksamkeit auf Krankheiten richtest. Das ist eigentlich absolut logisch. Du musst dich mit Gesundheit befassen, wenn du gesund sein willst, oder Gesundheit als gottgegeben ansehen und dann leben wie du willst, so könnte es Ozzy getan haben. Letzten Endes sind deine Gedanken dafür zuständig, was in jeder einzelnen Zelle deines Körpers passiert.

Ich versuche, es dir an einem simplen Beispiel vor Augen zu führen. Du gehst mit einer Freundin durch eine Shoppingmall. Euch kommt ein durchschnittlicher Mann entgegen. Du betrachtest ihn kurz und wendest deinen Blick sofort wieder von ihm ab. Nach ein paar Schritten bemerkst du, dass deine Freundin völlig außer sich ist. Sie ist bleich im Gesicht, hat Schweißausbrüche, zittrige Hände und weiche Knie. Als du dich danach erkundigst, was denn mit ihr los sei, erfährst du, dass dieser 08/15-Typ da eben ihre erste große Liebe gewesen ist. Sie war lange mit ihm zusammen und hat die Trennung bis heute nicht verwunden.

Wenn man jetzt ihr Verhalten betrachtet, kann man bemerken, dass sie ja ihre Reaktionen nicht bewusst bekommen hat. Sie wollte ja nicht erbleichen, sie wollte auch keine weichen Knie bekommen und auch keine Schweißausbrüche.

Das läuft folgendermaßen ab: Die meisten Vorgänge in unserem Körper laufen unbewusst ab. Dein Unterbewusstsein steuert den Herzschlag, die Atmung, Verdauung und eben auch Erbleichen, Erröten, weiche Knie, Schweißausbrüche. Es steuert, von den Skelettmuskelfunktionen mal abgesehen, alles in deinem Körper, buchstäblich jeden einzelnen Vorgang in jeder einzelnen Zelle, in deinem gesamten Körper. Wenn man das folgerichtig zu Ende denkt, heißt das, dass im wahrsten Sinne des Wortes alles, was dein Körper macht, auf dein eigenes Denken zurückzuführen ist. **Wirklich alles!**

Dein Unterbewusstsein wird eben von **deinen Gedanken** bestimmt. Deshalb sind diese Reaktionen eben nur bei **ihr** zu beobachten gewesen. Weil sie mit ihrem bewussten Verstand ihr Unterbewusstsein darauf programmiert hat, dass dieser Mensch etwas ganz Besonderes ist. Du kannst deinem Unterbewusstsein natürlich keine Befehle geben, die sofort ausgeführt werden, in etwa: „Mich bitte jetzt erbleichen lassen", das wäre Oscar-verdächtig, das wird nicht funktionieren. Aber die Prägung über lange Zeiträume, die bringt es dann doch. Erzähle dir selbst täglich, am besten vor dem Spiegel, dass du kerngesund bist und Krankheiten werden zuerst weniger, letztlich aber vollständig aus deinem Leben verschwinden. Irgendwann sind sie einfach nicht mehr da. Irgendwann wird dir auffallen, dass du ja schon zwei Jahre lang keine Erkältung mehr hattest. Täglich zehn Minuten würden ausreichen. Das ist die beste Prophylaxe der Welt! Natürlich musst du Geduld haben und es beständig tun, nicht nur ein-, zweimal, das wäre so, als würdest du nur ein-, zweimal für ein paar Minuten eine Fremdsprache lernen wollen. Das funktioniert so eben nicht, du musst es beständig tun, dich immer und immer wieder mit dieser Sprache beschäftigen, bis sie fest in deinem Unterbewusstsein verankert ist. Dann glaubst du irgendwann felsenfest an deine unverwüstliche Gesundheit.

Genauso funktioniert es natürlich auch andersherum. Wenn du dich zum Beispiel erkältest, dann tust du das, weil du an Erkältung glaubst. Ist ja auch nicht sonderlich schwer. Deine Eltern und Lehrer haben dich schon als Kind vor Erkältung gewarnt (Setz die Mütze auf, sonst erkältest du dich! ... Kommt dir das bekannt vor?). Die Medien und Werbung tun ihr Übriges. Wenn du im kühlen Herbst mit einer leichten Jacke herumläufst, sagen dir Freunde und Kollegen, dass du aufpassen solltest, dass du dich nicht erkältest. Genau genommen gibt es gar keine Erkältung, es ist kein logischer Zusammenhang zwischen nasskaltem Wetter (Erkältungswetter) und einem Schnupfen erkennbar. Es gibt keine körperliche Reaktion, die einem Krankheitsbild entspricht, die von nasskaltem Wetter ausgelöst wird. Schnupfen ist ein Virus, der dich infiziert, der aber gerade in der Kälte nicht vorhanden ist. Da gibt es massenweise völlig unlogische, ja geradezu dumme Verhaltensnormen, die diese Krankheit fördern oder unterbinden sollen. Kalt duschen härtet ab, aber mal kurz ohne Jacke vor die Tür macht krank. Der Wechsel zwischen Hitze im Freien und dem kühlen, klimatisierten Raum macht krank, aber das kalte Wasser nach der heißen Sauna macht gesund. Davon gibt es Dutzende Regeln, die einem Nachdenken nicht im Ansatz standhalten können. Kindern wird erzählt, dass sie die nasse Badehose ausziehen müssen, um nicht krank zu werden. Wenn sie krank sind, macht Oma feuchte Umschläge, damit sie wieder gesund werden.

Wenn du glaubst, dass dich kalt duschen immun macht gegen Schnupfenviren, dann wirst du immun sein. Wenn du glaubst, es macht dich krank, dann wird es dich krank machen.

Der Glaube an Erkältung ist wie ein Placebo, nur andersherum.

Wenn man von Kälte krank werden würde, dann wären alle Eisbader sehr kranke Leute. Aber das Gegenteil ist der Fall.

Aber, dass Menschen die sich abhärten, seltener krank sind, das liegt nicht am kalten Wasser, sondern an ihren Gedanken. Menschen, die ins Eiswasser springen, sind natürlich keine Hypochonder und auch keine Weichlinge. Diese Leute denken an einen starken und stetig gesunden Körper, dem ein kleiner Virus nichts anhaben kann, und deshalb ist es auch so.

Vererbung

Man hat festgestellt, dass selbst adoptierte Kinder dazu tendieren, im Alter dieselben Krankheiten wie ihre Adoptiveltern zu manifestieren, obwohl sie (logischerweise) völlig andere Gene haben. Betrachte es im Lichte des Gesetzes, und du hast die Lösung dieses Phänomens. Der Sohn (leiblich oder adoptiert), beobachtet schon als sehr kleiner Junge, wie der Vater (für den Kleinen der klügste und mächtigste Mann der Welt) täglich Atemnot hat, dann ein obercooles Gerät hervorholt, es in den Mund nimmt und es geht ihm sofort besser. Die Mutter (für den Kleinen die schönste und mächtigste Frau der Welt) wird während der Atemnot zum Vater eilen und ihm Liebe, Aufmerksamkeit und Beistand schenken.

Wenn der Kleine einmal die Asthmapumpe nehmen will, dann heißt es: Das darf nur Papa. Ja, der Kleine entwickelt den Wunsch, auch Asthma zu haben. Natürlich ist dieser Wunsch nur unbewusst und sehr subtil. Ihm geht es auch mehr darum, im Mittelpunkt zu stehen und die Liebe und das Mitgefühl seiner Mutter zu erhalten, aber dennoch ist es ein Wunsch!

Ist es ein Wunder, wenn er später Asthma bekommt? Bei leiblichen Kindern ist es nur noch wahrscheinlicher, weil ja eben in der Schule gelehrt wird, dass Krankheiten vererbbar sind. Meist tun die Eltern dann mit Belehrungen auch noch ihr Übriges dazu: „Iss nicht so viel Schokolade, sonst bekommst du Zucker wie Mutti." Nahezu alle Menschen glauben, dass man von Geburt an eine gute, stabile oder eine schlechte, labile Gesundheit haben kann. Das wird dann dem Schicksal, der Vererbung, den Ahnen der letzten Jahrtausende oder sonst wem zugeschrieben. Aber Wissenschaftler fanden schon im 19. Jahrhundert heraus, dass sich mindestens alle sieben Jahre der gesamte Körper einmal erneuert hat. Also, buchstäblich wurde jede einzelne Zelle des Körpers neu gebildet, also ausgetauscht. Wobei nur die „harten" Körperteile wie Zähne und Knochen sieben Jahre brauchen, bei vielen anderen geht es wesentlich schneller. Das ist ein wunderbarer Beweis dafür, dass wir mit unseren Gedanken erschaffen. Wie sollten sich chronische Krankheiten anders auch über diese sieben Jahre halten, wenn wir sie nicht durch unser Denken neu erschaffen hätten?

Ich hatte mal eine Kollegin, sie war Anfang 20 und sagte von sich selbst, dass sie alle Krankheiten hat, die es nur gibt. Ich wusste von

Asthma, Diabetes und Operationen an den Kniegelenken. Ihre Schwester folgte nach ihren Aussagen dicht auf. Sie sagte, wenn bei ihr zu Hause Familienfeier angesagt ist, dauert es max. fünf Minuten und alle reden über Krankheit, die dann das abendfüllende Thema ist. Ist das ein Wunder, dass die Kinder so krank sind? Wenn alle über Krankheiten reden, dann ist der der Held des Tages, der die meisten davon hat. Manche sind ja da förmlich in einem Konkurrenzkampf. „Was? Du hast Asthma? Das ist noch gar nichts, ich hab Diabetes **und** ein Magengeschwür." Das sagen sie dann tatsächlich mit Stolz in der Stimme. Und die Kinder? Wollen auch gerne mal der Held des Tages sein. Das Gesetz der Anziehung wird ihnen auch diesen Wunsch erfüllen!

Da sich ein jeder Körper alle sieben Jahre völlig neu erschafft, sind Erbkrankheiten natürlich völlig ausgeschlossen und sind allesamt geistiger Natur, wie bei den eben erwähnten Adoptivkindern. Kein Geringerer als Wilhelm von Humboldt sagte:

„Es wird eine Zeit geben, in der es als Schande gilt, krank zu sein, weil man erkannt hat, dass Krankheit die Folge von falschem Denken ist."

Eigentlich ist es peinlich, da werden Straßen, Plätze und Universitäten nach ihm benannt, um dann in diesen Universitäten genau das Gegenteil zu lehren.

Körpergewicht

Wenn es ein Gesetz geben würde, das besagt, dass Menschen, die viel essen, dick sind und solche, die wenig essen, schlank sind, dann müsste es immer und überall so sein. So ist es aber nun mal nicht. Ich kenne Menschen, die essen viel und sind dick. Ich kenne welche, die essen viel und sind sehr schlank. Ich kenne Leute, die essen wenig und sind dick. Also – und das ist absolut logisch – kann das Essen nicht die primäre Ursache dafür sein, ob du dick oder dünn bist. Ich hatte mal eine Angestellte, Janine, sie war sehr schlank, geradezu zierlich. Sie konnte einen Döner essen und als Nachtisch drei Stücke Käsecreme-Torte, ohne das geringste Völlegefühl zu verspüren. Wenn andere sie fragten, ob sie nicht Angst habe, dick zu werden, bekamen sie nur ein „Nein" gepaart mit völlig verständnislosen Blicken zur Antwort. Dick werden war nicht im Mindesten in ihrem Gedankengut verankert. Dein andauerndes Denken fabriziert Bilder in deinem Unterbewusstsein. Diese drängen gnadenlos zur Verwirklichung. Angenommen ein Dicker: Jahrelang hat er gehört, sich selbst gesagt: „Du bist zu dick", vermutlich schon als Kind, „Iss nicht so viel Süßes, sonst wirst du zu dick". Jetzt ist er dick, wenn er jetzt eine Diät macht, dann ist das ein Generalangriff auf sein Bild des „Dickseins", und sein Unterbewusstsein wird alles tun, um dieses Bild zu verteidigen und weiter zu verwirklichen. Hormonhaushalt optimieren, Stoffwechsel runterfahren, Heißhunger produzieren usw. Er hat keine Chance abzunehmen, es sei denn, er beginnt, ein neues

Bild seines Körpers zu visualisieren, ein Bild, auf dem er schlanker ist als momentan.

Dein Denken durchdringt deine gesamte DNA. Deine DNA steckt in jeder einzelnen Zelle deines Körpers. Deine DNA ist es, die deine Gedanken ins Universum schickt. Wenn du nun denkst: „Ich bin zu dick", dann durchdringt dein Denken deinen ganzen Körper! Deine DNA steckt in jeder einzelnen Zelle! Also weiß jetzt jede einzelne Zelle deines Körpers, dass du zu dick bist, und wird dementsprechend reagieren. Wenn du dann Diäten machst und trotzdem nicht abnimmst, gehst du dann irgendwann zum Arzt, und der wird dir erzählen, dass du einen trägen Stoffwechsel hast. Und schon denkst du, dass du zu dick bist, aber nichts dafür kannst, weil es ja ein Stoffwechselproblem ist.

Würdest du an einen schlanken gesunden Körper denken, würden sich deine Zellen und somit deine Organe einfach anders verhalten, und du wärst schlank! Wer ist denn dafür verantwortlich, dass du einen trägen Stoffwechsel hast? Na klar, dein Unterbewusstsein regelt das, gibt den Befehl an jede einzelne Zelle. Und der Inhalt **deines Unterbewusstseins** wird einzig und allein durch **deine Gedanken** bestimmt. Der Körper muss doch dieses „Dicksein", das du täglich denkst, das du erschaffst, irgendwie produzieren.

Wenn man die Kausalkette bis zu den Ursachen zu Ende denkt, kommt man immer zum Gedanken zurück.

Du bist also zu dick. Warum bist du zu dick? Weil du einen trägen Stoffwechsel hast. Warum hast du den? Weil gewisse Organe (Darm, Schilddrüse usw.) etwas zu langsam oder nicht effektiv genug arbeiten. Warum arbeiten sie zu langsam oder nicht effektiv genug? Weil es dein Unterbewusstsein so angeordnet hat. Warum hat dein Unterbewusstsein es so angeordnet? Weil **du selbst** dein Unterbewusstsein täglich durch **deine Gedanken** so programmiert hast! Dasselbe gilt natürlich auch, wenn die Antwort auf „Warum zu dick?" lautet: Weil ich zu viel esse. Warum isst du zu viel? Weil es mir so schmeckt und ich mich nicht zusammennehmen kann. Warum schmeckt es dir so? Und warum kannst du dich nicht zusammennehmen? Weil dein Unterbewusstsein es so angeordnet hat. Warum ...? Natürlich, weil du so gedacht hast, **wer sonst sollte denn deinen Appetit erschaffen, wenn nicht du selbst?** Du kommst immer, wirklich **IMMER** darauf zurück, dass dein tägliches Denken die Ursache ist!

Es verhält sich im Grunde wieder so, wie mit der Frau vorhin in der Shoppingmall, sie hat ihr Unterbewusstsein geprägt, nun handelt dieses bis auf Widerruf genauso. Es ist ein Selbstläuferprogramm, wie ein Autopilot. Wenn sie sich in einen Neuen verliebt, dann ist das dieser Widerruf, ihr Unterbewusstsein wird umprogrammiert, die alte Prägung wird verblassen, eine neue Prägung mit einem anderen Bild nimmt Gestalt an. Wenn sie sechs Monate später ihren Ex wiedersieht, wird sie sich fragen, was sie denn überhaupt damals an ihm fand? Sie wird es selbst nicht mehr verstehen, wie sie wegen **dem** Schweißausbrüche hatte. Und ganz genauso könnte jeder Dicke durch ein Bild von sich selbst als schlanker Mensch sein Unterbewusstsein ganz einfach umprogrammieren. Das Einzige, was du dazu brauchst, ist etwas Zeit und Durchhaltevermögen, denn Ergebnisse werden sich nicht von heute auf morgen einstellen.

Genau genommen ist diese Kausalkette die Bedienungsanleitung für deinen Körper, die du schon so lange gesucht hast. Mit deinen Gedanken schreibst du die Software, damit die Hardware so funktioniert und aussieht, wie du dir das vorstellst. Dein Körper ist ein Konstrukt aus Zellen, die in Molekülen und Atomen aufgehen. Das ist einfach nur Energie, Schwingung, und diese reagiert auf die Schwingung deiner eigenen Gedanken. Eine jegliche Veränderung deines Verhaltens geht immer nur so. Etwas anderes ist nicht möglich. Alle Versuche, dein Verhalten zu ändern, ohne deine Gedanken zu ändern, sind von vornherein zum Scheitern verurteilt. Egal, ob du abnehmen möchtest oder mit dem Rauchen aufzuhören gedenkst, mehr für die Schule lernen willst oder dich mehr um deine Kinder kümmern möchtest. Du musst mit deinen Gedanken damit beginnen, wenn du dauerhaften Erfolg wünschst. Visualisiere, wie du abgenommen oder bessere Noten in der Schule hast oder dir deine Kollegen gratulieren, weil du es endlich geschafft hast, vom Rauchen loszukommen. Dieses Bild wird sich in deinem Unterbewusstsein festsetzen, und es muss sich in deiner Realität manifestieren.

Unheilbare Krankheiten

Gibt es so was wirklich, unheilbare Krankheiten?

Ich denke, jede Krankheit, die es gibt, wurde schon geheilt, auch Krebs im Endstadium. Da sie aber nicht von der Schulmedizin mit einem bestimmten Medikament geheilt wurden, wodurch es reproduzierbar wird, gelten sie weiter als unheilbar. Aber wenn eine Krankheit nur ein einziges Mal geheilt wurde, dann ist sie logischerweise nicht unheilbar. Genauso gut könnte jemand behaupten, dass es unmöglich sei, auf den Mond zu fliegen, nur weil es nicht monatlich passiert und weil es so schwierig ist, dass es nicht jedem Hobby-Ballonfahrer gelingt.

Im Grunde ist auch Heilung von Krebs reproduzierbar, es ist schließlich eine bestimmte Geisteshaltung dafür verantwortlich. Wer sich diese Geisteshaltung zu eigen macht, wird auch diese Resultate erhalten.

Glauben ist immer die größte Komponente in jedweder Gleichung.

Nur in dem Denken der Schulmediziner eben nicht, dort sind an diese Stelle irgendwelche belanglosen Chemikalien getreten. Was dein Arzt denkt, ist für die Heilung völlig unwichtig. Dein Denken und Glauben sind es, die über Leben und Tod entscheiden.

Wenn bei dir eine unheilbare Krankheit festgestellt wird, kannst du durch deine Gedanken den Glauben aufbauen, dass du vollkommen gesund bist, und wenn du diesen Glauben hast, wird auch deine Gesundheit wieder hergestellt sein. Es ist reproduzierbar, nur dass es das für den Arzt nicht ist, sondern diese Macht liegt einzig und allein beim Patienten selbst. Die meisten Menschen glauben nicht an Wunderheilungen. Das kommt daher, weil unser gesamtes Leben in der westlichen Welt vom „schulmedizinischem Denken" geprägt ist. Aber genau genommen ist auch das Zusammenwachsen eines gebrochenen Knochens oder das Verheilen einer Schnittwunde eine Wunderheilung. Dein Unterbewusstsein veranlasst einfach alles Notwendige, damit sich alles wieder zusammenfügt. Genau genommen ist kein Arzt der Welt in der Lage, den gebrochenen Knochen wieder zusammenzufügen. Das vermag einzig und allein dein Körper selbst. Dein Unterbewusstsein hat die absolute Kontrolle über sämtliches Zellwachstum, Zellteilung, über das Immunsystem, über Ausschüttung von Chemikalien und Hormonen im Gehirn. Dein Unterbewusstsein reagiert ausschließlich auf deine bewussten Gedanken!

Depression

Stell dir vor, ein Mann hat einen Job, in dem er nicht anerkannt ist, sein Chef hackt auf ihm rum; wenn er nach Hause kommt, macht seine Frau da weiter, wo sein Chef aufgehört hat. Er und seine Frau haben sich seit Langem auseinandergelebt, zwischen ihnen gibt es keine netten Worte mehr. Er wünscht sich Liebe und Anerkennung in allen Bereichen, weiß aber nicht, wie er sie erlangen soll. Sein Leben erscheint ihm unerträglich, obwohl ihn so mancher beneiden würde, weil er ganz gut verdient, auch seine Frau ist sehr attraktiv; aber für ihn ist das unerträglich, er fühlt sich gefangen, desillusioniert. Daraus kann eine handfeste Depression erwachsen.

Depressionen sind lediglich eine Folge von ausdauerndem negativen Denken, in der Form „Es ist doch alles sinnlos, wozu das alles?" Wenn du kurzfristig so denkst, bekommst du schlechte Laune. Wenn du es länger tust, wirst du ein notorischer Miesepeter. Weitergedacht wird es zur Depression. Da kann man nur durch positives Denken raus kommen, aber das ist aus diesem Gemütszustand heraus nur realisierbar, indem du krasse Veränderungen vornimmst. Das politisch Korrekte unserer Gesellschaft verbietet aber diese krassen Schritte. Scheiden lassen? „Du kannst doch die letzten 25 Jahre nicht einfach wegwerfen!" Die letzten 25 Jahre sind so oder so unwiederbringlich vorbei. Arbeitsstelle kündigen? „Du kannst doch nicht deine Zukunft ...", aber hat dieser Job eine Zukunft, wenn du Depressionen bekommst?

Midlife-Crisis ist ähnlich gelagert, nur dass diese eben an ein bestimmtes Alter gekoppelt ist. Menschen mit Zielen, mit Visionen haben niemals solche Gemütskrankheiten, weil sie ja immer etwas vorhaben, etwas Neues erobern wollen. Depressionen kann man nur bekommen, wenn einem die Eintönigkeit seines unbefriedigenden Lebens bewusst wird. Wenn man tagein, tagaus derselben unbefriedigenden Arbeit nachgeht, dieselbe unbefriedigende Ehe lebt und das schon seit 20 Jahren – wenn man von heute nach vorn blickt, sieht man nur Alter, Krankheit und Verfall. Dort hinten steht das Altenheim, ein Stück weiter der Friedhof und dazwischen dasselbe jeden Tag. Täglich grüßt das Murmeltier in der Horrorversion. Da bekomme ich schon beim Schreiben schlechte Laune, wie muss man sich fühlen, dass täglich zu leben? **Aber diese Depressionen entstehen durch deine eigenen Gedanken!** Es gibt genug Menschen, die mit der Situation des eben erwähnten Mannes sehr glücklich wären. Anderen Menschen geht es noch viel schlechter. Trotzdem sind sie ziemlich zufrieden mit ihrem Leben. Es gibt nur einen Grund für Depressionen und der ist, dass du dich auf das konzentrierst, was du nicht willst, weil du dich gedanklich über deine Situation beklagst und in Selbstmitleid verfällst. Wenn das alles so schlimm ist, dann verlass deine Frau, sag deinem Chef, was er dich mal kann, lass dir die Haare wachsen, verkauf dein Auto und trampe durch Europa. Wer hindert dich daran?

Du selbst und deine negativen Gedanken, sonst nichts!

Das soziale Netz ist so eng gestrickt. Hier verhungert schon keiner. Also zählt auch diese Ausrede nicht. Du ganz allein musst deine Gedanken von unerwünscht auf erwünscht schalten. Du bist der Einzige, der es verändern kann! Wenn du das Kapitel „The Magic" gelesen hast und es wahrhaftig umsetzt, wirst du da schneller rauskommen, als du glaubst. Vergiss deinen Psychologen, vergiss deine Antidepressiva. Die Vision von einem lebenswerten Leben holt dich da sehr schnell und ohne Nebenwirkungen raus! Schon die ersten fünf Minuten intensiven Denkens an das, was du wirklich willst, werden eine stärkere Wirkung haben als deine Tabletten in doppelter Dosierung. Probiere es einfach aus!

6. „The Secret" – The Missing Link?

„The Secret" von Rhonda Byrne ist ein beeindruckendes Werk und in seiner leicht verständlichen Komplexität nahezu unübertroffen. Wer dieses Buch noch nicht gelesen hat, der sollte das unbedingt tun. Dieses Werk ist perfekt und es beinhaltet alles, was man braucht, um sein Leben zum Besseren zu wenden.

Viele reden darüber und man liest es immer wieder. In „The Secret" fehlt etwas, weil: Kennst du nicht auch Menschen, die das Buch gelesen oder die DVD gesehen haben – und trotzdem tut sich nichts in ihrem Leben? Blablabla. Dann preisen sie ihr eigenes Buch, in dem dasselbe steht wie in Rhonda's Werk, aber meistens nicht so gut geschildert.

Aber auch ich kenne Menschen, die sich damit befasst haben, aber ohne jeglichen Erfolg. Aber das liegt nicht an dem Buch, da steht alles drin, **es liegt an dir**, wenn du es nicht tust, was da drin steht.

Ich finde diese Behauptungen immer reichlich einfältig.

Ein passender Vergleich wäre:

Ein schmächtiges Bürschlein will ein starker Mann werden. Er kauft sich das Buch „Bodybuilding für Männer" vom Meister aller Klassen, Arnold Schwarzenegger. Er liest es sich durch, stimmt mit dem Inhalt überein. Er geht auch in ein Sportstudio, einmal die Woche für eine Stunde. Da macht er lieblos ein paar Übungen, aber größtenteils quatscht er da mit Kumpels und guckt nach den Mädels. Seine geliebte Junkfood-Ernährung möchte er natürlich auch nicht ändern.

Nach drei Monaten schaut er in den Spiegel und stellt fest, dass er immer noch so ein Hering ist. Dann behauptet er, das Buch von Arnold sei unvollständig, denn schließlich habe er es ja selbst probiert, und es hat nichts gebracht. Das ist natürlich erstens sehr dumm, und zweitens enthält es die vernichtende Ideologie „Die anderen sind schuld!"

Du hast „The Secret" gelesen? Und du visualisierst täglich dein Ideal? Und du weißt, dass alles, was in dein Leben kommt, von dir selbst ausgesandt wurde? Und du machst das schon lange, über sechs Monate? Und hast keine, aber auch gar keine Resultate? Und das heißt für dich natürlich, dass das mit dem Gesetz der Anziehung alles Quatsch ist!

Wenn jemand Fahrradfahren lernt und nun erst mal öfters über den Lenker absteigt, würdest du dann behaupten, dass die damit verbundenen Gesetze wie z. B. Gravitation und Trägheitsgesetz der Masse nicht richtig funktionieren? Oder macht diese Person einfach etwas falsch? Ich denke, die Frage beantwortet sich von selbst.

Genauso verhält es sich mit dem Gesetz der Anziehung. Natürlich musst du auch das von dem theoretisch Verstandenen zur praktischen Anwendung bringen. Das ist mit Sicherheit nicht immer einfach.

Die meisten scheitern schon am theoretischen Verstehen. Sie verstehen es schon auf irgendeiner Ebene und haben auch genug Beispiele von Menschen, die es geschafft haben. Aber der größte Teil der Welt denkt anders, denkt in Schuldzuweisungen, in Richtig und Falsch, Gut und Böse. Sogar der Präsident der Vereinigten Staaten stellt sich hin und gibt anderen Menschen die Schuld an seinem Versagen. Natürlich ist dann solch ein Denken immer sehr stark in uns verwurzelt.

Die meisten Menschen hören es von der Wiege an, dass von Zufall gesprochen wird und andere Menschen dafür verantwortlich sein sollen, was mir selbst geschieht. Und deswegen denken sie nur immer ein „bisschen" in dem Gesetz der Anziehung, um dann wieder dem Chef, dem Wetter, der Wirtschaftslage, bösen Menschen, der Politik, dem Islam, den Chinesen, den Frauen, den Männern usw. die Schuld zu geben, dass sie noch nicht reich und glücklich sind.

Nein, in „The Secret" fehlt kein Link. Wenn du es konsequent anwendest, was da geschrieben steht, dann wirst du dein Leben in die Richtung verändern, in die du es haben willst.

Dazu gehört natürlich eine gehörige Portion Mut zum Anderssein, Mut, schief angeguckt zu werden, Mut, gegen den Strom zu schwimmen. Mut, weniger Freunde zu haben. Mut, mehr Kritiker zu haben. Mut, mehr beneidet zu werden.

Aber den Mutigen gehört die Welt. Was nutzen dir irgendwelche Freunde, die abends vor dem Fernseher sitzen oder in der Kneipe hocken und sich über das Verhalten anderer Menschen beklagen? Bringen sie dich deinen tiefsten Sehsüchten näher? Nein, den allermeisten von denen würdest du deine tiefsten Herzenswünsche gar nicht erzählen, aus Angst, ausgelacht und verspottet zu werden.

„Habt ihr das gehört, Jungs, der Robert möchte mal Millionär sein und eine tolle Familie haben. Ha ha ha ha."

Das ist auch ein Grund dafür, dass das Gesetz in seiner ganzen Konsequenz nur von wenigen **wirklich** verstanden wird. Ich möchte behaupten, dass das nur etwas für Alpha-Tiere ist. Dem klassischen Nachplapperer, Mitläufer und Anpasser wäre es ein Graus, allein dazustehen und selbst den Weg zu wählen!

Das ist der Grund, dass das Gesetz schon seit Jahrtausenden bekannt ist, aber immer nur ein Bruchteil der Menschheit daran glaubt und es umsetzt, obwohl es jedem Menschen und damit der ganzen Welt zum Segen gereichen würde!

Wenn du das Gesetz verstanden hast, dann bist **du ganz allein** verantwortlich für alles, was dir geschieht. Das bist du natürlich auch, wenn du es nicht verstanden hast. Aber erkläre das einer breiten Masse, die auch schon beim kleinsten Übel lauthals nach einem Schuldigen sucht und ihn nach Möglichkeit hart bestraft sehen möchte.

Wenn du „The Secret" durcharbeitest und dein Leben danach ausrichtest, wird sich dein Leben in die Richtung deiner Wünsche verändern, das ist nun mal Gesetz.

Handeln

Nun kommen wir zu dem am meisten fehlinterpretierten Thema, wenn es um das Gesetz der Anziehung geht.

Immer wieder kann man von vielen großen Erfolgstrainern hören, wie wichtig Handeln ist. Viele bemängeln in „The Secret", dass das Handeln nicht angesprochen wurde.

Um es ganz klar auszudrücken: Du erschaffst Materie durch dein „Sosein"! Im wahrsten Sinne des Wortes! Genau genommen brauchst du noch nicht mal zu denken! Deine Körpermitte strahlt immer, selbst wenn du nicht denkst, die Inhalte deines Unterbewusstseins aus. In der Quantenphysik, beim Zweispaltenexperiment wird eine

Angebotswelle in feste Materie gewandelt, durch bloße Beobachtung. Da muss nicht gedacht werden und schon gar nicht gehandelt. Sondern einfach nur deine Anwesenheit und dein Bewusstsein auf den Vorgang zu richten, reicht aus, dass Materie entsteht, wo vorher keine war.

Dass dennoch alle von diesem Handeln reden, ist eher in der Tradition zu finden, in der Gewohnheit. Ein jeder von uns hat es von Kindesbeinen an gehört, dass wir fleißig sein müssen. Aber wenn das so wäre, dann müssten die Menschen, die am meisten handeln, die reichsten sein und die, die am wenigsten tun, die ärmsten. Aber dem ist eben gerade nicht so. Es gibt Schauspieler, die drehen jedes Jahr einen Film ab, kassieren zehn Millionen Dollar Gage, dazu noch mal fünf Millionen Dollar Werbeeinnahmen. Zwei Monate am Set, unterm Strich 15 Millionen und viel Anerkennung. Andere arbeiten 40 Stunden die Woche im Straßenbau und bekommen dafür vielleicht 40.000 Dollar im Jahr. Wenn es Handeln wäre, was reich macht, würde der Schauspieler verhungern, und der Bauarbeiter wäre Millionär.

Auch müsste das natürlich in jeder Beziehung so sein, auch auf der körperlichen Ebene, auch in Liebesbeziehungen. Im Kapitel „Körper" können wir an dem Beispiel von Bärbel Mohr erkennen, dass das eben nicht so ist. Sie tat sehr viel für ihre Gesundheit und ist dennoch sehr krank geworden und zeitig verstorben.

Vielleicht konntest du ja auch schon mal eine Partnerschaft beobachten, wo einer von beiden wirklich alles tat, um die Beziehung aufrechtzuerhalten, aber umso mehr derjenige tat, desto weiter und schneller entfernte sich der andere. Die Ursache ist einfach in den

Gedanken, in der Erwartungshaltung zu finden. **Warum** tut derjenige so viel? Wenn er es aus reiner Liebe tut, so ist das gut, und die Partnerschaft wird Bestand haben. Tut er es aus einer Verlustangst heraus, wird sich genau dieser Verlust einstellen. Warum hat Bärbel Mohr gesünder gelebt, als die meisten anderen? Weil sie Angst vor dem Verlust ihrer Gesundheit hatte, weil sie sich machtlos wähnte und glaubte, dass die Ahnen der letzten Jahrtausende für ihre Gesundheit verantwortlich sind. Was war die Folge? Natürlich der Verlust ihrer Gesundheit. Also, es sind die Gedanken, die etwas bewirken, nicht die Taten.

Der Glaube an Handlungen bestimmt die gesamte Welt. Fast alle glauben, dass sie handeln müssen, um etwas zu bekommen, aber das stimmt einfach nicht, das widerspricht dem Gesetz. Du musst es dir vorstellen und immer und immer wieder visualisieren, dann tritt es in dein Leben. Du wirst zu inspiriertem Handeln geführt werden. Das sind Tätigkeiten, die du gerne tust, auf die du dich freust. Glaubst du, ein großer Künstler geht mit knirschenden Zähnen an die „Arbeit"? Er ist inspiriert; er liebt es, dem Ausdruck zu verleihen.

Genau genommen ist es ja überhaupt gar nicht möglich, nicht zu handeln, selbst wenn du im Bett liegst, handelst du. Du liegst halt im Bett. Wenn du dort liegst und an Wohlstand denkst, dann wird Wohlstand zu dir gelangen, selbst wenn du jegliche Arbeit verabscheuen solltest. Angenommen du visualisierst Wohlstand. Jetzt bekommst du Ideen, wie du den Wohlstand realisieren könntest, aber du lehnst es ab, weil es sich für dich nach Arbeit anhört. Dann wird sich der Wohlstand anders in dein Leben schleichen, **du kannst den Wirkun-**

gen nicht entfliehen, deren Ursache du durch dein Denken gesetzt hast. Genauso gut kannst du einer Krankheit nicht entfliehen, indem du gesünder lebst als andere, wenn du die geistige Ursache gesetzt hast.

Du kannst den Manifestationen deiner Gedanken nicht durch Handeln entfliehen.

„Was ich befürchtet habe, kam über mich."

Hiob

Du könntest bis ans Ende der Welt flüchten und die gesündeste Lebensweise aller Menschen zelebrieren – wenn du an Krankheit glaubst und dich davor fürchtest, dann wird sie zu dir kommen!

Wenn du diese Aussage als wahr annehmen kannst, muss logischerweise auch das Gegenteil der Fall sein.

Wenn du durch deine Gedanken Reichtum kreiert hast, dann kannst du den Manifestationen nicht entfliehen, auch nicht, wenn du Arbeit ablehnst.

Also, wenn es im Negativen geschehen **muss,** weil du die geistige Ursache gesetzt hast und du ihr nicht entfliehen kannst, dann **muss** es auch im Positiven so sein. Das ist einfach nur logisch. Daran ändert auch eine noch so „gute" Ideologie, dass man doch fleißig sein muss, nichts, genauso wenig wie eine gesunde Lebensweise was an dem vorigen Beispiel geändert hat.

Ich bin der Meinung, dass Rhonda Byrne in „The Secret" ganz bewusst das Handeln weggelassen hat, weil sie das Gesetz verstanden hat. Wenn du auch ihr „The Power" gelesen hast, wirst du mich bei dieser Behauptung unterstützen. Auch andere ganz große Meister wie Charles Haanel und Dr. Joseph Murphy haben das erkannt. Murphy sagte öfter: „Durch harte Arbeit wirst du höchstens der reichste Mann auf dem Friedhof."

Und Jesus sagte zu dem Gelähmten nicht, tu dies oder jenes.

Er sagte: „Nimm dein Bett und geh! Dein Glaube hat dir geholfen."

Dummheit

Man ist geneigt, so etwas schnell als Dummheit zu interpretieren, wenn jemand partout nicht das tut, was für sein Ziel notwendig ist. Da könnte man förmlich aus der Haut fahren. Oft hat das aber mit Dummheit nicht das Geringste zu tun. Meiner Meinung nach ist Intelligenz der am meisten überbewertete Faktor, wenn es um das Erreichen von großen Zielen geht. *„Imagination ist stärker als Wissen"*, sagte uns schon Albert Einstein.

Nehmen wir einen stark übergewichtigen Menschen. Dieser hat das Gesetz der Anziehung in der Theorie verstanden. Nun sagt man ihm: „Du brauchst keine Diäten zu machen, dich nicht mit Sport zu quälen, setzt dich einfach morgens und abends jeweils 10 bis 15 Minuten still hin und visualisiere ein wesentlich geringeres Gewicht." Da könnte er visuell auf die Waage steigen oder sich von seinen Freunden loben lassen usw. Er tut es aber nicht, er macht weiterhin Diäten, die ihm keine Freude bereiten, quält sich zum Sport und alles ohne Resultat. Ist er nun dumm?

Keine Ahnung, jedenfalls ist nicht Dummheit die Ursache, da kann das Gesetz auch zum Selbstläufer werden. Jeden Tag vor dem Spiegel und unter der Dusche und beim Ankleiden, wenn er sich in sein Auto zwängt oder auf dem Sitz im Bus, wenn andere sich nach ihm umschauen usw., denkt er einen Gedanken: „Ich bin zu fett! Ich hasse es, zu fett zu sein, der Fred, der Blödmann, frisst den ganzen Tag und ist schlank. Das Leben ist nicht fair." Er denkt nur an das, was er nicht will, und deswegen ist er für andere Gedanken gar nicht zugänglich! Er **kann** nicht visualisieren, dass er schlank ist, und deswegen kann er es auch nicht werden!

Ich kannte mal jemanden, der hatte eine kleine Handwerkerfirma, mit der er letztlich pleiteging. Er hatte genug Aufträge und war auch gut in dem, was er tat. Im Grunde lag das nur daran, dass er unorganisiert war, seinen Papierkram nicht in Ordnung hatte, seine Außenstände nicht eingetrieben hat usw. Nun redeten seine Freunde auf ihn ein, er solle halbtags eine erfahrene Sekretärin einstellen, die das alles für ihn machen würde, so hätte er den Rücken frei und könnte sich noch besser auf das konzentrieren, was er gut kann.

Natürlich hat er diese Sekretärin nicht eingestellt, er hat sich noch nicht mal bemüht, eine zu finden. Aber dennoch ist er ein intelligenter Mann, alle hielten ihn jedoch für dumm. Er **konnte** diese Sekretärin nicht einstellen, weil sein Denken schon viel zu sehr vom Scheitern dominiert wurde. Er war geistig auf Pleite gepolt, dachte sozusagen fast ununterbrochen daran, was er **nicht** wollte. Natürlich hat sich der dominierende Gedanke durchgesetzt, dafür sorgt das Gesetz der Anziehung. Er war sozusagen nicht in der Lage, körperlich etwas zu tun (Sekretärin einstellen), was ihn von seiner geistigen Entsprechung (Pleite) abgehalten hätte. Deine dominierenden Gedanken sind dein Glauben, und danach wird dir immer geschehen. Es ist immer die geistige Arbeit, die vor der körperlichen getan werden muss, egal ob du abnehmen möchtest, deine Firma retten oder deine Wünsche ins Leben rufen.

Hätte er **zuerst** begonnen zu visualisieren, dass seine Firma erfolgreich ist, er genug Geld hat und alles schön ist, dann wäre er vermutlich von selbst drauf gekommen, eine Sekretärin einzustellen. Fakt ist aber auch, dass er sich natürlich zuerst mit dem Gesetz befassen muss, um überhaupt zu wissen, dass er visualisieren sollte. Manchmal ist das ein wenig kompliziert, und es ist strittig, ob jeder überhaupt in der Lage ist, dieses Gesetz zu verstehen. Das hat wieder nichts mit Intelligenz zu tun, sondern eher mit Offenheit für neue Ideen, aber man kann natürlich auch nicht auf Bestellung für etwas offen sein oder nicht. Ich denke, das entscheidet unser tiefstes Inneres, ob wir dafür offen sind oder nicht, unsere Seele.

7. Das Ego?

Was ist denn das nun eigentlich, dieses Ego? Es wird ihm in esoterischen Kreisen immer viel Aufmerksamkeit gewidmet. In vielen großen esoterischen Werken werden ganze Kapitel darüber geschrieben, wie schlecht das Ego ist, und wie wir es am wirksamsten bekämpfen. In einigen Philosophien ist es schon mal als Endziel definiert, unser Ego zu überwinden. Da wird dann wahrhaftig davon geredet, dass du hier auf dieser Welt bist, um dein Ego abzulegen.

Wenn jemand z. B. reich sein möchte oder schön oder besser als andere, dann wird das gerne negiert, unter dem Vorwand, dass es nur das Ego sei, das dies wolle.

Es wird also so dargestellt, als sei das Ego irgendwie ein Teil in dir, der schlecht ist, aber nicht wirklich **du** bist. Auf jeden Fall ein Teil, den es unbedingt zu unterdrücken gilt, den man um seiner Seele willen unbedingt zum Schweigen bringen muss. Wenn dieser Teil wirklich **du** wäre, dann könntest du ihn ja nicht bekämpfen, das wäre ja so, als kämpfe dein rechter Arm gegen deinen linken.

Gott hat jedem Menschen einen ziemlich genauen Plan mitgegeben, wie er zu überleben hat. Das können wir dann tatsächlich, ohne wirklich zu denken. Wir haben Hunger und Durst, Hitze- und Kälteempfinden, Angst vor Gefahren, Schmerz und Sexualtrieb. So überlebt die Menschheit schon seit ewigen Zeiten, und wir werden immer mehr. Warum sollte uns nun Gott keinen klaren Lebenssinn mitgegeben haben? Warum sollte er den nur wenigen „Erleuchteten" verraten?

Das ist eigentlich ganz einfach, weil es keinen klaren, allgemeingül-
tigen Lebenssinn gibt! Gott hat uns die Freude gegeben – Gott hat
uns Verlangen gegeben – Gott hat uns die Sehnsucht gegeben! Und
Gott hat uns das Ego gegeben! Das ist unser Lebenssinn. Jeder hat
einen anderen. Neele Donald Walsch sagte: *„Das Leben hat den
Sinn, den du ihm gibst!"* Das ist doch auch völlig logisch, dass nicht
alle Menschen den gleichen Lebenssinn haben können, selbst wenn
er noch so heroisch wäre. Stellt euch vor, jede Frau wäre wie Mutter
Teresa, würde das funktionieren? Die Vielfalt und die Schönheit der
Welt haben wir doch nur, weil jeder Mensch etwas anderes möchte.
Die Schönheit und Vielfalt der Welt haben wir auch nur, weil die
Menschen ein Ego haben. Albert Einstein, Thomas Edison, Nicolas
Tesla, Ludwig van Beethoven, Vincent van Gogh, Bruce Springsteen,
Lady Gaga, Boris Becker, Wladimir Klitschko, Sebastian Vettel,
Brad Pitt, Steven Spielberg, Martin Luther King, Nelson Mandela,
Bill Gates, Steve Jobs usw. usf. Das, was diese Menschen getan ha-
ben, uns gegeben haben, um unser Leben zu erleichtern oder um uns
einfach nur zu erfreuen, hätte ohne ein Ego überhaupt niemals zutage
treten können. Das Ego ist die Triebfeder schlechthin, verantwortlich
für jeden Erfolg im Leben. Das, was Ego genannt wird, ist einfach
nur der Aspekt in uns, der dafür verantwortlich ist, einen Impuls in
einen Wunsch zu verwandeln und diesen in eine Begebenheit. Menschen, die ihr Ego verleugnen, bezeichnen solche Impulse, mehr oder
Besseres haben zu wollen, gerne als Versuchung, die sie finsteren
Mächten zuschreiben. Unsere Wünsche kommen aus den tiefsten
Tiefen unserer Seele.

Gott zeigt dir durch deine Wünsche, wo dein wahrer Platz im Leben ist!

Ich denke, dass es so etwas wie das Ego gar nicht gibt. Genauso wenig, wie es diese „finsteren Mächte" gibt. Es ist ganz einfach eine Erfindung des Menschen, besser gesagt, des nicht ganz erfolgreichen Menschen. Da ist jemand esoterisch, will gerne einen Porsche fahren. Nun ist er aber nicht in der Lage, sich einen Porsche zu erschaffen, also stellt er sich hin und sagt: „Na, das war ja auch nur mein Ego, das dieses Auto wollte." Und so fährt er weiter in seiner Rostlaube und glaubt, durch sich selbst zu belügen, kann man glücklich werden. Das erinnert mich wieder einmal an die Fabel mit dem Fuchs und den Trauben. Der Fuchs hätte auch sagen können: „Ach, es war ja nur mein Ego, das diese Trauben haben wollte."

Das Ego ist einfach nur eine Erfindung spiritueller Menschen, die glauben, dass Erleuchtet-Sein und Materielles nicht zusammenpasst. Dieser Gedanke ist aber relativ schlicht. Die meisten Gestalten in der Bibel waren steinreich, esoterische Größen wie Dr. Joseph Murphy, Norman Vincent Peale, Ester Hicks, Catherine Ponder und viele andere waren oder sind Multi-Millionäre.

Sie sind steinreich, weil sie wirklich verstanden haben, wie das Leben funktioniert.

Wer glaubt, dass das eine das andere ausschließe, sollte noch einmal genauer darüber nachdenken. Wir leben in einer materiellen Welt, ohne einen gesunden Körper, ausreichend Versorgung und die Anerkennung deiner Mitmenschen kannst du nicht wirklich glücklich sein!

Ich bin der Meinung, dass wir alle perfekt sind auf unsere Art, und da wir von Gott erschaffen sind, ist da auch nichts, was wir verbessern müssten oder unterdrücken sollten.

Stelle dir diese Blasphemie vor, Gott hat dich erschaffen und du glaubst nun, dass er das nicht richtig gemacht hat und du es erst mal korrigieren musst, das ist ziemlich lächerlich, oder?

Das hat alles etwas mit überholtem kirchlichen Denken zu tun, wo Bescheidenheit gepredigt wird. Der Schöpfer hat aber eine Welt im Überfluss erschaffen, deswegen ist Bescheidenheit nicht nötig. Nenn mir einen wirklichen Vorteil für dich, die Welt oder irgendeinen anderen Menschen, wenn du bescheiden bist! Den größten Nutzen für die Welt hast du, wenn du glücklich bist. Stell dir vor, Bill Gates, Steve Jobs, Bruce Springsteen, Steven Spielberg, die Klitschkos oder sonst ein Bekannter wären bescheiden und hätten nach ihrer ersten Million aufgehört zu arbeiten. Dann wären sie niemals zu ihrer wahren Größe erblüht und uns wären ihre Errungenschaften niemals zuteilgeworden.

Das, was da Ego genannt wird, ist für die gesamte Evolution der Menschheit verantwortlich. Wenn niemand besser sein wollte als der andere, wäre niemals Fortschritt möglich. Hast du schon mal Vögel bei der Balz beobachtet? Wie die alles Mögliche tun, um das Weibchen zu beeindrucken? Die plustern sich da fürchterlich auf, machen die gewagtesten Tänze. Ja, da will jeder der Beste sein und somit die Huld vom Weibchen bekommen. Da diese Tiere aber ganz nach Instinkt handeln, der ihnen direkt von der Natur eingegeben wurde, kann man ja wohl kaum davon reden, dass bei denen etwas vom Ego gesteuert ist. Genauso ist es bei Revierkämpfen, die bei sehr vielen Tierarten stattfinden. Diese Tiere verteidigen ihr Eigentum! Ego, bei Tieren? Da Tiere nicht rational oder berechnend denken können, können sie auch das sogenannte Ego nicht besitzen. Da sie sich aber genauso um das Essen, die Frauen und um Gebietsansprüche prügeln wie wir, kann das, was wir Ego nennen, nicht schlecht sein, das ist logisch. Ohne das sogenannte Ego hätten wir keinen Fortschritt, keinen Wettbewerb, keinen Leistungssport – eigentlich gar keinen Sport. Wozu denn besser aussehen wollen? Keine Gesangswettbewerbe, keinen Wahlkampf, also auch keine Regierung, sondern ... ja, was hätten wir dann? Ich denke, dann wären wir gar nicht, oder wir lebten noch in diesem Neandertal.

Also, lass dir von niemandem einreden, dass es ja nur dein Ego ist, das da etwas will. Es bist du, deine Seele, die das will.

Wünsche

Sämtliche klassische Psychologie kann als völliger Humbug angesehen werden, weil niemals darüber nachgedacht wird, ob Menschen Dinge einfach deswegen tun, weil sie es tun wollen, weil es ihnen Spaß macht. Da werden dann Diagnosen gestellt wie Workaholic, Psychopath, Soziopath oder verhaltensgestört oder gar irre. Ich habe noch nie einen sogenannten Workaholic gesehen, der unglücklich mit seiner Situation war. Es sind meistens die Angehörigen, die das sind und ihn bedrängen, zum Arzt zu gehen. Da stellen sich dann andere Menschen hin und sagen: „Du musst doch mal dieses und jenes, es gibt doch noch andere Sachen als ... usw." Alles zielt darauf ab, dem anderen seinen Willen aufzudrücken. Genauso gut könnte man dem Vegetarier sagen, dem Antialkoholiker, dem Nichtraucher oder Priester: „Es gibt doch noch andere Sachen als... du musst doch mal ...!" Das nenne ich die Nichtakzeptanz anderer Wünsche. Sagen wir, ein junger Mensch möchte ein Star werden im Musik- oder Filmgeschäft. Nun kommen da die selbst ernannten Weisen (in Form von Freunden, Eltern, Lehrern, Psychologen, Onkeln und Tanten usw.) und reden ihm ein, dass das ja nur sein Ego will, oder er will ja nur was beweisen, weil sein Vater ihm nichts zugetraut hat oder ihn nicht in den Arm genommen hat. Er solle doch lieber einen ordentlichen Beruf erlernen. **Kann sich denn niemand vorstellen, dass das einfach sein Wunsch ist, dass er das einfach möchte, weil es sich für ihn gut anfühlt?** Komisch, wenn er sagt, ich möchte Maurer werden, wie Onkel Werner, da sagt niemand, dass er fremdbestimmt ist, also gilt das sogenannte Ego nur für Leute, die nicht so sein wollen wie die graue Masse. Dasselbe gilt für materielle Wünsche, da wird dann auch geredet: Der will doch nur angeben; er will nur etwas Besseres sein; er ist wohl zu fein, wie die anderen im Bus zu fahren. Da werden dann Mutmaßungen aufgestellt, warum einer was besitzen will, und es wird mit psychologischen „Störungen" erklärt. Menschen werden als emotional gestört hingestellt, nur weil sie z. B. eine Jacht besitzen wollen. Da werden Spekulationen angestellt, in Bezug auf die Größe seiner Männlichkeit, weil er gern einen Porsche möchte. Ich sage euch, es gibt kein Ego. Das ist reine Erfindung von Menschen, die zu feige sind, große Träume zu träumen, die zu feige sind, zu ihren wahren Wünschen zu stehen. Das ist deren Ausrede. Es gibt nur dich (von Gott erschaffen) und deine Seele. Und tief im Herzen weißt du ganz genau, was du willst, und warum du auch immer einen Wunsch hast. Du hast ihn, weil es sich für **dich** gut anfühlt. Alles, woher der Wunsch kommen könnte und warum du ihn hast, das ist 1. reine Spekulation und wenn überhaupt nur von dir selbst nachvollziehbar und 2. auch völlig unwichtig; wen interessiert es, **warum** du den Wunsch hast? Stell dir vor, du isst gerne Oliven, ist es nicht egal, warum das so ist? Da sagt niemand, „Du isst die doch nur gerne, weil ...." Aber wenn jemand ein Star werden möchte, heißt es dann: „Der will das doch nur, weil er etwas Besseres sein will." Allein das „nur" in diesem Satz reicht aus, um zu erkennen, dass dort ein Mensch spricht, der dich verurteilt, weil deine Wünsche nicht so sind wie seine eigenen oder wie er deine Wünsche gerne hätte.

Ich weiß, über das Ego wurde schon von vielen weisen Menschen geredet, aber waren sie wirklich so weise? Schließlich haben sie das Ego als schlecht gebrandmarkt, als etwas, was überwunden werden muss. Das hat für mich immer einen Hauch von Kommunismus, wo ja auch der Staat den Menschen zum „besseren Menschen" erziehen will. Auch dort sollen die Menschen zugunsten der Gesellschaft ihre wahren persönlichen, individuellen Wünsche opfern. Glaubt wirklich jemand, das will Gott von uns? Dass wir unsere Wünsche aufgeben? Oder sie so anpassen, wie jemand anderer es will? Dann wäre er ein wahrer Tyrann. Und die Theorie, dass Gott alles ist, und dass alles eins ist, wäre dann auch falsch. Das würde heißen, dass Gott gegen sich selbst kämpft.

Ego ist nur etwas für esoterische Gutmenschen oder der Teufel der Nicht-Religiösen.

Gott zeigt dir durch deine Wünsche, wo dein wahrer Platz im Leben ist.

8. Das Leben?

Was ist das, das Leben? Ich meine jetzt nicht die Zeit, die wir hier in unserem materiellen Körper verbringen, sondern ich meine das, was andere damit meinen, wenn sie darüber reden, als handele es sich um etwas Übergeordnetes.

Normalerweise kommt es folgendermaßen daher: Ein Mann von 45, der sehr viel arbeitet, viel Stress hat, sich zum großen Teil von Fast Food ernährt, zu viel raucht und der abends seinen Drink braucht, bekommt einen Herzinfarkt. Dann sagen seine Mitmenschen, dass er den bekommen hat, weil das Leben oder die Natur ihm zeigen will, dass er so nicht weitermachen kann.

Oder eine sehr körperbewusste Frau erleidet einen Autounfall und ist seitdem gelähmt oder entstellt, dann wird gerne behauptet, dass sie viel zu körperbezogen war und ihr das Leben nun zeigt, dass es auch noch andere Werte gibt, die wichtiger sind als das Körperliche.

Da fällt mir auch dieser Spruch ein:

„Wenn dir das Leben Zitronen schenkt, dann mach Limonade."

Ich möchte euch dazu einladen, dass Ganze mal im Lichte des Gesetzes der Resonanz zu betrachten. So was wie „das Leben" gibt es gar nicht, das sagen Leute nur, weil sie das Gesetz nicht kennen oder es nicht in seiner ganzen Bandbreite verstanden haben.

Der oben genannte Mann bekommt nur aus einem einzigen Grunde einen Herzinfarkt: weil er oft daran gedacht hat, weil er sich davor gefürchtet hat. Es ist ja auch nicht sonderlich schwer, bei solch einem

Lebenswandel oft daran zu denken, weil es einem fast jeder erzählt. Allem voran sein Arzt: „Wenn sie so weitermachen, Herr Müller ...". Auch bei Kollegen aus der Kanzlei hat er das schon gesehen. Er empfindet es fast schon als normal, in einem gewissen Alter einen Herzkasper zu bekommen, also muss er ihn auch bekommen.

Seine eigenen Gedanken und die damit verbundenen Gefühle sind die einzige Ursache für seinen Herzinfarkt. Es gibt einige Leute, die leben noch viel krasser, und doch sind sie gesund und hatten noch niemals einen Herzinfarkt. Weil sie sich einfach keine Gedanken darum machen. Wenn man sich den Lebenswandel von einigen Altrockern ansieht, dann stehen einem die Haare zu Berge, man glaubt, die müssten schon vor 30 Jahren gestorben sein, wenn man hört, welche Unmengen sie an Drogen, Alkohol und Nikotin konsumierten.

Das Leben oder die Natur oder Gott erteilt dir keine Lektionen, sie versuchen auch nicht, dein Leben zu wandeln. Das würde implizieren, dass es eine bestimmte Ordnung gäbe, die erlernt werden sollte, oder dass es eine richtige Art zu leben gibt und eine falsche. Und vor allem würde das implizieren, dass Gott dir diese Ordnung aufzwingt. Frei nach dem Motto: „Und bist du nicht willig, dann brauch ich Gewalt".

Das könnte man sich dann bildhaft so vorstellen, dass Gott auf einer Wolke sitzt, die Menschen beobachtet und dem einen ein Magengeschwür schickt, dem nächsten einen Herzinfarkt, wieder einem anderen eine Allergie, um ihnen allen mitzuteilen, dass sie nicht so leben, wie er es gerne hätte, aber ohne ihnen mitzuteilen, was sie verändern sollen. Das wäre, als sperrtest du deinen Sohn ohne Begründung in einen finsteren Keller. Nun möge er bitte von selbst drauf kommen, was du gerne von ihm erwartest. Errät er es nicht, dann lässt du ihn da unten vergammeln, deinen über alles geliebten Sohn. Egal in welchen bildlichen Vergleich du es kleidest, es tut schon beim Betrachten weh; das wäre ein bösartiger Gott, der in Rätseln zu dir spricht und dir dabei Schmerzen sendet, weil du nicht so lebst, wie er es für angemessen hält. Auch wenn das eine größtenteils esoterische Meinung ist, dass dir das Leben etwas sagen will, drückt sie doch die kirchliche Lehre aus, dass Gott dir Vorschriften macht, wie du dein Leben gestalten sollst.

Das ist ganz wichtig, dass du das erkennst, der Schöpfer hat dir Freiheit gegeben, dein Leben so zu gestalten, wie du es willst. Da gibt es keine Vorschriften oder Einschränkungen oder Auflagen, die zu erfüllen wären. Wenn das Leben dir etwas sagen wollte, dich zu einer bestimmten Verhaltensweise bewegen wollte, dann hättest du einfach den unwiderstehlichen Drang danach. Das Leben will z. B., dass du genug Flüssigkeit zu dir nimmst. Also hat jeder Mensch den unwiderstehlichen Drang zu trinken.

Wenn Gott etwas will, dann ist das so!

Höre also nicht auf irgendwelchen Schwachsinn, den dir alte Greise erzählen, wie du dich beschränken musst, damit Gott dich lieb hat.

Höre auch nicht auf Esoteriker, die immer von einem ausgewogenen Leben in Balance reden. Das sind einfach nur Meinungen. Lebe so, wie du es für richtig erachtest, habe Freude daran und denke an das, was du haben willst, und vermeide Gedanken über Krankheit und Verfall.

Wenn du das wirklich mit allen Konsequenzen verstehst, stehen dir alle Türen offen; schon weil sämtliche Schuldgefühle verschwinden, wirst du eine ungeahnte Freiheit verspüren.

Es gibt auch viele Meinungen, dass alles, was dir im Leben geschieht, einen höheren Sinn hat. Aber auch das ist nicht richtig, widerspricht ebenfalls dem Gesetz.

Da wurden schon Bücher darüber veröffentlicht, dass die Krankheit dir einen Weg weist oder so ähnlich. Das hört sich schon fast so an, als sei die Krankheit intelligent und verfüge über einen eigenen Willen, den sie dir nun aufdrängen wolle. Wenn du an Krankheit denkst, dich davor fürchtest, wirst du Krankheit bekommen, daran ist kein höherer Sinn erkennbar, das ist einfach Ursache und Wirkung. Es gibt Menschen, die in recht jungen Jahren sterbenskrank sind, absolut unglücklich und einsam ihr Dasein fristen, weit davon entfernt, was sie einstmals wollten, wo sollte da der höhere Sinn verborgen sein? So etwas kann man nur glauben, wenn man an ein Universum der Willkür glaubt; wenn du dir die Wirkungsweise des Gesetzes zu eigen machst, wirst du die Ursache schnell erkennen. Wenn man an seine Träume denkt, diese visualisiert und sich darauf freut, dann wird man sie auch leben. Dem Universum ist es egal, ob du krank bist, dem Universum ist es egal, ob du ein Workaholic bist oder hemmungslos der Fleischeslust frönst. Selbst wenn du ein Junkie bist, der sich für einen Schuss prostituiert, so interessiert es das Universum, Gott oder die Natur nicht im Mindesten! Man sagt, Gott ist „alles, was ist", dass Gott sozusagen in jedem einzelnen Atom dieses Universums präsent ist, das ist meines Erachtens das einzig logische

Gottesbild. Gott ist einfach die Energie, die in allem steckt und die alles verbindet, und deswegen ist er allmächtig, weil er damit über jedes einzelne Quant dieses Universums regiert. Aber wenn das so ist, dann weilt Gott in allem, auch in der Krankheit, in der Bombe, dem Joint oder der Armut. Aber das alles sind für dich Wahlmöglichkeiten, ob etwas gut oder schlecht ist, das ist individuell, das entscheidest du selbst ganz allein. Niemals würde dir der Schöpfer da Vorschriften machen oder dich in eine bestimmte Richtung drängen wollen, dir wurde absolute Freiheit gegeben! Gott hat uns nach seinem Vorbild erschaffen, das heißt, dass wir Schöpfer sind und dass wir Freiheit genießen.

Du bist der Schöpfer deiner eigenen Realität, was soll es da für einen Sinn machen, wenn du einen zeitigen Tod stirbst und deine Träume nie gelebt hast? Es ist einfach nur Ursache und Wirkung. Ich empfehle jedem, das Gesetz der Anziehung zu studieren, es ist das Wichtigste, was je ein Mensch für sein Leben lernen kann. Denn egal, was auch immer du möchtest, das Gesetz gibt dir den Schlüssel dazu. Die Bibel sagt dazu:

„Trachtet zuerst nach dem Reich Gottes und seiner Gerechtigkeit, so wird euch alles andere zufallen."
Matthäus 6,33

Das Reich Gottes, das ist die Liebe und das, was du als gut erachtest. Die Gerechtigkeit Gottes ist das Gesetz der Anziehung. Also, wenn du das Gesetz verstehst und überwiegend an Erwünschtes denkst und dazu viele gute Gefühle ausstrahlst, Liebe empfindest, dann wird buchstäblich alles, was du dir wünschst, ohne große Mühe in dein Leben treten.

9. Sex

Sex ist neben Religion und Geld wohl das emotionsgeladenste Thema der Welt. Immer wieder wird uns von Religionsvertretern, Feministengruppierungen, Moralaposteln und anderen Besserwissern gesagt, wie, wann, mit wem und wie genau man denn nun Sex haben darf. Wie bei allen Themen glaubt sich natürlich jeder im Recht, der eine hat die Moral auf seiner Seite, der andere glaubt gar Gott oder Allah. Die Kirche sagt uns: Wir dürfen nur Sex haben, nachdem man verheiratet ist und nur um Kinder zu zeugen, deswegen sind die Pille und auch das Kondom verboten. Selbstverständlich können sich Homosexuelle nicht an dieses Gebot halten, also sind diese ebenso geächtet, und natürlich hat uns Gott diese Gebote zum Thema Sex gegeben.

Jetzt versuchen wir mal, mit gesundem Verstand an diese Sache heranzugehen: Zum Ersten, warum sollte uns Gott Spaß am Sex geben, um uns dann zu verbieten, diesen zu erleben?

Es wäre so, als kaufst du deinem Kind sein Lieblingsspielzeug, um ihm bei übelster Strafandrohung zu verbieten, damit zu spielen. Wenn du nicht willst, dass dein Kind damit spielt, würdest du es ihm nicht schenken, oder?

Also ist das das Bild eines wirklich grausigen Gottes, das uns die Kirche da aufzeichnet, und noch eines schwachen Gottes dazu.

Zum Zweiten gehen wir doch einmal in das Reich der Tiere, da kann man sehr schnell feststellen, dass die meisten von ihnen nur zu bestimmten Zeiten Sex haben. So etwas nennt man dann Brunftzeit oder Balzzeit oder auch nur Paarungszeit. Das hat den Sinn, dass ihre Jungen in einer Jahreszeit zur Welt kommen, in der gute Bedingungen zum Überleben herrschen. Damit wird z. B. vermieden, dass die Hirschkuh in Europa im Januar kalbt, wo die Wälder schneebedeckt sind, Kälte und Nahrungsmangel herrschen. Gott sagt nicht etwa zu den Hirschen: „Ihr dürft nur im Herbst Sex haben, wenn ihr es zu anderen Zeiten treibt, dann bestrafe ich euch."

Nein, **wenn Gott etwas will, dann ist das so!** Er hat es nicht nötig, jemanden darum zu bitten oder gar Strafen anzudrohen, die dann nicht vollzogen werden, das erinnert eher an eine überforderte Mutter und nicht an den Schöpfer des Universums. Wenn uns die Natur mit Freude an der Sexualität erschaffen hat, dann hat sie uns damit ein Geschenk gemacht, damit es jeder nach seinem Ermessen genießen kann oder auch nicht, je nachdem, wie dem einzelnen Individuum der Sinn danach steht. Dass dennoch die Religionen dieses Thema für sich beanspruchen, lässt erkennen, dass da alte impotente Männer das Sagen haben, die uns ein Gottesbild eines ebenfalls alten impotenten Mannes zeichnen. Schon die Geschichte von der „unbefleckten Empfängnis" soll uns sagen, dass Sex etwas Unreines ist, etwas Verwerfliches, etwas, was uns „befleckt".

Wenn sich zwei oder mehr Menschen zusammenfinden und im gegenseitigen Einvernehmen gute Gefühle austauschen, so kann das nichts Schlechtes sein. Wenn Sex so praktiziert würde, wie es die Kirche oder der Koran vorschreiben, dann wäre diese Welt wesentlich ärmer an Liebe und anderen guten Gefühlen, aber es würde nicht den geringsten Vorteil bieten. Frage einen Kirchenvertreter, warum man denn nun eigentlich keinen Sex haben sollte, dann wirst du keine befriedigende Antwort erhalten, das hat lediglich etwas mit deren Ideologie, mit ihrer Meinung zu tun. Welche Vorteile bietet ein Zölibat bei Priestern? Was ist jetzt an diesem Menschen besser, wenn er keinen sexuellen Austausch hat? An den vielen Missbrauchsfällen in der Kirche kann man gut erkennen, dass ein Zölibat gegen die Natur, also gegen Gott gerichtet ist. Im Tierreich ist es gerade der Anführer, der den meisten Sex hat, und auch ansonsten wird es da ziemlich bunt getrieben, da gibt es keine Dogmen oder Begrenzungen und nur selten Monogamie. Die Natur, das ist Gott, und er hat uns nach seinem Vorbild erschaffen. Zoologen konnten selbst bei Schimpansen Prostitution beobachten. Was ist denn so verwerflich an Prostitution, dass es in einigen Ländern sogar strafrechtlich geahndet wird? Da handeln zwei Menschen im Einvernehmen. Wenn eine Frau einem Mann 30 Minuten den Rücken massiert und dafür Geld nimmt, so ist das völlig o. k. und gesellschaftlich anerkannt; massiert sie ihm seinen Penis, dann sind sie beide Kriminelle.

Immer wieder reden dann die Menschen, meist alte Menschen, von Moralverfall und der unmoralischen Jugend, aber niemand kann erklären, was an dieser Moral nun so gut sein soll, wo denn nun ganz genau der Vorteil liegt. Genau genommen ist da gar kein Vorteil erkennbar, man könnte behaupten, dass ein im sexuellen Sinne unmoralisch lebender Mensch wesentlich mehr Lebensfreude empfindet als einer, der sich ständig an irgendwelche unsinnigen Verhaltensnormen hält, die vor Tausenden Jahren niedergeschrieben wurden, von Leuten, die gewiss nicht im Einklang mit ihrem Schöpfer waren, sondern vielmehr aus einem Gefühl der Angst heraus solche Dogmen verbreitet haben.

Warum sollte jemand so etwas niederschreiben, womit er sich ja selbst begrenzen würde, wenn er gesund wäre, voll im Saft stehen würde und demzufolge Lust auf das andere oder auch das gleiche oder beide Geschlechter hätte? Also können solche Schriften nur von alten Männern kommen, die es selbst nicht mehr bringen, und nun neidisch sind auf die, die es bringen. Wenn ich es nicht kann, soll es keiner mehr machen. Mit Gott hat das natürlich herzlich wenig zu tun. Gott hat uns in jedem Falle die Freiheit geschenkt.

Wenn jemand hungert, um abzunehmen, mag das Sinn machen, wenn jemand hungert, um zu entschlacken ebenso, aber wenn dir jemand erzählt, dass er hungert, nur um des Hungerns willen, obwohl er sich dabei sehr schlecht fühlt, würdest du ihn für geisteskrank erklären, weil man davon ausgeht, dass Handlungen vorgenommen werden, um einen Sinn zu erfüllen, die auf irgendeine Weise das Wohlbefinden von einzelnen Personen oder einer bestimmten Gemeinschaft steigern sollen. Wenn aber nun die Menschen keusch nebeneinander her leben, ist das Wohlgefühl nicht gesteigert, sondern diese Handlungsweise untergräbt es, das Wohlgefühl wird bewusst heruntergefahren und Frustration entsteht.

Wer sich nun hinstellt und uns erklären will, dass Gott derjenige ist, der das so möchte, macht sich meiner Meinung nach der Blasphemie schuldig, weil er Gott als einen alten gestörten Mann hinstellt.

10. Egoismus

Würde jeder für sich selbst sorgen, ginge es allen gut. Es wäre für jeden gesorgt, aber es wären auch alle frei!

Es gibt ja da immer so Experten, die glauben, wenn jeder Mensch dafür Sorge trägt, dass es einem **anderen** gut geht, dann hätten wir die perfekte Welt, weil es dann allen gut geht! Aber dann wären auch alle abhängig von einem anderen. Wenn dir ein anderer dein Geld zum Leben gibt, wird er auch gleich mitbestimmen wollen, wie du es ausgibst. Außerdem würden sich dann sehr viele um Halle Berry oder Brad Pitt kümmern wollen und niemand um den garstigen Opa im Altersheim, also ist auch da eine fremdbestimmte, von außen gesteuerte Methode nicht im Ansatz denkbar. Viele würden sich dann eben nicht kümmern, und der andere hätte das Nachsehen. Wer sich nicht um sich selbst kümmert, hat ja selbst den Schaden.

Egoismus = Selbstfürsorge!

Wenn ich etwas für andere tue und es dann auch mir selbst zugutekommt, wie es von vielen Weisen immer gelehrt wird, dann muss auch der Umkehrschluss gelten! Wenn ich etwas für mich selbst tue, dann profitieren auch die anderen davon. Das heißt, dass der, der nichts für sich tut, auch gegenüber der Gemeinschaft asozial ist und der Egoist, der viel für sich selbst tut, der macht automatisch viel für die Gemeinschaft! Eigentlich gibt es so gesehen gar keinen Egoismus und wenn, dann ist es nicht negativ, so reden nur die Neider!

Vor dem Gesetz der Anziehung bist du immer allein.

Es wird immer versucht zu negieren, wenn du etwas für dich selbst willst, dann bist du ja nur ein Egoist, man muss etwas für andere tun, um gut zu sein. Aber der Arme, der weder für sich selbst noch für andere etwas tut, der ist der Gute, und dem musst du jetzt geben, damit auch du gut bist? Das ist völlig unlogisch, so funktioniert das Gesetz nun mal nicht. Es ist egal, was du willst, solange du dich dabei gut fühlst, wird das Gesetz dich unterstützen. Dabei ist es egal, was es ist, selbst wenn du an einer neuen Massenvernichtungswaffe bastelst, solange du dich dabei gut und im Recht fühlst, hat das Gesetz nichts dagegen, erst wenn du glaubst, dass du Unrecht begehst, wird sich das Gesetz gegen dich richten; aber auch in diesem Fall ist es egal, was du tust.

Die Definition des weltweit wohl am meisten verwendeten Schimpfwortes könnte so lauten:

Ein Arschloch bist du dann, wenn du das tust, was DIR wichtig ist und was sich für DICH gut anfühlt, du dich nicht dem Egoismus der anderen beugst und dir keine Mühe gibst, das mit Ausflüchten zu überspielen!

Aber wenn du das eben erwähnte tust, bist Du dann nicht einfach nur ehrlich und authentisch?

Wenn man dieses Thema bis zum Ende durchdenkt, kommt man zu der fundamentalen Erkenntnis, dass jeder Mensch egoistisch ist, egal was er tut, weil du nun mal nur durch **deine** Augen das Leben betrachten kannst. Jeder Mensch ist danach bestrebt, dass es ihm persönlich gut geht. Wenn jemand das jetzt tut, aber betont, dass er das niemals auf Kosten anderer tun würde, dann stimmt diese Erkenntnis noch immer, weil er sich ja gerade dabei wohlfühlt, es nicht auf Kosten anderer zu tun. Würde er es sich jetzt auf Kosten anderer bequem machen, würde er sich ja nicht mehr gut fühlen. Selbst sehr aufopferungsvolle Menschen, die wunderbare Mutter Theresa beispielsweise hat so gesehen das getan, was sie als gut und richtig empfunden hat. Ihr permanentes, gütiges Lächeln ist mein Zeuge, dass diese Frau sich außerordentlich gut fühlte bei dem, was sie tat!

So paradox es klingen mag, aber das war sehr egoistisch von ihr, nur das zu tun, was sie selbst glücklich gemacht hat.

Bei einigen Menschen ist Loyalität oder Hilfsbereitschaft stark ausgebildet, und sie fühlen sich gut, anderen zu dienen. Würden sie nur für sich selbst handeln, hätten sie ein schlechtes Gewissen und würden sich eben nicht mehr gut fühlen, also ist auch dieses loyale Handeln nur dazu da, **sich selbst gut zu fühlen.**

Aber das ist eben der beste Beweis dafür, dass Egoismus nichts Schlechtes ist. Da ist wieder nur einmal das Wort missbraucht worden, da stellt sich eben ein negativ denkender Mensch hin, der aufgrund seiner negativen Gedanken auch negative Resultate erntet, und glaubt, dass nun alle anderen etwas tun sollten, damit es **ihm** besser geht; tun sie es nicht, beschimpft er sie als Egomanen.

Dabei ist es natürlich laut dem Gesetz der Anziehung gar nicht möglich, dass sich andere Menschen zwischen seine Saat der unerwünschten Gedanken und das Ernten von unerwünschten Resultaten stellen.

Jesus sagte:

„Niemand kann seines Bruders Seele retten, niemand kann seines Bruders Schuld bezahlen."

Damit ist eindeutig gesagt, dass **jeder Mensch nur in seinem eigenen Leben erschaffen kann.**

Also ist alles, was du erntest, auch das Resultat von dem, was du selbst gedacht hast. Im Lichte dessen betrachtet, hat das Wort „Egoismus" nur den einzigen Zweck, anderen Menschen Schuldzuweisungen zukommen zu lassen. Jeder Mensch, der die Egoismuskeule schwingt, ist also jemand, der das Gesetz der Anziehung nicht verstanden hat.

Wir haben ja schon in einem anderen Kapitel festgestellt, dass jeder Mensch tief in seinem Herzen den Wunsch verspürt, glücklich zu sein.

Ich möchte dich zu der Überlegung einladen, dass du dieses Glück, das du anstrebst, nur dann erreichen kannst, wenn du dich nicht dem Egoismus anderer Menschen beugst. Dich auch nicht mit ihrem pauschalisierten „Richtig-und-Falsch"-Gerede von deinem Weg des Herzens abbringen lässt. Oftmals muss man da eine Entscheidung treffen, die eben nicht in die Schublade von anderen Leuten passt, auf der „richtig" steht.

Angenommen, du verlässt die kaputte Beziehung nach zehn Jahren und wendest dich einer anderen Frau zu. Das ist deine Chance, glücklich zu werden, dennoch wirst du dir z. B. anhören müssen:

„Zehn Jahre habe ich alles für dich getan, nur damit du jetzt mich und die Kinder für eine Jüngere im Stich lässt."

Ja, das sind herbe Worte, die sitzen sollen (und das werden sie auch) und dir Schuldgefühle einreden. Aber was nützt das, wenn du in dieser Beziehung einfach nicht mehr glücklich warst? Wem wäre damit geholfen, wenn du geblieben wärst? Ein unglücklicher Mann, der nicht mehr weit von der Midlife-Crisis entfernt ist oder gar bald Depressionen bekommt. Glaubst du wirklich, die Frau war **richtig glücklich**, obwohl du unglücklich warst? Nein, so was ist gar nicht möglich!

Du kannst gehen und als Egoist gebrandmarkt werden (Na und? Lass sie reden!) oder bleiben und damit den Rest deines Lebens in stiller Verzweiflung hinfristen. Viele sehr alte Menschen bestätigen, dass man im Rückblick nicht die Dinge bereut, die man getan hat, sondern vielmehr jene, die man nicht getan hat. Eigentlich ist sie mindestens genauso egoistisch, dass sie dich in der Beziehung halten will, obwohl sie weiß, dass du damit nicht froh bist. Lieber möchte sie dich unglücklich sehen, als dass sie ihre Gewohnheiten ändert.

Wir sind als Egoisten geboren und ohne Egoismus könnten wir gar nicht überleben!

Babys sind hundertprozentig egoistisch, interessieren sich ausschließlich dafür, wie sie sich selbst fühlen. Niemals würde ein Baby, wenn es Hunger hat, Rücksicht auf die Mutter nehmen, weil es ja mitten in der Nacht ist, bei sämtlichen Tieren ist es ebenso. Also kann ja am Egoismus nichts Schlechtes sein, sonst wären alle Kinder schon als schlechte Menschen geboren, und alle Tiere wären ebenso verachtenswert. Ich glaube, das Gegenteil ist der Fall, so wie wir geboren wurden, ist es richtig, alles, was wir später gelernt haben und mit Begriffen wie Egoismus, Schuld und Unwürdigkeit einhergeht, sollten wir getrost wieder vergessen.

Niemand würde einem Bären vorwerfen, dass er sich benimmt wie ein Bär, nur der Mensch wird immer wieder verurteilt, wenn er sich benimmt wie ein Mensch.

Menschen, die dich kritisieren und verurteilen, weil du ihnen egoistisch erscheinst, sind einfach nicht im Einklang mit den Gesetzen des Universums. Würden sie das Gesetz verstehen, dann würden sich die Dinge so entwickeln, wie sie es gerne möchten. Wer an das denkt, was er möchte, und es vermeidet, an das Unerwünschte zu denken, der wird einfach Gutes und Erwünschtes erfahren. Dazu braucht er niemanden zu nötigen, andere Personen verhalten sich einfach so, wie er es gerne hätte, ohne dass er sie darum bitten müsste. Er denkt erwünschte Gedanken und erwünschte Begebenheiten werden in sein Leben strömen, das ist Gesetz. Wer unerwünschte Gedanken denkt, wird sich mit unerwünschten Begebenheiten abfinden müssen, die er aber auch nicht durch Kritik und Beklagen ändern kann.

11. Ehrlichkeit?

Es werden immer wieder Lobgesänge auf die Ehrlichkeit angestimmt und die ganze Welt stimmt ein. Die Politiker sollen ehrlicher werden, die Ehepartner sowieso, von unseren Kindern erwarten wir das Gleiche. Es wird doch wahrhaftig schon als Tugend gehandelt, ehrlich zu sein. Nun ist das aber absolut unrealistisch, zum Ersten würde die Welt wesentlich an Komplexität einbüßen, würde jeder nur noch ehrlich sein, und zum Zweiten wird weltweit jedes Kind von seinen Eltern belogen. Nun kann man natürlich schlecht von jemanden etwas verlangen, was ihm selbst nicht zuteil wurde. Die Eltern nennen es Notlüge oder Flunkern, aber Kinder lernen größtenteils durch das Vorleben, und wenn ihnen Lüge vorgelebt wird, werden sie es dem gleichtun und ebenfalls lügen. Nun, die meisten glauben, dass die Lüge etwas Schlechtes sei, doch ich möchte hier mal etwas anderes erzählen: **ein Hoch auf die Lüge!**

Die meisten Menschen sehen Lügen als etwas Schlechtes, obwohl sie selbst täglich anderen Menschen Unwahrheiten sagen. Es gibt sogar Leute, die so weit gehen zu behaupten, dass die Welt besser wäre, wenn niemand mehr lügen könnte und man die Gedanken jedes Menschen lesen könnte. Gregg Braden geht sogar so weit, auf einer DVD zu behaupten, dass genau das Ende 2012 passieren wird und wir dann endlich eine „bessere" Welt haben werden, weil dann jeder die Gedanken des anderen lesen kann.

Nein, die Welt wäre dann nicht besser, sondern würde im Chaos versinken!

Erstens gibt es sehr viel Spaß durch Lügen oder Verschweigen, schon Kinder spielen „Ich sehe was, was du nicht siehst", spielen Verstecken, Schiffe versenken, Mau Mau. Bei jedem dieser Spiele darf man nicht wissen, was der andere denkt. Bei den Erwachsenen ist es dann Skat, Pokern, Schach.

Stell dir eine Schachweltmeisterschaft vor, bei der ich die Gedanken meines Gegenübers lesen kann. Es wäre sinnlos, man brauchte gar nicht erst anzufangen. Genauso würden viele körperliche Sportarten wie z. B. Boxen, Judo, Karate nicht mehr auszuführen sein.

Aber auch Fußball könnte in dieser Form nicht mehr existieren, sämtliche Täuschungsmanöver wären eben keine mehr. Der Torwart wüsste ganz genau, in welcher Ecke der Elfmeter ankommt.

Das gesamte zwischenmenschliche Verhalten würde kollabieren, der Chef wüsste genau, was jeder einzelne Mitarbeiter wirklich von ihm hält. Die Frau würde jede Einzelheit wissen, was ihr Ehemann denkt, auch was er von der feschen Blondine eine Treppe tiefer hält. Kindererziehung würde völlig aus der Bahn geraten, jegliche Kindererziehung ist auf Lügen aufgebaut, ob es sich nun um den Weihnachtsmann handelt oder um Dinge, die das Kind nicht tun soll: „Warum denn nicht Mutti, hast du doch auch gemacht, als du so alt warst, sogar öfter, und Papa auch!"

Gott hat uns die Freiheit gegeben, unsere Gedanken für uns zu behalten; eben auch Worte zu formulieren, die nicht unbedingt unseren wahren Gedanken entsprechen. Wir können lügen, um uns Vorteile zu verschaffen, um des lieben Friedens willen, aus Diplomatie, um unsere Nation oder unseren Konzern zu schützen, um unsere Familie

beieinander zu halten. **Die Lüge hält unsere Welt in den Fugen!**
Würde uns diese Freiheit abhandenkommen, würde die totale Anarchie losbrechen. Die Zahl der Ehescheidungen würde explodieren, die Zahl der Eheschließungen würde sich nahe Null einpendeln. Es würde faktisch **nichts** mehr geheim sein. Im Kleinen, wie in der Familie, bis hin zum Großen, den Industrien und Staaten und Religionen, würde es nicht mehr ein Geheimnis geben. Schlägereien, Messerstechereien und Schießereien wären überall an der Tagesordnung. 60 Prozent aller Deutschen sind schon mal fremdgegangen. Stell dir vor, jeder würde wissen, wer mit wem, wann, wie oft und sogar wie genau er Sex hatte. Sogenannte Familiendramen würden zur völligen Normalität werden. Jeder würde von jedem das kleinste Vergehen wissen, genauso von den großen Untaten. Es müsste jeder Politiker zurücktreten. Es würden aber keine Neuen mehr gewählt werden, denn wer ist denn schon ohne Makel? Sogenannte Saubermänner gibt es nur, weil wir eben nicht alles von ihnen wissen. Was wird wohl der saudische König über unseren schwulen Außenminister denken? Oder über eine Frau als oberste Regierungschefin oder eine amerikanische Außenministerin? Oder der Palästinenserpräsident über den israelischen Regierungschef? Sämtliche Diplomatie würde ab sofort der Vergangenheit angehören. Das Wort „Diplomatie" könnte man aus dem Duden entfernen lassen. Das gibt es nur noch in Geschichtsbüchern.

Das könnte man unendlich fortführen, ein normales Leben, wie wir es kennen, würde nicht mehr existieren. Wie oft machen wir Komplimente nur aus Höflichkeit? Wie oft sprechen wir böse Worte nicht aus, um den anderen nicht zu verletzen? Wie oft lügen wir unsere Kleinkinder an, damit sie unbeschwert aufwachsen können? Schon Kleinstkinder würden jeden schmutzigen Gedanken der Erwachsenen aufnehmen.

Ich denke, dass uns Gott ganz bewusst die Freiheit gegeben hat, dass wir selbst entscheiden können, wem und was wir aus unserem tiefsten Inneren offenbaren wollen und was nicht. So können unsere Kinder weiter in einer heilen Welt aufwachsen.

Wenn man weiterhin bedenkt, dass Lügen größtenteils gebraucht werden, um Konflikte zu vermeiden, dann haben sie durchaus etwas Gutes, dass es eben weniger offene Auseinandersetzungen auf dieser Welt gibt. Der Ehemann erzählt auf die Frage seiner Frau, was er von der feschen Blondine eine Treppe tiefer hält, eben, dass er sie für oberflächlich, dumm und viel zu dünn hält. Das ist eine Lüge, aber wer hätte was von der Wahrheit? Würde seine Frau sich besser fühlen, wenn er ihr sagte, dass er diese Blondine so richtig geil findet? Würde das die Harmonie fördern? Nein, diese (und viele andere) Lügen können dazu führen, dass sie eine lange, ziemlich glückliche Partnerschaft führen. Die Wahrheit über dieses (und viele andere Themen) würde die Partnerschaft zerstören.

Machen wir uns doch nichts vor, mehr als die Hälfte aller Komplimente sind eine Lüge, dennoch bewirken sie gute Gefühle, was kann daran verkehrt sein?

12. Erfolg

Meine Definition von Erfolg lautet:

Erfolg heißt, dein Leben in jedem Bereich so zu leben, wie du es selbst aus tiefstem Herzen gerne möchtest.

Das heißt natürlich auch, dass es für dich nicht wichtig ist, was andere Leute als Erfolg betrachten. Das ist das liebste Hobby der meisten Eltern, Freunde, Kumpels, Lehrer und Kollegen, ihren Mitmenschen vorzuschreiben, was gut oder schlecht für sie ist.

Wenn man Jugendliche befragt, wie sie sich ihr späteres Leben vorstellen, dann bekommt man viele inspirierende Vorstellungen zu hören, denn fast jeder glaubt, sich ein wunderbares Leben gestalten zu können. Fragt man 30 Jahre später noch mal nach, was denn nun daraus geworden sei, hört man viele desillusionierte Versionen und Meinungen, warum denn nun der erwünschte Erfolg nicht eingetreten sei. Bei weit über 90 Prozent wird die Verantwortung dafür bei anderen gesucht, weil die Ehe gescheitert, der Mann mit einer Jüngeren durchgebrannt ist; der berufliche Erfolg konnte sich nicht einstellen, weil der Chef seine Fähigkeiten nicht erkannt hat, oder die schlechte Zeit ist dafür verantwortlich, weil es eben heutzutage nicht mehr so einfach ist usw.

Womit befassen sich die Menschen hauptsächlich in ihrer Freizeit? Ja, mit Fernsehen! Fernsehen ist mit Abstand die häufigste Freizeitbeschäftigung der Welt! Die meisten Sendungen – Filme, Serien sowie Reportagen – befassen sich mit irgendeiner Form der Kriminalität, mit Krankheiten oder anderen Problemen. In Talkshows werden prinzipiell negative Themen in negativer Weise diskutiert, und in den Nachrichten wird fast ausschließlich über das Unerwünschte geredet und spekuliert. Ist es ein Wunder, dass Kriminalität und Krankheit ständig neue Rekorde erleben, dass sämtliche Negativitäten zu einem schier endlosen Palaver ausarten, die einfach kein Ende mehr nehmen wollen? Wie willst du so deine Träume erreichen, wenn du dir Abend für Abend solch vernichtende Inhalte in dein Unterbewusstsein hochlädst, in denen es immer nur heißt, was alles nicht geht, wie alles nicht funktioniert, wer wieder Schuld daran trägt, wer wieder falsch gehandelt hat, wie ungerecht alles ist, wie unfähig andere sind und vor allem der Haupttenor:

Es wird alles NOCH schlimmer.

Diese von dir selbst befüllten Inhalte, gepaart mit den Inhalten, die andere dir schon in deiner Kindheit suggerierten, was gut und schlecht sei, was du tun solltest und was nicht, ergeben nicht gerade die Mischung, mit der du die Welt aus den Angeln heben kannst. Ehrlich gesagt, es ist eine Mischung, die nur Versagen zur Folge haben kann, Versagen auf der ganzen Linie. Du wolltest reich und glücklich werden, hast als Kind von unmöglichen Dingen geträumt, von heroischen Siegen, nun aber bist du 50, geschieden, krank und pleite, deine Kinder wollen nichts von dir wissen, und deine Exfrau ruft nur an, wenn du mit dem Unterhalt im Verzug bist. Aber du solltest wissen, dass du die Ursache für deinen Misserfolg selbst geschaffen hast, diese Inhalte dort ganz alleine, wenn auch unbewusst, in deinem Unterbewusstsein abspeichert hast.

Vor einiger Zeit sagte mir ein flüchtiger Bekannter folgenden Satz, der mich sehr zum Nachdenken anregte: „Gestern Abend kam wieder nur Müll im Fernsehen, na ja, wir haben uns dann den Dreck auf Sender X angesehen." Ich habe lange darüber gegrübelt, warum sie den Fernseher nicht einfach aus gelassen haben, aber vermutlich gab es nichts, was dann hätte an diese Stelle treten können. Da fällt mir eine Redewendung ein, die ich mal hörte:

„Reiche Menschen haben eine große Bibliothek, Arme einen großen Fernseher."

Ein wunderbarer Spruch, der den Nagel auf den Kopf trifft.

Um ein absolut beschissenes Leben zu führen, brauchst du dich nicht großartig anzustrengen! Lies Zeitung, ärgere dich über die negativen Nachrichten, gib den anderen die Schuld, vor allem den Reichen, den Mächtigen, sei neidisch, ziehe ihren Reichtum und ihre attraktiven Partner in den Dreck, leugne, dass diese Menschen glücklich sind, und vor allem: Sieh **fern**!

Eine chinesische Redensart besagt:

„Wenn jeder vor seiner eigenen Türe kehrt, wird die ganze Straße sauber."

Und Huxley sagte:

„Der einzige Winkel im Universum, den du verbessern kannst, bist du selbst."

Das heißt, du musst dich **nicht** darum kümmern, ob der Mann deiner Freundin auch lieb genug zu ihr ist oder ob ein anderer in der Steuererklärung schwindelt oder ob Herr Schmidt seiner Frau treu ist und was der Nachbar für ein Auto fährt! Kümmere dich um **dein Leben**, kümmere dich darum, dass du gerecht bist, sei du rechtschaffen usw. Wenn jeder das tut, haben wir eine Welt, die die meisten als wünschenswert bezeichnen würden. Das klingt egoistisch? Ja, ist es auch, aber jeder Mensch kann die Welt nur durch seine Augen sehen, etwas anderes ist überhaupt nicht möglich.

Auch wenn es sich nur egoistisch anhört, aber es ist der einzige Weg, um dein Leben so zu leben, wie du es dir immer erträumt hast. Wer hat einen Nutzen davon, wenn du dich über Politiker aufregst? Deren Äußerungen sind morgen schon wieder vergessen, aber du hast schlechte Gefühle ausgesandt und **wieder einmal** in dein Unterbewusstsein geschrieben, wie machtlos du bist. Kritik, egal wie berechtigt sie dir erscheinen mag, ist erstens **immer** negativ und zweitens **immer** kontraproduktiv im Verhältnis zu dem, was du erschaffen möchtest. Das ist völlig folgerichtig: Du möchtest ein wunderbares Leben genießen, voller Harmonie, Glück und Wohlstand? Wie solltest du dazu kommen, indem du dich darauf konzentrierst, was andere, deiner Meinung nach, falsch machen? Gelinde ausgedrückt, geht es dich nichts an, was sie reden und tun. Wenn du darauf fokussierst, was andere falsch machen, werden sich immer mehr Begebenheiten in deinem Leben manifestieren, in denen du feststellst, dass andere nicht das Richtige tun. So „befüllst" du dein Unterbewusstsein mit Fehlern, wie soll es dann deine Träume manifestieren? So kannst du ein großer Kritiker werden, der beizeiten Magengeschwüre und Herzkrankheiten haben wird, aber schon vergessen, was einmal dein Ziel war? Du wolltest Erfolg auf der ganzen Linie haben, glücklich, reich und gesund sein, aber dazu musst du mit deiner Tagesaufmerksamkeit eben nun mal einen möglichst großen Teil mit Glück, Reichtum und Gesundheit verbringen, so werden diese Tugenden in dein Unterbewusstsein eindringen und als sichtbare Begebenheiten in dein Leben treten. Ich bin der Meinung, die meisten Menschen, die es sich zur Tagesaufgabe machen, andere zu kritisieren, die leben gar nicht wirklich, sondern schlagen lediglich ihre Zeit tot oder vegetieren vor sich hin und warten, ja, auf was eigentlich?

Leben heißt für mich: Ich mache mir Gedanken, was ich wirklich will, was ich wirklich liebe, was mich wahrhaftig glücklich machen würde. Dann nehme ich mir die Zeit, mir dieses Leben vorzustellen, lebe es in Gedanken so oft, wie es nur geht, dabei fühlt man sich wirklich so richtig gut! Tausendmal besser, als wenn ich mir irgendeine Sendung im TV angucke oder die Zeitung lese und die Politiker kritisiere. Dass ich mich dabei besser fühle, ist auch nur der Anfang, es geht damit weiter, dass der gesamte Tag glücklicher verläuft, wenn ich morgens schon „bei meinen Wünschen war", und genau diese Wünsche beginnen, sich in meinem Leben zu materialisieren. Lass doch den Fernseher einfach mal aus, lies eine Biografie eines Menschen, dessen Leben dich beeindruckt, oder geh spazieren und denke an deine Zukunft, wie du sie dir wünschst, rede mit deinem Partner darüber, schmiedet Pläne, spinnt einfach eine Geschichte, wie ihr sie euch erträumt. Wenn ihr es immer und immer wieder träumt, wird

sich eure Geisteshaltung Schritt für Schritt ändern, von „völlig unmöglich" hin zu „warum eigentlich nicht?" Von da ist es bis zu einer
zündenden Idee nicht mehr weit. Diese Vorgehensweise ist sehr simpel, setzt allerdings das vollständige Verstehen des Gesetzes der Anziehung voraus.

13. Ethik, Moral

Immer wieder wird in jedweder Gesellschaft mit der Ethik- oder Moralkeule geschwungen. Die einen behaupten, es sei nicht ethisch, eine Abtreibung vorzunehmen, andere sind der Meinung, es sei jedenfalls ethischer, als nicht gewollte Kinder zu bekommen oder Kinder zu gebären, die durch Vergewaltigung gezeugt wurden.

Kirchenvertreter finden es auch besonders unethisch, Stammzellenforschung zu betreiben oder Retortenföten auf Gendefekte zu untersuchen.

Natürlich wird ein Moslem andere Vorstellungen von Ethik haben, als ein Christ oder ein Buddhist.

Genau genommen kann man keine Ethik verordnen, weil Ethik Meinung ist. Für den einen mag es bar jeder Ethik sein, ein Tier zu essen, der andere sieht sich in seinen freiheitlichen Grundrechten beraubt, wenn er nicht mehr zum Angeln gehen dürfte oder kein Lachsbrötchen mehr essen könnte. Bring das doch mal den Eskimos bei, dass sie, aus Gründen der Ethik, vegan werden sollen.

Aber auch der Bio-Gärtner wird gnadenlos die armen Schneckchen und kleinen Blattlausis abschlachten, nur um seinen Salat möglichst gewinnträchtig an Vegetarier zu verkaufen! Wer sagt eigentlich, dass das Leben einer Schnecke weniger wert ist als das Leben eines Huhnes? Und wo ist, ethisch betrachtet, der Unterschied, ob jemand eine Schnecke tötet, um sie zu essen oder um seinen Salat zu schützen, der dann gegessen wird?

Der Nächste findet es ethisch nicht richtig, Kampfsportarten im

Nachmittagsprogramm zu bringen. Kriegsspiele, Kriminalfilme, Sexfilme. Es gibt immer Menschen, die das als unethisch, entwürdigend, moralisch bedenklich usw. empfinden. Aber das Ganze ist eben nur eine Meinung. So hat eben noch ein Mann ein Videospiel mit Kriegshintergrund diskriminiert, um sich danach einen Porno anzusehen und danach mit eben so viel Genuss ein zu Tode gefoltertes Tier zu essen. Genauso könnte ein Veganer, der sich gerade darüber empört, dass die anderen Menschen so uneinsichtig sind und Fleisch verzehren, mit ständig wachsender Begeisterung zuschauen, wenn Wladimir Klitschko seinen Gegner vor weltweit 50 Millionen Fernsehzuschauern krankenhausreif prügelt!

Es gibt keine fremdbestimmte Ethik, niemand braucht mir zu sagen, was ich nicht mit **meinem** Körper machen darf, weil es **seiner** Ethik widerspricht. Würde ich zwei Schwulen beim Sex zusehen, drehte es mir sicherlich den Magen um. Das ist gegen meinen Sinn von Ethik gerichtet, aber die gute Nachricht ist, dass ich ihnen dabei nicht zusehen muss! Es geht mich nichts an, und das ist gut so! Und so ist es mit anderen Dingen auch.

Da kommt dann auch aus Kirchenkreisen das Argument, dass wir nicht Gott spielen sollten, wenn es um Stammzellenforschung geht. Aber erstens sagt uns die Bibel, dass uns Gott nach seinem Vorbild erschaffen hat, und zweitens ist es gar nicht möglich, dass wir etwas tun, was dem Schöpfer missfällt, denn dann wäre er ja nicht mehr allmächtig. Also kann man gar nichts tun, dass dem Willen der Natur widerspricht. Und zum Dritten versucht die Kirche tagtäglich, Gott zu spielen, und hält sich ständig für klüger als der Herr, wenn sie

z. B. die von Gott geschaffene Homosexualität diskriminiert.

Und so kann sich auch keine Ethik gegen Gottes Willen richten, das hatten wir ja beim Thema Sex schon, dass **wenn Gott etwas will, dann ist das so**, er braucht uns nicht darum zu bitten. Deswegen ist alles ethisch, wozu wir fähig sind, alles andere ist unlogisch.

Wenn Leute trotzdem von Ethik oder Moral sprechen, dann meinen sie damit eigentlich Ideologie. Man sollte also nicht sagen, das Töten von Tieren widerspricht der Ethik oder der Moral, sondern es widerspricht meiner Ideologie oder meiner Meinung.

Genau genommen sind Ethik und Moral zwei abstrakte philosophische Begriffe, die als solches keinen Sinn ergeben. Da spricht man von ethnischen Säuberungen, die meiner Ansicht nach bar jeglicher Ethik sind, da gibt es Moralapostel, die ihr Leben damit verbringen, andere zu kritisieren und ihnen übel nachzureden. In islamischen Ländern werden „unmoralische" Menschen auch schon mal gesteinigt oder an Baukränen aufgeknüpft, was dann wohl ihrer Moral entspricht. Wenn dir irgendwann ein Mensch über den Weg läuft, der dein Verhalten kritisiert und dabei Begriffe wie Moral oder Ethik anführt, weißt du mit Gewissheit, dass du da einen Menschen vor dir hast, der für seine Meinung keine beweisbare Grundlage besitzt. Jeder kann daher kommen und von Ethik und Moral sprechen, aufgrund derer er dein Verhalten kontrollieren möchte, im Grunde will derjenige, dass du **dein** Verhalten **seinen** Normen anpasst, es handelt sich also schlicht und ergreifend um Machtausübung. Die Natur hat keine Moral verordnet. Alles, was ein Mensch tun kann, ist von der Seite des Schöpfers legitimiert, ansonsten könntest du es nicht tun.

Alles, was ein Mensch tut, egal wie grausam es uns erscheinen mag, ist im Einklang mit Gott und dem Gesetz der Anziehung. Eigentlich ganz simpel und logisch: Nehmen wir an, jemand hat Angst vor Gewalt, vielleicht hat er so etwas schon gesehen oder gehört, dass jemand grundlos verprügelt wurde. Also wird er, wenn er allein unterwegs ist, diese Angst verströmen, also muss ihm das Gesetz der Anziehung weitere Begebenheiten bringen, die diese Angst bestätigen.

Er wird nun von neuen Fällen hören, dass so etwas passiert ist, und diese Angst wird nun, wenn er nicht eine radikale Umkehr in seinen Gedanken vornimmt, in der Erfahrung gipfeln, dass er selbst Opfer von grundloser Gewalt wird. Das sind Gesetzmäßigkeiten des Universums, also kann dieser Schläger jetzt kein unmoralischer Mensch sein. Dieser Mensch sah sich genauso veranlasst, das zu tun, wie das „Opfer" sich veranlasst sah, diese Angst zu verströmen. Genau genommen sind sie beide Mitschöpfer einer Situation, die völlig wertfrei ist, keiner von ihnen ist jetzt moralisch dem anderen überlegen, auch wenn so etwas in unserer Gesellschaft sicherlich keine breite Zustimmung erfährt. Das Gesetz der Anziehung hat sie aufgrund ihrer zusammenpassenden Gedanken zusammengeführt, um eine gemeinsame Erfahrung zu machen. Der Durchschnittsmensch glaubt, wenn der Schläger das nicht getan hätte, dann wäre das nicht passiert; aber es ist unmöglich, dass diese Situation nicht eintritt, sie wurde auf der gedanklichen Ebene erschaffen, und du kannst nicht davor fliehen, weder im Guten noch im Bösen. Jeder hat das bekommen, was seiner vorherrschenden Geisteshaltung entsprach. Moral oder Ethik ist demnach nur etwas für Menschen, die das Gesetz der

Anziehung nicht verstehen. Wenn du dieses Gesetz akzeptierst und dich darauf konzentrierst, was du in deinem Leben erfahren möchtest, dann wirst du es bekommen und auch anderen Menschen das Recht zusprechen, zu erschaffen, was sie wollen. Wenn du jeden Menschen erschaffen lässt, was er will, ohne es als gut oder schlecht zu beurteilen, wirst du auch niemals den Drang verspüren, jemand anderen zu schlagen oder ihm anderweitig deine Überlegenheit zu präsentieren. Auch von moralischer Überlegenheit wirst du dann nicht sprechen, weil du weißt, dass es so etwas nicht gibt, es stellt lediglich eine Meinung dar, was moralisch oder unmoralisch ist. Und so wird es geschehen, dass du weder verprügelt wirst, noch das Verlangen verspüren wirst, einem anderen Gewalt anzutun. Wenn andere dann von der Gewaltzunahme in der modernen Gesellschaft reden, wirst du denken: „Was für Gewalt? Ich kann keine sehen, ich sehe überall nur Eintracht und Harmonie." Und so ist es durchaus möglich, dass jemand in der Gewalthölle lebt, der andere in paradiesischer Harmonie, obwohl sie beide in derselben Straße wohnen.

14. Ist Geben besser als Nehmen?

Zumindest ist es das, was die Welt glaubt, aber die Mehrheit irrt meistens.

Im öffentlichen Disput, in den Medien und fast allen Spielfilmen wird es so dargestellt. Der, der etwas für sich selbst will, mehr Geld, mehr Ruhm oder den Sieg, der ist der Böse. Und derjenige, der nur etwas für andere will und sein eigenes Wohlergehen hintenanstellt, ist der Gute. Natürlich wird der Böse am Ende des Films bestraft, und der Gute wird belohnt.

Wenn jemand in einer Show, z. B. „Wer wird Millionär", viel Geld gewinnt und gefragt wird, was er damit zu tun gedenkt, kommen wie aus der Pistole geschossen irgendwelche wohltätigen Projekte zur Sprache. Es scheint fast schon eine Sünde zu sein, sich mit seinem **eigenen Geld** die Annehmlichkeiten des Lebens zu sichern.

Genau genommen spiegelt das die kirchliche Lehre wider, dass man sich aufopfern soll, bescheiden sein soll, nicht begehren soll, in gottgefälliger Armut leben soll. Bill Gates, im Moment der reichste Mann der Welt, hatte zum Ziel, mit 30 seine erste Million zu haben. Er hatte sie! Heute ist er der Inbegriff von Reichtum, seit etlichen Jahren ist er die Nr. 1 oder 2 auf der Forbes-Liste der reichsten Männer der Welt. Aber, was viele nicht wissen, Bill Gates ist der größte Wohltäter auf diesem Planeten, er besitzt und führt mit seiner Frau Belinda die größte und finanzstärkste Wohltätigkeitsorganisation der Erde. Aus privatem Vermögen spendet er jedes Jahr mehr Geld, als die allermeisten Menschen in ihrem gesamten Leben verdienen.

Aber, zuerst hat er etwas **für sich selbst getan**, um dann etwas für andere tun zu können. Demjenigen, der seine eigenen Belange hintenanstellt, wäre das wohl nicht gelungen. Andere, die vielleicht auch viel für die Welt tun wollen, haben da den verkehrten Ansatz. Sie gehen zu einer Demo und glauben, damit etwas zu ändern. Sie beklagen die Ungerechtigkeit der Welt und versuchen andere dazu zu nötigen oder gar mit Gesetzen oder Gewalt zu zwingen, ihr Geld den Armen zu geben. Und aus meiner Sicht der Dinge ist, das Geld anderer Leute verteilen zu wollen, nicht so effektiv, wie selbst welches zu verdienen und es dann zu verteilen. Ich kann mich nicht erinnern, dass sich Bill Gates schon mal über die angebliche Ungerechtigkeit der Welt beklagt hätte. Er redet da eben nicht viel, sondern hilft einfach, sie etwas zu verändern.

Wenn man es aus der Sicht des Gesetzes betrachtet, ist es besser, wenn du zuerst etwas für dich selbst tust als etwas für andere. Wenn du zuerst etwas für andere tust, dann tust du das oft aus einem Gefühl des Mangels heraus, weil du ja selbst Mangel hast. Du siehst die Armut im anderen, betrachtest sie und glaubst jetzt, helfen zu müssen, weil du glaubst, dass er sich selbst nicht helfen kann. Buddha sagte, dass es lobenswerter ist, fünf Minuten Liebe für die Welt auszustrahlen, als 1000 Schüsseln Reis zu verteilen.

Ich denke, dass er das damit gemeint hat: Strahlst du Liebe aus, gibst du die höchste Schwingung, die es gibt, in die Welt. Verteilst du Reis unter den Armen, siehst du Mangel und handelst aus diesem Mangel heraus, es sei denn, du bist sehr reich und gibst mit Liebe. Wenn du etwas für dich selbst tust, machst du das selten aus einem Gefühl des

Mangels heraus als viel öfter, weil du einen Wunsch hast, dir das neue Auto oder was auch immer herbeisehnst. Du wertschätzt diese Dinge, die du haben willst, deswegen ist dein Gefühl rein. Diese Schwingung ist höher als die des Mangels und der Ungerechtigkeit, deshalb wird sie bessere Ergebnisse zeitigen.

Wenn du aus einem Gefühl des Mangels heraus gibst, dann erzeugst du durch deine Gedanken nur noch mehr Mangel. Beachtung bringt Verstärkung! Beachtest du den Mangel, dann verstärkst du ihn. Selbst wenn du nur für dich selbst reich sein möchtest und dich an deinem Reichtum erfreust, tust du mehr für die Welt als jeder Gewerkschaftler, der die Ungerechtigkeit beklagt. Oftmals sind es vermeintliche Wohltäter, die den ganzen Tag nur den Mangel beklagen und damit viel mehr davon erschaffen. Jeder Demonstrant, der gegen etwas demonstriert – gegen was auch immer –, zementiert diese Zustände, gegen die er da vorgehen will. Wenn du etwas lautstark Ausdruck verleihen möchtest, dann sei dafür, demonstriere für Freiheit oder für Wohlstand, dann erschaffst du mehr davon und dein Handeln macht einen Sinn!

In der sichtbaren Welt lindert der vermeintliche Wohltäter vielleicht das Elend von zehn Menschen am Tag, aber in der unsichtbaren Welt entsteht durch sein damit verbundenes Mangeldenken neues Elend für 20 Menschen. Während der Millionär auf seiner Jacht den Cocktail genießt und mit seiner schönen Freundin scherzt, ist er im Einklang, strahlt Liebe in die Welt und erschafft dadurch Wohlstand für unzählige Menschen.

Viele denken, dass das Geben seliger wäre als das Nehmen. So lehrt es uns ja die Kirche, aber wenn du bedenkst, dass jede Gabe auch einen Empfänger voraussetzt, kommst du auf die Idee, dass das eine nicht besser sein kann als das andere, weil ja schließlich das eine das andere bedingt. Wo keiner ist, der nimmt, kann auch keiner sein, der gibt, also erst durch die Nehmer werden die Geber überhaupt in die Lage versetzt zu geben. Also könnte niemand etwas geben, wenn auch nicht jemand da wäre, der nimmt. Wenn das Nehmen also Voraussetzung für das Geben ist, kann es diesem ja nicht moralisch untergeordnet sein. Das ist logisch, oder?

Aber trotzdem ...

Wenn du das Gesetz genau studierst, dann wirst du mir zustimmen, dass du niemandem wahrhaft helfen kannst. Alles, was andere bekommen, bekommen sie aufgrund **ihrer** Geisteshaltung. Das Gesetz der Anziehung bringt es ihnen, genauso wie alles, was zu dir kommt, auch von dir ausgesendet worden ist. Also ist es immer genau andersherum, als die meisten Menschen glauben. Sie denken, ob sie einem anderen helfen oder nicht, macht für den, dem geholfen wird, den Unterschied. Aber dem ist nicht so, er bekommt seine Hilfe so oder so, wenn seine Geisteshaltung dementsprechend ist, kann es nicht anders sein. Es macht für das Opfer auch keinen Unterschied, ob du es schlägst oder nicht. Wenn du es nicht tust, dann tut es jemand anderer. Das ist ganz klar vom Gesetz der Anziehung geregelt.

Aber für dich macht es den Unterschied!

Angenommen, du gibst einem Hilfsbedürftigen nichts, **er** wird seine Hilfe bekommen, wenn sein Geist dafür offen ist, aber **du** hast sie ihm verweigert. Hättest du ihm geholfen, so wäre das gelebte Liebe, da du es verweigert hast, sind es nur ein paar schlechte Gedanken, die du hattest. Entweder Mangel (ich habe selbst nichts, habe keine Zeit usw.) oder Boshaftigkeit (die faule Sau soll doch arbeiten gehen, hätte er nicht so viel gesoffen, ginge es ihm jetzt nicht schlecht). Diese Gedanken sind aber weit von Gedanken der Liebe entfernt, und da schließt sich der Kreis, Geben ist gut, aber gut für dich! Das, was du gibst, wird tausendfach zu dir zurückkommen. Denn wenn du gibst, sagst du deinem Unterbewusstsein, dass du es dir leisten kannst zu geben, also dass du reich bist, und genau diese Haltung wird dich reich machen. Barmherzigkeit ist gelebte Liebe, und dadurch machst du die Welt eben etwas besser, schließlich kann man ja auch Liebe ausstrahlen **und** Reis verteilen. Also hat die Bibel recht. Geben ist tatsächlich besser als Nehmen, aber nicht im moralischen Sinne, sondern besser **für dich selbst!**

15. Gefühle

Bei den Gefühlen sind wir bei einem der am meisten falsch verstandenen Themen überhaupt. Gemeint sind nicht die körperlichen Gefühle wie Schmerz, Hunger oder Durst. Das sind einfach Überlebensmechanismen, die uns von unserem Schöpfer schon vor der Geburt vermittelt wurden. Ich rede hier von Emotionen, guten Gefühlen genauso wie schlechten Gefühlen.

Komischerweise glaubt der größte Teil der Menschheit erstens, dass Gefühle der Ausdruck des Herzens sind. Redensarten wie „Sie hat ein weiches Herz" oder „Er ist hartherzig" oder „Er hat ihr das Herz gebrochen" belegen das. Zweitens wird geglaubt, dass diese Gefühle zum Teil angeboren und zum Teil anerzogen sind. Des Weiteren wird geglaubt, dass diese Gefühle meistens Reaktionen auf äußere Begebenheiten sind.

Alle diese drei Punkte sind aber falsch, und es ist leicht, das Gegenteil zu beweisen.

Gefühle haben mit deinem Herzen nichts zu tun, auch wenn es der Großteil der Menschen so glaubt, es ist der Solarplexus, wo du jegliches emotionale Gefühl verspürst. Der Solarplexus liegt oberhalb des Magens und seine Ausläufer überlappen auch das Herz, man sagt, der Solarplexus ist der Sitz unseres Unterbewusstseins. Da es ein reines Nervengeflecht ist, konnte man es in grauen Vorzeiten nicht lokalisieren, da man es nicht sehen kann wie ein inneres Organ. Also wurde das Herz dafür verantwortlich gemacht. Bei alten Heiligenbildern kann man aber sehen, dass das Licht genau aus der Körpermitte kommt und nicht links davon, wo das Herz sitzt. Das Herz ist nur ein Muskel, der dir, lebenslang ergeben, dein Blut pumpt. Dass diese Aussage richtig ist, kann man leicht an Menschen erkennen, die ein Spenderherz erhalten haben. Da sich mit dem neuen Herzen ihre Persönlichkeit nicht verändert, kann man davon ausgehen, dass das Herz nichts mit den Gefühlen zu tun hat. Wie müsste sonst ein Mensch fühlen, dem ein Herz von einem Schwein eingepflanzt wurde? Oder gar ein künstliches Herz? Dass diese Menschen immer noch genauso Liebe empfinden können, ist Beweis genug, dass die Pumpe nicht der Sitz unserer Emotionen ist. Ob du ein sanfter, liebevoller Mensch bist oder ob du wenig gute Gefühle anderen gegenüber empfindest, liegt lediglich an der Gesamtsumme deiner Gedanken deines Lebens, und das ist einzig und allein in deinem Unterbewusstsein gespeichert. Dort spürst du jegliches emotionale Gefühl, egal ob Liebe, Hass, Angst usw. Zum Teil wusste auch das schon der Volksmund, indem er von Bauchgefühlen sprach, z. B. „Schmetterlinge im Bauch haben", immer „auf seinen Bauch hören" oder „Liebe geht durch den Magen".

Zum Zweiten ist zu bemerken, dass Gefühle weder angeboren noch anerzogen sind. Gefühle – und das gilt ohne Ausnahme – sind eine Reaktion auf deine eigenen Gedanken. Sämtliche anderen Ursachen, die dir andere Menschen gerne vermitteln, solltest du getrost vergessen. Meist dienen sie dazu, dich zu manipulieren, nach dem Grundsatz „Du hast meine Gefühle verletzt". Damit soll dir gesagt werden, dass du, indem du ein bestimmtes Verhalten an den Tag gelegt hast, in unverantwortlicher Weise einem anderen Menschen seelische

Schmerzen zugefügt hast. Also ändere **du** bitte dein Verhalten in der Zukunft, damit **ich** mich besser fühle. Am besten, du entgegnest solchen Menschen, dass sie mal was für ihre Bildung tun sollen, damit sie erkennen, dass sie für ihre Gefühle selbst zuständig sind.

„Ein Mensch, der Meister seiner selbst ist, kann jeden Kummer auflösen, indem er sich etwas Freudiges vorstellt. Ich möchte nicht Sklave meiner Gefühle sein. Ich möchte sie bewusst einsetzen, mich an ihnen erfreuen und sie beherrschen."
Oscar Wilde

Dass es deine eigenen Gedanken sind, die deine Gefühle erschaffen, kannst du dir leicht selbst bestätigen:
Denke intensiv an etwas sehr Schlimmes, damit meine ich, sich so richtig zu entspannen, die Augen zu schließen und dann möglichst bildhaft möglichst etwas für dich sehr Schlimmes zu denken. Es könnte sein, dass du deinen Partner in flagranti mit seiner/ihrem Ex erwischst, oder stell dir vor, wie dir dein Arzt eine unheilbare, tödliche Krankheit diagnostiziert. Wenn du diese Übung gewissenhaft ausführst, wirst du sehr negative Emotionen verspüren, die lediglich eine Reaktion auf diese Gedanken sind. Umso größer die Distanz ist zwischen diesen Gedanken und dem, was du gerne möchtest, umso schlechter die Gefühle. Wenn du die Wucht dieser negativen Emotionen nach kräftigem Ein- und Ausatmen wieder von dir geschüttelt hast, versprich dir selbst, nie wieder solchen Müll zu denken. Gehe an einem anderen Tag zum Gegenexperiment über. Stell dir genauso

intensiv etwas vor, was du dir schon lange sehnlichst wünschst. Etwas für dich wirklich Überragendes, das kann der Heiratsantrag von deinem Traumprinzen sein oder deine Frau offenbart ihre Schwangerschaft oder dein oberster Boss gratuliert dir zur Beförderung. Stell es dir intensiv vor, und Glücksgefühle werden in dir aufsteigen. Mit dieser Übung brauchst du nicht abrupt aufzuhören, diese kannst und solltest du genießen, wann immer du willst.

Diese beiden Übungen werden auch den größten Skeptiker eindrucksvoll davon überzeugen, dass sämtliche Gefühle selbst erschaffen sind. Wer es dennoch bestreitet und weiterhin andere für seinen Gefühlszustand verantwortlich machen will, ist nur ein Loser, der zu schwach ist, die Verantwortung für sein Leben zu tragen.

Der Grund, dass die meisten Menschen so denken, wie eben beschrieben, ist im einfachen Denken zu finden. Angenommen, ich erwische meine Frau in flagranti mit ihrem Ex und fühle mich dabei sehr schlecht. Natürlich ist es das Einfachste, ihr die Schuld zu geben und sie als Schlampe hinzustellen. Aber selbst wenn ich das Gesetz der Anziehung nicht kennen würde, müsste ich mir doch eingestehen, dass ich mir diese Frau selbst ausgesucht habe. Ich hätte ja bei der Auswahl meiner Partnerin etwas mehr darauf achten können, mir eine anständige Frau ins Haus zu holen. Außerdem: In einer guten Partnerschaft, wo die Frau zu Hause genug Liebe, Anerkennung und Aufmerksamkeit bekommt und in der Beziehung ein gewisses Niveau existiert und auch gewahrt wird, da geht auch niemand fremd. Also, selbst bei Unkenntnis des Gesetzes sollte ich ihr nicht die alleinige Schuld geben, sonst passiert mir mit der nächsten Frau genau das Gleiche.

Wenn ich das Gesetz kenne, dann weiß ich, dass diese Frau überhaupt keine Verantwortung trifft. Sie war lediglich der Postbote, der mir **mein** Paket gebracht hat. Niemand außer mir selbst kann in meinem Leben erschaffen!

Außerdem fühle ich mich nicht aufgrund der Tatsache schlecht, dass sie mich betrogen hat, sondern wegen meiner Gedanken darüber, weil das für mich unerwünscht ist. Schließlich gibt es auch Männer, die schauen gerne dabei zu, es geilt sie auf, wenn ihre Frau mit einem anderen Sex hat.

Auch diese These kann man experimentell bestätigen. Angenommen, eine Mutter holt ihren kleinen Jungen von der Schule ab und erzählt ihm bildlich und glaubhaft, dass sein Hund überfahren wurde und tot ist. Wenn er seinen Hund geliebt hat – und kleine Jungen lieben ihre Hunde –, kannst du jetzt zugucken, wie seine Stimmung ins Bodenlose fällt, er weint und ihn erfüllt tiefe Trauer, aber nicht weil sein Hund tot ist – denn das war ja nur eine Lüge, schließlich lebt er ja –, sondern wegen seiner Gedanken, dass der Hund tot ist. Zugegebenermaßen ist dieses Experiment ziemlich gemein dem kleinen Jungen gegenüber.

Aufgrund dieser Erkenntnis, dass die Gedanken eines Menschen seine Gefühle erschaffen, kommt dann die Lehre, dass man immer das tun sollte, was sich gut anfühlt. Das sagt uns schon der Volksmund, der sagt, dass du immer auf dein Herz hören sollst oder auf deinen Bauch. Nur mit dem Herzen sieht man richtig, oder dein Bauchgefühl hat dir etwas gesagt usw. Auch Rhonda Byrne und Esther Hicks schreiben in ihren Weltbestsellern, dass wenn man auf seine Gefühle hört, man immer richtig liegt. Ich weiß nicht, ob es mir zusteht, diesen beiden wahren Größen der Lebenshilfe zu widersprechen, aber ich höre auf mein Herz und tue es einfach.

Denn: Es ist nicht immer gesagt, dass das, was sich gut anfühlt, auch wirklich gut für mich ist. „Gut" oder „nicht gut" versuchen wir jetzt mal völlig frei von einer Meinung, Religion oder Ideologie zu halten.

Jack Canfield sagt in „The Secret", dass Gefühle nur ein Feedback-Mechanismus sind, ob meine Gedanken hilfreich oder nicht hilfreich sind. Das ist erst mal richtig, nun muss man aber herausfinden: Feedback-Mechanismus – auf was? Auf deine wahren tiefsten Herzenswünsche oder auf Fremdbestimmung durch Erziehung, kulturellen und religiösen Hintergrund.

Denn das, womit dein Unterbewusstsein gefüttert ist, entscheidet im Wesentlichen darüber, was sich für dich gut oder schlecht anfühlt!

Am besten erkennen wir den Wahrheitsgehalt dieser Aussage an einem Beispiel.

Person A und Person B, beides junge Männer, träumen tief in ihrem Herzen davon, reich zu sein. Sie kennen es beide aus dem Fernsehen, große Villa, mehrere Sportwagen, schöne Frauen, Partys, erlesenen Freundeskreis und alles nur vom Feinsten.

Nun ist der eine von beiden in einer mittelständischen Familie aufgewachsen, die zwar nicht wirklich reich ist, der es aber materiell recht gut geht und die den Reichtum als etwas Erstrebenswertes ansieht. Der andere junge Mann ist in einer armen, eher linksgerichteten Familie aufgewachsen. Dem jungen A wurde erzählt, dass wenn er sich anstrengt, er auch alles im Leben haben kann. Für ihn wird es sich jetzt gut anfühlen, wenn er von Reichtum träumt. Dem kleinen B wurde von der Wiege an erzählt, dass reiche Menschen böse sind, dass sie den anderen das Geld wegnehmen, dass sie über Leichen gehen, vor nichts zurückschrecken, dass man sie mit allen Mitteln bekämpfen muss und dass das Geld sowieso etwas Schlechtes ist, was den Charakter verderbe. Wenn B jetzt aus seinem tiefsten Inneren Wünsche nach Reichtum verspürt, wird sich das überhaupt nicht gut anfühlen. Im Gegenteil, er wird sich schlecht und schuldig fühlen! Das heißt aber noch lange nicht, dass es für ihn besser ist und er glücklicher lebt, wenn er Zeit seines Lebens arm bleibt.

Das Gleiche könnte z. B. für einen jungen Mann gelten, der gesund und hoch potent ist, aber eine streng religiöse Erziehung „genossen" hat. Er fühlt sich stark zum anderen Geschlecht hingezogen und wünscht sich ständig wechselnde Geschlechtspartnerinnen, mit denen er seine Fantasien hemmungslos ausleben kann. Es ist sein Herzenswunsch, aber seine Erziehung und seine Prägung stehen dem diametral gegenüber, und schon fühlt er sich beim bloßen Gedanken an vorehelichen sexuellen Kontakt schuldig.

Andersherum ist es dann der Drogensüchtige, der sich gut fühlt, wenn er sich einen Schuss setzen kann, der stark Übergewichtige, der sich auf die Völlerei zu Weihnachten freut und der Selbstmordattentäter, der es als gut, richtig und gerecht empfindet, was er da vorhat, und voller Freude auf den Tag zusteuert, wo er als Märtyrer endet und ins Paradies eingeht, in dem ihn viele Jungfrauen erwarten.

Sie alle haben eins gemein: dass ihr Unterbewusstsein Inhalte hat, die bewirken, dass sie sich schlecht fühlen, indem sie an ihre tiefsten Wünsche denken, oder sich eben gut fühlen, wenn sie an etwas denken, von dem ihr tiefstes Inneres gerne befreit sein würde.

Du fühlst dich bei Gedanken oder Handlungen nicht gut oder schlecht, weil sie gut oder schlecht sind, auch nicht, weil sie gut oder schlecht für **dich** sind, sondern nur aus einem Grund: **Weil dein Inneres so geprägt ist und du diesen Glauben hast.**

Denkst oder handelst du im Einklang mit den Inhalten deines Inneren, dann fühlst du dich gut, denkst oder handelst du entgegen den Inhalten deines Unterbewusstseins, dann fühlst du dich schlecht.

Der Dicke hat in seinem Unterbewusstsein „Dicksein" verankert, also fühlt er sich gut, wenn er „Dicksein" denkt und handelt (Völlerei). Würde er daran denken, die nächsten Wochen zu fasten, würde sich das schlecht anfühlen (deswegen tut er es nicht), und das alles, obwohl er gerne schlank sein würde.

Genau genommen fühlen wir uns immer schlecht, wenn es darum geht, eine Gewohnheit abzulegen. Eine Gewohnheit ist lediglich ein anderes Wort für Prägung. Da werden unhaltbare Zustände in der Ehe oder im Berufsleben zähneknirschend ertragen, weil es sich immer noch besser anfühlt, als aus dieser Gewohnheit auszubrechen.

Ich kenne das noch sehr gut aus meinen Zeiten als Kettenraucher und Alkoholiker. Tief in meinem Herzen wollte ich nichts sehnlicher, als davon befreit werden. Aber in meiner Zeit als Jugendlicher habe ich den Glauben aufgebaut, das Rauchen und Saufen cool ist. Ich wollte unter gar keinen Umständen „so ein Spießer" sein, der nicht raucht und nicht trinkt. Das ging so weit, dass wir in unserer Säuferclique andere junge Männer geradezu verachteten, nur weil sie nicht rauchten und nicht tranken, wir fanden es cool, „Mr. Ungesund" zu sein, hatten Schlagwörter wie „Verschwende deine Jugend".

Aber als sich der Alkoholismus verfestigte, wollte ich davon los, hatte aber immer gute Gefühle beim Trinken und sehr schlechte, wenn kein Alkohol mehr da war und kein Geld, welchen zu holen. Erst als ich die Erkenntnis des Gesetzes der Anziehung vermittelt bekam, konnte ich ohne große Anstrengung mein Unterbewusstsein „umprogrammieren" und ohne die geringste Anstrengung, ohne ärztliche Hilfe, ohne Therapeuten völlig einfach und entspannt damit aufhören.

Und genau das ist deine Aufgabe, wenn du ein wirklich glückliches Leben führen möchtest. Du, ich, jeder kann nur dann wahrhaft glücklich werden, wenn er seine tiefsten Wünsche lebt. Das solltest du mit deinem bewussten Verstand durchdenken, und dann solltest du damit beginnen, die Inhalte deines Unterbewusstseins völlig frei von anderen Meinungen und Verhaltensnormen so zu gestalten, dass du dich bei dem gut fühlst, was dich in die Richtung bringt, wo du hin willst, und nicht dort, wo dich andere Menschen gerne hätten.

Das solltest du einmal wirklich sehr ernsthaft praktizieren:

Die Inhalte deines Unterbewusstseins, sprich deine Glaubenssätze, die dir durch Erziehung und gesellschaftliche Prägung vermittelt wurden, auf Tauglichkeit zu überprüfen. Das heißt, dass du deine allertiefsten Herzenswünsche „herauskramen" musst und analysierst, ob du diese mit deinen anerzogenen Inhalten realisieren kannst.

Wenn du das nicht kannst, solltest du erkennen, dass diese anerzogenen „Werte" nicht dazu dienen, dich wahrhaft glücklich zu machen, denn das wirst du prinzipiell nur, wenn du deine wahre Bestimmung lebst und nicht etwas, was andere von dir erwarten. Deine wahre Bestimmung erkennst du immer in deinen innigsten Wünschen.

Gott zeigt dir durch deine tiefsten Wünsche, wo dein wahrer Platz im Leben ist!

16. Geld

Nichts in dieser Welt ist so sehr Thema von Vorurteilen, Streitigkeiten, Auseinandersetzungen, Lüge, Verleumdung und Hass wie das liebe Geld. Immer wieder wird Geld als etwas Schlechtes hingestellt. Menschen, die gerne mehr davon besitzen wollen, werden als gierig, materiell und oberflächlich abgestempelt; wenn sie die Millionengrenze überschreiten, sagt man ihnen sogar Rücksichtslosigkeit, Skrupellosigkeit oder gar, dass sie „über Leichen gehen", nach. Die am meisten unterdrückte Minderheit des Landes sind die Reichen. Auf niemanden wird in diesem Lande so viel rumgehackt, so schlecht geredet, so viel verleumdet wie den Reichen gegenüber! Obwohl genau diese Reichen den Großteil der Armen finanzieren.

Ich rede jetzt nicht nur von Almosenempfängern, denn auch der Geringverdiener, der wenig oder gar keine Steuern zahlt, ist Nutznießer, indem er auf Straßen geht, die mit Steuergeldern gebaut wurden. Kindergeld, Polizei, Feuerwehr, Schulen, Bibliotheken usw. Das alles wird wie selbstverständlich genutzt und nebenbei der Reiche, der es finanziert hat, verachtet.

Die Zahlen des statistischen Bundesamtes von Oktober 2011 belegen, dass ein Prozent der Spitzenverdiener gut ein Viertel aller Lohn- und Einkommenssteuern bezahlt. Das passt gar nicht zu jenem beliebten deutschen Märchen, in denen Gier und Egoismus nur bei denen „da oben" zu finden seien – und Anstand nur beim einfachen Mann auf der Straße.

Der Glaube, dass Armut gottgefällig sei, stammt aus dem Mittelalter, als reiche Feudalherren und die reiche Kirche dem einfachen Volk erzählten, dass Armut von Gott erwünscht ist, Entbehrungen tugendhaft seien, das den einzigen Weg zur Erlösung darstelle und die damit verbundene Aufnahme ins Paradies bedeute. Damit haben sie lediglich das einfache Volk im Zaum halten wollen, damit keine Proteste ausbrechen. Diese Vorstellung von arm = gut und reich = böse wurde dann von den Kommunisten übernommen und weiterverbreitet.

Geld ist nun einmal ein Tauschmittel für fast alles, was es gibt. Man kann nun Essen für die Kinder kaufen oder Waffen, um Kinder zu töten. Manche Menschen werden kriminell, um mehr Geld zu haben. Deswegen hört man oft, dass das Geld die Wurzel allen Übels ist – auch dieser Satz ist von der reichen Kirche verfasst –, man sollte aber erkennen, dass es dem Kriminellen nicht darum geht, Papierscheine in der Hand zu halten, sondern der Tauschwert, die Freiheit ist es, was er möchte. Demnach ist Geld nur ein Tauschmittel, was weder gut noch schlecht ist. Erst dein Gebrauch dessen entscheidet darüber. Also, wenn das Geld an sich nicht gut oder schlecht ist, kann es auch nicht die Wurzel allen Übels sein.

Da herrscht ein wirklich krasser Widerspruch. Das Geld ist die Wurzel allen Übels, verkündet der Priester auf der Kanzel, um nach seiner Predigt die Kollekte einzusammeln. Alle rufen dich im Namen der Barmherzigkeit dazu auf, die Wurzel allen Übels anderen zu geben, um dann der Gute zu sein. Wie kann ich gut sein, wenn ich die Wurzel allen Übels anderen Menschen gebe? Diesen Widerspruch erkennen selbst dumme Menschen, weswegen natürlich die Verwirrung zunimmt. Es gibt unendlich viele Meinungen über Geld, und jeder hat natürlich ein Recht auf seine Meinung, es gibt Leute, die glauben, arm zu sein, sei eine Tugend. Warum? Was musst du tun, um arm zu sein? Bedarf es dazu Intelligenz? Fleiß? Positiver Gesinnung? Aufopferung? Nein, um arm zu sein, brauchst du gar nichts zu tun! Tu einfach nichts, und du hast die Garantie, dass du arm bist! Reich sein ist da schon etwas schwerer, dazu solltest du kreativ sein, fleißig, intelligent oder sehr witzig wie Mario Barth oder die Gesetze verstehen und dir deinen Reichtum visualisieren. Ich denke, dass ich für die Mehrheit spreche, wenn ich sage, dass ein erfülltes Leben in erdrückender Armut nicht möglich ist.

Wenn du der Meinung bist, dass du mehr Geld haben möchtest oder gar richtig reich sein willst, dann ist es wichtig, dass du dich der alten Glaubenssätze entledigst, die viele nur einfältig nachplappern, ohne sie jemals reflektiert zu haben. Die meisten davon sind einfach nur dumm. „Geld macht doch nicht glücklich" ist für viele schon ein Standardsatz, der auswendig gelernt heruntergeleiert wird, wenn das Gesprächsthema sich in Richtung Geld entwickelt. Selbstverständlich macht Geld nicht glücklich, dazu wurde es ja auch nicht geschaffen. Man hat es erfunden, um uns Bequemlichkeit zu bringen.

Genauso gut könntest du verkünden: „Gesundheit macht doch nicht glücklich", denn es gibt sehr viele gesunde Menschen, die vollkommen unglücklich sind, einige wählen vor lauter Unglück sogar den Freitod.

Wir leben nun einmal in der materiellen Welt, also ist das Materielle auch wichtig. Wie sehr die Welt trotz aller Leugnung materiell ist,

124

kann man an dem Begriff „Bescheidenheit" erkennen, der nur materiell wahrgenommen wird. Niemals würde jemand bei Gesundheit oder Partnerschaft sagen: „Ich bin bescheiden, ich brauche nicht so viel Gesundheit", oder „Ich bin bescheiden, ich brauche keinen guten Partner, ich nehme den Erstbesten, der mir über den Weg läuft. Das genügt mir, die guten Partner, die anständigen, ehrlichen, liebevollen lasse ich für jemand anderen, mir reicht eine verlogene Schlampe oder ein alter, hemmungsloser Säufer". Glaubst du etwa, Armut mache glücklich? Geld macht vielleicht nicht glücklich, aber die Dinge, die du für Geld erwerben kannst, tragen absolut dazu bei, dass ein Mensch glücklich sein kann. Im Übrigen ist erdrückende Armut ein Garant dafür, nicht glücklich zu sein!

Die meisten Menschen würden auch gerne viel Geld besitzen, ohne viel zu tun, nur die wenigsten geben es auch zu. Die Umsätze des deutschen Lottoblocks sprechen da für sich selbst. Gerade wenn der Jackpot prall gefüllt ist, stehen lange Schlangen an fast jeder Lotto-Annahmestelle.

Geld ist genauso dem Gesetz der Anziehung unterworfen wie alles andere auch. Entgegen der öffentlichen Meinung gibt es auch nur eine Art und Weise, wie Geld zu dir kommen kann, nämlich durch das schöpferische Gesetz. Etwas anderes ist absolut nicht möglich. Wenn es eine falsche Art gäbe, Geld in dein Leben zu ziehen, dann müsste es auch eine falsche Art geben, Gesundheit in dein Leben zu bringen. Der eine ist vollkommen gesund, und weil er eine eher enthaltsame und keusche Lebensweise bevorzugt, hat er nun seine Gesundheit auf „redliche Art und Weise" bezogen, der andere dagegen, der eher opulent und ausschweifend lebt, aber dennoch vollkommen gesund ist, hat diese auf unredliche Art und Weise bezogen. Das ist natürlich absoluter Humbug. Jeder, der so redet, gibt lediglich seine Meinung zum Besten, die ausschließlich auf niederen Gefühlen wie Neid oder Verachtung oder eben Dummheit basiert. **Du erschaffst durch deine Gedanken und niemals durch dein Handeln!** Wenn ein Mensch handelt, erschafft er nur das, was den Inhalten seines Unterbewusstseins entspringt. Wenn du arm bist und an diesen Inhalten durch deine Gedanken nichts veränderst, kannst du durch Handeln nur weitere Armut erschaffen. An dieser Stelle möchte ich eine Frau zitieren, die es geschafft hat, aus verzweifelter, erdrückender Armut zur Millionärin aufzusteigen.

Catherine Ponder:

„Armut ist eine schmutzige, unbequeme, entwürdigende Erfahrung. Tatsächlich ist Armut eine Art Krankheit, und zwar in akutem Stadium, ja, sie scheint eine Art Wahnsinn zu sein. Armut füllt Gefängnisse mit Dieben und Mördern. Sie treibt Männer und Frauen zum Trinken, zur Prostitution, zur Rauschgiftsucht, zum Selbstmord. Sie treibt von Veranlagung gute, talentierte, intelligente Kinder zum Verbrechen. Sie lässt Menschen Dinge tun, die zu tun sie unter anderen Umständen sich nicht träumen ließen. Die schrecklichen Resultate der Armut sind grenzenlos.

Das ist einer der Gründe, warum ich mich in so starkem Maße veranlasst fühlte, alles in meinen Kräften Stehende zu tun, um den Men-

schen zu zeigen, wie sie die Sünde der Armut aus ihrem Leben aus-
merzen können. "

Man sollte bedenken, dass Catherine Ponder eine Pastorenstelle be-
kleidet.

Ich werde dich jetzt mit ein paar Argumenten über Geld konfrontie-
ren, die du so vielleicht noch nicht gehört hast, die sicherlich auch
nicht dem Mainstream entsprechen. Aber wenn du denen vorbehalt-
los zustimmen kannst, bist du auf dem besten Wege, reich zu werden.
Wenn du hingegen die Reichen eher vorverurteilst und den Armen
gerne in Schutz nimmst, bist du geistig auf seiner Seite und wirst es
auch körperlich bleiben. Du solltest erkennen, auf welcher Seite sich
die Inhalte deines Unterbewusstseins befinden. Dieser Seite, auf denen dein Inneres ist, wirst du auf Dauer angehören, finde dich damit
ab, oder ändere die Inhalte deines Unterbewusstseins durch dein tägliches Visualisieren von Reichtum.

Dabei spielt es keine Rolle, ob die Argumente, die ich dir gleich nennen werde, richtig oder falsch sind, denn das ist nur eine Meinung.
Du könntest Beweise finden, dass reiche Menschen schlecht sind, indem du die Gräueltaten auflistest, die 50 reiche Männer begangen
haben. Aber genauso gut könntest du Gräueltaten auflisten von 50
Armen, 50 Chinesen, 50 Homosexuellen, 50 Frauen, 50 Buddhisten
oder 50 Vegetariern, um zu beweisen, dass diese Menschengruppen
schlecht sind. Es geht hier nicht um richtig oder falsch, gut oder
schlecht, sondern um nützlich oder blockierend auf **deinem** Weg
zum Reichtum.

Betrug: Viele glauben, dass Reiche nur deshalb reich sind, weil sie betrügen. Natürlich nutzen auch die Reichen die Steuerschlupflöcher, die sich ihnen bieten, das ist legal, aber auch der Arme sieht zu, möglichst viel aus seiner Steuererklärung rauszuholen.

Ich möchte behaupten, dass der Arme viel mehr betrügt als der Reiche, weil dieser es gar nicht nötig hat. Die meisten Armen würden beim Aldi stillschweigend das Wechselgeld einstecken, wenn sie bemerkten, dass 10 Euro zu viel sind. Reiche würden so etwas nicht tun. Und genau deswegen sind sie reich geworden, weil sie nicht das Gefühl haben, unredlich sein zu müssen, sondern weil sie ein Wohlstandbewusstsein aufgebaut haben. Viele denken, der Arme tut das nur, weil er arm ist. Ich sage aber, er ist arm, weil er so etwas tut, und der Reiche ist reich, weil er so was eben nicht macht. Mit solchen Handlungsweisen gibst du deinem Unterbewusstsein in reinster Form – fast schon intravenös – Armut oder Reichtum ein, und dies wird zum Ausdruck gebracht.

Wenn du einen reichen Mann siehst, siehst du einen besonderen Mann, denn arm sein kann jeder.

Gier:

Die gesamte Evolution strebt danach, größer, besser und mehr zu werden. Du bist ein Teil dieser Evolution, also kann es nicht falsch sein, ebenfalls nach Größerem zu streben! Im Gegenteil, es ist im wahrsten Sinne des Wortes unnatürlich, **nicht** nach mehr zu streben.

Gier ist nichts anderes als der starke Drang nach mehr, gepaart mit einem etwas überzogenen Sicherheitsbedürfnis.

Würde jemand einen Hamster oder eine Biene als gierig bezeichnen, bloß weil sie Lebensmittel horten?

Gier wird genauso wie Bescheidenheit nur materiell wahrgenommen. So wie andere eben besonders vorsichtig sind (Gier nach Sicherheit) oder besonders anhänglich (Gier nach Schutz) oder ganz besonders viel Liebe suchen (Gier nach Liebe), Anerkennung oder Aufmerksamkeit (Gier nach Anerkennung) oder wieder jemand anderes ganz besonders viel für seine Gesundheit tut (Gier nach Unversehrtheit) oder ein Weiterer ganz besonders viel isst (Gier nach Nahrung) oder ein sehr neugieriger Mensch, der Gier nach Neuigkeiten verspürt. So ist das doch auch akzeptiert. Gier ist gut, Gier ist Evolution, Gier ist der Wunsch nach mehr. Fast alle sind gierig! Selbst der, der in gottgefälliger Armut lebt, ist gierig nach der Gnade Gottes und seinem Segen, auch der, der auf Schnäppchenjagd geht, sich die Hacken abläuft, bloß um ein paar Cent zu sparen. Auch der, der streikt für 3 Prozent mehr Lohn, was natürlich wieder auf die Preise umgelegt werden muss oder eben Arbeitsplätze kostet, aber das ist ihm egal, Hauptsache er bekommt 3 Prozent mehr auf Kosten anderer. Dann aber die Banken kritisieren, diese sind genau wie er, spielen nur in einer anderen Liga.

Jeder Mensch will eigentlich deshalb mehr Geld haben, um ein besseres Leben zu führen. Und wenn er es nicht mehr ausgeben kann, möchte er es als Sicherheit anlegen, um auch in Zukunft möglichst lange dieses gute Leben genießen zu können oder es schon seinen

Kindern zu sichern. Was ist daran verwerflich?

Armut ist peinlich!

Die Reichen geben gerne im Gegensatz zu den Armen.

Am meisten reden immer die vom Geben, die so arm sind, dass sie glauben oder vortäuschen, nichts geben zu können. Das kann man gut an einem Beispiel verdeutlichen:

Laut Umfragen lehnen es ca. 80 Prozent der Deutschen ab, dauerhaft für andere EU-Länder wie z. B. Griechenland zu zahlen. Die sollen doch selbst etwas schaffen und nicht auf unsere Kosten hohe Renten haben, heißt es dann. Das sagen ca. 80 Prozent der Bevölkerung, weil es eben deutsches, also ihr Geld ist, das da gegeben werden soll. Fragt man in Bayern, lehnen ca. 80 Prozent den Länderfinanzausgleich ab, die da in Berlin und Bremen sollen doch bitte selbst ihren Haushalt in Ordnung bringen, heißt es da, und nicht auf unsere Kosten leben. Aber mehr als die Hälfte der Bevölkerung stimmt dafür, dass der Spitzensteuersatz in Deutschland angehoben wird. Dieses Beispiel verdeutlicht sehr gut das Messen mit zwei Maßen, denn fragst du den Griechen, werden sich fast alle für eine dauerhafte Transferunion aussprechen, natürlich weil sie dabei empfangen, ebenso wie die meisten Berliner und Bremer den Länderfinanzausgleich gerecht finden werden, weil sie empfangen. Wenn andere geben sollen, dann ist das nur gerecht, wenn ich selbst geben soll, dann ist es ungerecht.

Die Ausnahme machen dabei die Reichen, die fast ausnahmslos gerne geben und sich sozial arrangieren. Allen voran Bill Gates, der nicht nur selbst jedes Jahr gigantische Summen spendet, sondern auch noch weltweit bei den Superreichen auf Spendentour geht, um noch mehr Geld für seine Wohltätigkeitsorganisation einzusammeln. Wenn du gibst, dann suggerierst du deinem Unterbewusstsein, dass du genug Geld hast und es dir leisten kannst zu geben. Daraus entsteht ein Wohlstandbewusstsein par excellence, das dich dein Leben lang gut versorgen wird. Die meisten Reichen haben schon gerne gegeben, als sie noch arm waren, deswegen sind sie reich geworden.

Lohndumping:

Wer ist denn wohl dafür verantwortlich, wenn Lohndumping gemacht wird? Der gierige Unternehmer? Im Grunde genommen ist es der gierige Kunde, und zwar genau der, der alles am besten geschenkt haben will, also der eben erwähnte Schnäppchenjäger. Du kaufst dein Klopapier nur da, wo du einen Markenartikel 20 Cent billiger bekommst als anderswo? Dann nimmst du billigend in Kauf, dass die Angestellten deiner billigen Drogeriekette weniger Lohn bekommen. Wärst du auch bereit, einen fairen Preis zu bezahlen, müsste der Unternehmer nicht an jeder Ecke sparen und könnte bessere Gehälter zahlen. Ach so, der Unternehmer soll auf Gewinne verzichten? Wann bist du denn bereit, freiwillig auf Lohn zu verzichten, oder schenkst du deinem Chef ein paar Urlaubstage? Das ist etwas anderes? Nein, das ist nichts anderes, der Unternehmer spielt lediglich in einer anderen Liga als du, ansonsten ist es das Gleiche.

Ich verteidige hier kein Lohndumping, aber erkenne doch mal den Zusammenhang. Du kannst nicht überall deinen Vorteil suchen und auf der anderen Seite den verurteilen, der dir diesen Vorteil einräumt. Das ist nicht gerade fair! Im Endeffekt macht der das Lohndumping, um dir diesen Preis machen zu können. Ich sagte bereits, dass ich die Dinge beim Namen nenne. Und auch die Armut braucht man nicht zu beschönigen, warum kämpfen sonst wohl alle dagegen? Genauso gut konnte man eine Krankheit beschönigen, Krebs zum Beispiel. Stell dir vor, jemand würde behaupten, dass es ehrenvoll wäre, ja gar eine Tugend, Krebs zu haben, und er wäre stolz darauf, in gottgefälliger Krankheit zu leben, und würde alle verurteilen und der Gier bezichtigen, die kerngesund sind oder viel für ihre Gesundheit tun.

Es ist einfach schwachsinnig, einen Zustand des Mangels zu beschönigen.

Jeder, der viel Geld hat, hat auch etwas dafür getan, selbst der, der es geerbt hat, hat es sich zumindest nicht total mit seinen Eltern verscherzt. Und genauso, wie du ein Anrecht auf die Errungenschaften deiner Eltern hast, hat es auch jemand, der Millionen erbt. Wenn deine Eltern ihr Leben lang schwer gearbeitet haben und dir ein Häuschen hinterlassen, dann möchte ich mal dein Gesicht sehen, wenn da jemand daherkommt und dir erzählt: „Das Haus hat einen Wert von 200.000,- €, also sind mal so schlapp die Hälfte Erbschaftssteuer fällig." Warum? Das Haus wurde von versteuertem Geld gebaut, vielleicht hast du selbst im Schweiße deines Angesichts mitgeholfen, es zu errichten. Selbst der reiche Kriminelle hat es verdient, wenn er nicht erwischt wurde. Ich würde das Risiko nicht eingehen, geschnappt zu werden und 10 Jahre für einen bewaffneten Banküberfall abzusitzen, der ist ein verdammt hohes Risiko eingegangen.

Reiche Menschen sind welche mit einer Vision, Arme sind welche ohne Vision.

Geld regiert die Welt?

Natürlich ist das so, aber warum?

Das ist eigentlich sehr einfach. Geld regiert deshalb die Welt, weil es wirklich jeder haben will, und das, was jeder haben will, kann doch wohl nicht schlecht sein, oder? Wenn es nur wenige haben wollten, könnte es niemals die Welt regieren! Selbst Mutter Theresa wollte unser Geld, jeder will es, weil nun mal auch das Essen für Kinder Geld kostet und Medizin ebenso wie Ausbildung oder Kultur, eine Kirche zu errichten kostet genauso Geld wie eine Schule oder einen Kreißsaal zu errichten. Wenn du gerne ein wunderbares Leben im Überfluss führen möchtest, solltest du beginnen, Geld als etwas Wunderbares anzusehen. Warum gibt es so viele Menschen, die das Geld gering schätzen und es als einen Fluch für die Menschheit ansehen? Weil sie nicht genug davon haben, beginnen sie es zu negieren, ähnlich einer verschmähten Braut, die beginnt, Männer als etwas Schlechtes zu sehen, nur weil keiner sie will! Wenn du ständig schlecht über das Geld redest, dann wird es dich meiden, weil du ja lediglich über seine Abwesenheit nachdenkst, wird das Gesetz der Anziehung dir mehr Abwesenheit dessen bringen. Du wirst niemals einen Reichen schlecht über Geld reden hören, deswegen ist er reich, außerdem hätte der Reiche ja die Wahl, sein Geld sofort zu entsorgen. Der Reiche kann alles tun, was ein Armer auch kann, wenn er will, kann er sogar Abfälle essen und im Park übernachten. Aber der Arme kann nicht das tun, was der Reiche zu tun gewohnt ist. Das demonstriert uns eindrucksvoll die Freiheit, wofür Geld ein Synonym ist.

Wenn du mehr Geld haben willst, dann musst du die erwünschten, schönen Eigenschaften des Geldes betonen und nicht ständig die schlechten Seiten der Armut runter beten.

Geld ist geprägte Freiheit.
Fjodor Michailowitsch Dostojewski

Es wäre ungerecht, wenn alle genauso viel hätten.

Aus dem einfachen Grunde, weil nicht alle genauso viel tun. Ein gutes Beispiel ist der Sport. Der Beste gewinnt und der Beste bekommt die Medaille oder den Gürtel oder den Pokal, schließlich hat er auch hart dafür trainiert. Der, der nicht trainiert, der kann auch nichts haben. Das ist gerecht. Oder wollt ihr Goldmedaillen für alle? Dann dürfte 1. jeder bei der Olympiade teilnehmen und 2. jeder würde gewinnen, was natürlich Schwachsinn ist. Dann gibt es eben keinen Leistungssport mehr. Statt Bundesliga am Samstag gibt es Lindenstraße. Jeder erkennt, dass es gerecht ist, dass nur der gewinnt, der die beste Leistung bringt. Genauso ist es in der freien Wirtschaft, wenn der Wettbewerb fehlt, strengt sich niemand mehr an, deswegen wäre es ungerecht, wenn alle genauso viel hätten. Würden alle genauso viel bekommen, wäre es egal, wie viel sie tun, egal wie hoch oder niedrig ihre Qualifikation ist, dann würde unser Finanzhaushalt bald kollabieren, weil nur noch sehr wenige bereit wären, aus Überzeugung für den gleichen Lohn mehr zu tun als andere. Gut ausgebildete Leute mit Fleiß und einer Vision würden abwandern, bildungsferne, träge Leute würden einreisen. Wo das hinführt, kann man sich, auch ohne besonders viel Fantasie zu besitzen, sicherlich vorstellen.

Die Linksparteien und Gewerkschaften wollen Gerechtigkeit.

Zumindest erzählen sie das. Aber eigentlich wollen sie nur den Leistungsträgern das Geld wegnehmen, um es bei denen, die nicht viel tun, wieder zu verteilen. Wenn ich jemandem etwas wegnehme, dann ist das Diebstahl, egal wie ehrenvoll meine Absichten sind. Die Steuer-Abzocke hier in Deutschland grenzt schon an Wegelagerei. Ich denke, würden sie dieselbe Energie aufwenden, um Werte zu erschaffen, statt anderen die Werte wegzunehmen, dann wäre das nicht nur produktiver, sondern auch wesentlich entspannter, weil der ganze Kampf und Hass wegfallen würde.

Da gibt es immer wieder neue Wortschöpfungen, wie „Raubtierkapitalismus", „Altersarmut", „Kinderarmut", „Turbokapitalismus" oder andere obszöne Entgleisungen, die eine Unkenntnis des Gesetzes der Anziehung offenbaren.

Mit ihrer Handlungsweise und Rhetorik zeigen sie uns deutlich, dass sie die Gesetze des Lebens gar nicht kennen, sonst würden sie einfach das Gesetz lehren und somit Wohlstand für alle schaffen. So ist es auch nicht verwunderlich, dass sie durch ihre ständige Konzentration auf scheinbare Ungerechtigkeit selbst mehr davon produzieren, ohne es überhaupt zu bemerken. **Beachtung bringt Verstärkung!** Zumindest tun das die Gewerkschaften, indem sie bei jedem Arbeitskampf die Vorlage in Prozent des Lohnes tätigen, anstatt feste Beträge, z. B. 200,- € mehr pro Person/Monat, vorzulegen. **Die Vorlagen im Arbeitskampf machen immer die Gewerkschaften!** Angenommen, man einigt sich nach Arbeitskampf auf 3 Prozent mehr Lohn, so heißt das, dass der Geringverdiener in der Firma, der sagen wir 1000,- € verdient, ab sofort 1030,- € hat, der Manager aber, der vorher 100.000,- € hatte, verdient fortan 103.000,- €, und schon ist die Schere zwischen arm und reich wieder um 2970,- € auseinandergeklappt. Ob das die Gewerkschaftsbosse nicht merken oder nicht merken wollen, sei dahingestellt. Schließlich zählen diese selbst ja auch zu der oberen Einkommensklasse, und wenn sie eine Party geben, werden dort bestimmt nicht der Pförtner und der Fließband-Arbeiter geladen sein, sondern eher schon Freunde aus Politik, Wirtschaft, Sport und Kultur, die einer ähnlichen Einkommensklasse angehören wie sie selbst.

Armut ist nur arm an Mut.

Du selbst bist deines Glückes Schmied. Solange du deinen Blick auf andere richtest, wenn es um **dein** Leben geht, wirst du immer der

Verlierer sein! Niemand hat ein wirklich ehrliches Interesse daran, dass es dir gut geht, am wenigsten Politiker oder Gewerkschaftsbosse, denen geht es vielmehr um ihre Ideologie und um ihre Posten. **Nur du selbst** hast ein wirklich fundamentales Interesse daran, dass es in deinem Leben gut und besser läuft. Also musst du auch den Blick in den Spiegel richten und nicht auf andere starren und von denen etwas erwarten. Wenn sie diese Erwartungen dann nicht erfüllen, werden sie für gewöhnlich beschimpft, als unfähig oder egoistisch bezeichnet und das nur, weil sie in **deinem Leben** nichts verändert haben. In **deinem Leben** etwas verändern kann per definitionem nur einer, und das bist **du selbst**. Niemand anderes kann in deinem Leben erschaffen, wenn du dich als Opfer siehst, wirst du auch eins sein, wenn du dich als Schöpfer siehst, bist du ein Schöpfer. Zieh dir das Kapitel „The Magic" rein, lies es mehrmals und setze es um, die Beweise, dass das genau der Weg ist, der dich dahin führt, wo du hin möchtest, werden nicht lange auf sich warten lassen.

Denn auch beim Thema Geld steht unumstößlich fest:

Wenn du die Kausalkette bis zum Ende durchdenkst, kommst du immer bei deinen eigenen Gedanken an.

Da ist jemand arm. Warum ist er arm? Weil er Dinge tut, die darauf ausgerichtet sind, arm zu sein und es zu bleiben. Weil sein Unterbewusstsein ihn nur Begebenheiten erkennen lässt, die ihn arm bleiben lassen, und Begebenheiten, die ihn reich machen würden, werden ausgeblendet. Warum handelt er so? Weil seine Handlungen von seinem Unterbewusstsein gesteuert werden – jede einzelne! Warum blendet sein Unterbewusstsein Chancen aus? Weil er selbst sein Unterbewusstsein durch seine täglichen Gedanken an Mangel auf Armut programmiert hat, also wird es ihm Armut manifestieren.

Die Bibel sagt uns:

„An ihren Früchten werdet ihr sie erkennen. Liest man etwa Trauben von Dornen oder Feigen von Disteln?"

Matthäus 7,16

Guck dir die Früchte eines Menschen an, und du kannst erkennen, was er von sich hält und welche Gedanken er größtenteils denkt. **Jeglicher materielle Erfolg wurde ausschließlich durch die beharrliche Konzentration auf das Gewünschte erreicht, jeglicher Misserfolg auf die Konzentration auf das Unerwünschte.** Eine andere Entstehung von Resultaten ist völlig ausgeschlossen. Siehst du einen reichen Menschen, dann ist sicher, dass er Gedanken denkt, die mehr um Reichtum als um Armut kreisen. Siehst du einen Gesunden, dann solltest du erkennen, dass seine Gedanken mehr auf Gesundheit ausgerichtet sind als auf Krankheit. Siehst du einen Glücklichen, dann ist sicher, dass seine Gedanken mehr um Glück kreisen als um Unglück.

„Geld schwor einst einen Eid. Wer es nicht wirklich liebt, zu dem kommt es nicht."

Irisches Sprichwort

17. Gerechtigkeit

Eine Frage spaltet schon seit Jahrhunderten die Menschheit: Was ist gerecht und was ist ungerecht?

Man könnte behaupten, gerecht ist, dass jeder das bekommt, was er verdient, egal ob Lob oder Kritik. Nun ist natürlich die alles entscheidende Frage, was hat jeder einzelne Mensch verdient? Da gibt es nun mal keine allgemeingültige Festlegung, wir haben ja schon festgestellt, dass jeder Mensch sich und sein Verhalten als gerechtfertigt ansieht. Wenn du jemanden geschlagen hast, dann hast du eine Rechtfertigung dafür, sonst hättest du es nicht getan. Würdest du es als gerecht empfinden, wenn im Gegenzug aus Gerechtigkeitsgründen du nun auch geschlagen würdest? Nein, du empfandest es ja als gerecht, dass du geschlagen hast. Wenn man dieses Phänomen bis zum Ende durchdenkt, kommt man zu dem Schluss, dass es keine weltliche Gerechtigkeit gibt. Es gibt nur Meinungen darüber. Ich werde dir das an einem Beispiel verdeutlichen:

Angenommen, eine Mutter hat ihren Sohn geschlagen, beispielsweise hat sie ihn geohrfeigt, weil er sie angelogen hat. Das empfindet sie aufgrund ihrer Erziehung und ihres kulturellen Hintergrundes als gerechtfertigt. Angenommen, es ging um die Hausaufgaben. Sie fragte ihren Sohn, ob er sie gemacht habe. Er sagte „Ja", hatte sie aber nicht gemacht, da er es als effektiver ansieht, sie morgens vor der Schule vom Freund abzuschreiben.

Damit ist die Frage aus ihrer Sichtweise geklärt, aber noch nicht aus der des Sohnes. Warum hat er denn seine Mutter angelogen? Der

Sohn sagt jetzt, weil seine Mom wegen Nichtigkeiten immer eine riesige Welle schlägt! Er findet es gerechtfertigt, ja sogar recht clever, durch eine Notlüge einer langen Diskussion, die zu nichts führt, aus dem Weg zu gehen. Warum macht die Mutter immer so eine große Welle bei Nichtigkeiten? Weil es für **sie** eben keine Nichtigkeiten sind. Sie findet es gerechtfertigt, eine Welle zu schlagen, wenn es um die Hausaufgaben geht.

Angenommen, sie kommt aufgrund dieser morgendlichen Auseinandersetzung mit ihrem Sohn 15 Minuten zu spät zur Arbeit und erzählt ihrem Chef (weil ihn ihr Privatleben ja nichts angeht), dass ihr Auto nicht angesprungen ist. Er erfährt die Wahrheit, weil sein Neffe und ihr Sohn in die gleiche Klasse gehen.

Würde sie es nun gerecht finden, wenn ihr Chef sie aufgrund dieser Lüge ohrfeigen würde? Natürlich nicht, vermutlich würde sie ihren Anwalt anrufen, wenn er das täte. Könnte ihr Sohn das verstehen? Der bestimmt schon eher: „Warum darfst du deinen Chef anlügen, damit er keine Welle macht, aber ich nicht meine Mutter, damit sie keine macht?" Aus Mangel an rationalen Argumenten heißt es dann: „Das ist ja etwas anderes!"

Ich denke, das kommt auch dir bekannt vor.

Natürlich ist es etwas anderes, wenn man einstecken soll, ist das immer anders, als wenn man austeilt, aber aus einer ideologiefreien Betrachtungsweise heraus ist eine Lüge nun mal eine Lüge.

Glück oder Pech?

Es gibt Menschen, die glauben, wenn jemandem etwas Gutes widerfährt, dann hat er Glück, widerfährt ihm dagegen etwas Unerwünschtes, dann hat er eben Pech.

Meist wird so argumentiert, weil man zu träge ist, sich intellektuell mit diesem Thema auseinanderzusetzen. Wären Glück und Pech dem blanken Zufall zuzuschreiben, dann müsste es relativ gleichmäßig über die Menschen verteilt werden, und jeder würde eine ähnliche Dosis von allem abbekommen. Aber wir alle wissen, dass das nicht so ist. Einige Menschen taumeln von einem Glück in das nächste, wogegen andere vom Pech verfolgt scheinen. Wortschöpfungen wie „Pechvogel" oder „Glückspilz" belegen das, also scheidet der Zufall schon mal aus. Gott? Ist er vielleicht derjenige, der Glück und Pech willkürlich über die Menschen verteilt? Nein, natürlich nicht, denn wenn Gott ungerecht wäre, also willkürlich, dann wäre nichts mehr auf dieser Welt berechenbar. Der Schöpfer hat uns aber sämtliche Naturgesetze gegeben, und diese sind absolut zuverlässig. Von Willkür keine Spur, woraus zu schließen ist, dass die Natur selbst zuverlässig und berechenbar ist. Die Natur hat uns das Gesetz der Anziehung gegeben, das mit mathematischer Genauigkeit jedem einzelnen Menschen die Materie und Begebenheiten seiner mentalen Äquivalente zuführt.

Das Gesetz der Anziehung ist so gerecht, so unendlich gerecht, dass es unmöglich ist, etwas zu finden oder zu erfinden, was noch

gerechter sein könnte! Es ist die perfekte Demokratie der einzig wahren Supermacht!

Das Gerechteste, was es überhaupt geben kann: Das, was **du** durch **deine** Gedanken verursachst, bekommst **du zurück**, nicht mehr und nicht weniger. Es wäre doch auch völlig ungerecht, wenn die Natur einem Menschen mehr oder weniger geben würde, als er eingezahlt hat, als Bestrafung oder Belobigung. Gott richtet nicht, sagt uns die Bibel. Das Gericht hat er dem Sohn überlassen. Ja, und das sind wir selbst, was nichts Geringeres heißt, als dass wir uns selbst richten. Es ist also völlig unsinnig, Gott um etwas zu bitten oder ihm einen Handel anzubieten oder ihm gar zu drohen. Es sei denn, es stärkt deinen Glauben, es zu bekommen. Denke einfach entspannt an das, was du dir wünschst, denke, dass du es bereits hast, und nichts auf dieser Welt kann es dir vorenthalten.

Also, sozusagen ist Gott gar nicht da oder besser gesagt, er ist schon da, bloß eben nicht zu sprechen. Er hat die ganze Sache auf Autopilot geschaltet, einen perfekten Autopiloten. Genau genommen ist es dem Universum egal, was du tust, ob du ein Mörder bist oder ein Heiliger. Du schaffst dir deinen Himmel oder deine Hölle selbst! Es gibt sicherlich Mörder, die sehr glücklich sind, Frau und Kinder haben, gesund und reich sind, und sogenannte Heilige, die Höllenqualen leiden! Da leben zwei Menschen in der gleichen Stadt, haben den gleichen Job, eine ähnliche Familie, und trotzdem ist der eine sehr glücklich, weil er sein Gutes betrachtet, und der andere ist sehr unglücklich, weil er sich auf das konzentriert, was ihm fehlt, und weil er sich grämt über empfundene Ungerechtigkeit in der Welt. Da wird sich täglich empört über Dinge aus den Nachrichten vom anderen Ende der Welt, über Politiker, das Verhalten anderer Menschen. Darüber wird in der Familie diskutiert, gestritten. Und immer wieder geht es um die alles entscheidende Frage: Was ist gerecht und ungerecht? Das, was hier auf Erden abgeht, das ist doch in der Unendlichkeit betrachtet völlig egal, auch wenn es noch so sehr unseren Missmut erweckt. Wie wichtig ist es im gesamten Leben eines Menschen, ob er in der 3. Klasse mal eine kleine Schulhofrangelei hatte? Oder ob der Dreijährige sein Spielzeugauto kaputt gemacht hat? In den allermeisten Fällen kann man sich da ein Jahr später gar nicht mehr daran erinnern, geschweige dass man dem noch als Rentner irgendeine Bedeutung beimessen würde. Und genauso ist es mit großen „Ungerechtigkeiten" dieser Welt aus der Sicht der Unendlichkeit.

In ein paar Hundert Jahren wird der 2. Weltkrieg bei den Geschichtsschülern genau so wenig Emotion hervorrufen wie bei uns, wenn da von einem mittelalterlichen Feldzug gesprochen wurde.

Auch wenn es viele Menschen gar nicht gerne hören, aber die, die am kränksten sind, die Ärmsten, die Unterdrückten, also die, denen es am schlechtesten geht, die sind gedanklich am weitesten von Harmonie und Güte entfernt, egal, ob sie Priester sind oder Verbrecher!

Andersherum sind die, die am gesündesten, am reichsten und am glücklichsten sind, gedanklich am nächsten an Harmonie und Güte dran, egal ob sie Priester oder Verbrecher sind! Das verstehen viele Leute nicht, weil sie ein völlig kaputtes Bild von Gerechtigkeit haben: Der Arme denkt, dass es ungerecht ist, dass der eine so viel und der andere so wenig hat. Der Kranke denkt, es wäre ungerecht, dass er so krank und der andere so gesund ist, obwohl der andere raucht und trinkt. Der Gläubige findet es ungerecht, dass er in die Kirche geht, aber der Gottlose hat immer Glück! Gerechtigkeit aus weltlicher Sicht hat viele Gesichter, eines der Kirche, eines der Moslems, der Armen, der Reichen, der Artigen, der Dreisten. Wenn jemand jede Woche in die Kirche geht und dann plötzlich vom Bus überfahren wird, der Oberdrecksack aus der Abteilung die schönste Frau hat, der Sitzenbleiber in der Schule mit 22 die erste Million macht, die Klassenschlampe den besten Mann bekommt, der Nichtsnutz aus der Nachbarklasse Bürgermeister wird, der stadtbekannte Säufer im Lotto gewinnt, der reiche Steuerhinterzieher nur Bewährung bekommt, und der fette Loser mit dem Schweißgeruch ist ein reicher und bekannter Programmierer. Aber dieser Sinn für Gerechtigkeit ist schon deshalb falsch, weil er eine Art Lobbydenken darstellt. So denkt eben jeder, dass er und Leute seinesgleichen die Guten sind, und natürlich sind sie im Recht. Und du bist gut, weil du dieser Gruppe angehörst. Der andere ist schlecht, weil er einer anderen angehört. Oder du siehst jemanden, der nach außen hin rechtschaffen wirkt, aber arm und krank ist, und du siehst jemanden, von dem du glaubst, er sei unseriös, aber er ist gesund und wohlhabend. Es wäre genauso, als wenn bei einem Boxkampf der mit dem netten Lächeln gegen den mit dem mürrischen Blick verliert, und du nun sagtest, es wäre ungerecht. Ob jemand es zu was bringt, hat nichts mit den scheinbaren Äußerlichkeiten zu tun, genauso wenig mit Meinungen über Richtig oder Falsch. Im wahren Leben gibt es nur eine Gerechtigkeit, und die ist so groß, so unendlich gerecht, weil sie direkt vom Schöpfer kommt! Eine größere Gerechtigkeit als die des Gesetzes der Anziehung kann es nicht geben. Egal, wer du bist, egal, wo du herkommst, egal, welcher Religion du angehörst, auch wenn du gar keiner angehörst oder gar ein Teufelsanbeter bist: **Dir geschieht einzig und allein danach, was du den ganzen Tag denkst!** Aus diesem Denken entsteht dein Glauben und aus diesem deine Realität. Jesus hat es zigmal gesagt. Es ist Hunderte Male niedergeschrieben worden:

Nach deinem Glauben wird dir geschehen!

Jesus hat niemals auch nur mit einem Wort erwähnt, dass du in die Kirche gehen sollst, ebenso wenig Buddha.

Das ist die einzig wahre Gerechtigkeit, dass jedem einzelnen Menschen danach geschieht, wie **er selbst** denkt. Niemand anderer ist nur ansatzweise in der Lage, dir etwas in dein Leben zu packen, was du nicht möchtest. Egal was es ist, der größte Triumph oder die größte Pein: **Du selbst hast es geschaffen!**

Denke darüber nach, solange du willst. Was könnte gerechter sein?

Nun ist es aber nun mal so, dass gerade die Armen oder die Kranken und die Unglücklichen auch am meisten von negativen Emotionen erfüllt sind, Hass und Neid auf alle, denen es besser geht, oder eben Selbstmitleid. Sie glauben, das wäre berechtigt, weil sie selbst sich abplacken und der andere ein Faulpelz ist. Aber du erschaffst eben nicht durch Taten, auch wenn die ganze Welt so redet, es stimmt einfach nicht! Du erschaffst durch deine Gedanken und den daraus resultierenden Glauben. Wenn du natürlich glaubst, du musst schwer arbeiten, um reich zu werden, dann wirst du schwer arbeiten müssen. Nach deinem Glauben wird dir geschehen. Uninspiriertes, freudloses

Handeln ist sozusagen ein Kampf gegen dich selbst. Du hast durch dein Mangeldenken Mangel angezogen, und nun gehst du widerwillig arbeiten, um diesen Mangel wieder zu kompensieren. Das ist bei genauer Betrachtung reichlich naiv, weil du dich damit lebenslang im Kreis drehst und niemals dahin kommst, wo du hin möchtest. Das ist wie das Hamsterrad, warum denkst du nicht einfach an Wohlstand, um diesen dann durch inspiriertes Handeln in dein Leben zu holen? Hört sich doch viel entspannter an, oder?

Als ich vor vielen Jahren in der Finanzbranche gearbeitet habe, sagten mir alle, ich müsse handeln, handeln, handeln und nochmals handeln! Aber diese Form von Handlungen hat mir keine Freude bereitet (Akquise noch und noch), und ich tat es nicht ausreichend, meine Resultate waren natürlich bescheiden, aber die, die es taten, hatten auch keine wesentlich besseren. Ich visualisierte weiter, und es kamen völlig neue Dinge auf mich zu, die mich in einer anderen Branche siebenstellige Jahresumsätze einfahren ließen **und die mir sehr viel Freude bereiteten!** Die, die mir damals sagten, dass man ganz viel handeln müsse, sagten, dass ich Glück gehabt hätte, handeln noch immer uninspiriert und kommen immer noch gerade so über die Runden.

Jeder Mensch bekommt dem Gesetz nach ganz genau das, was er verdient hat, ohne Wenn und Aber. Was zu dir kommt, das ist **deins!** Niemand kann sagen: „Das ist ungerecht, ich will das nicht." Musst du ja auch nicht, erschaffe dir dein Leben ganz genau so, wie du es willst, indem du vorrangig an das denkst, was du willst. Wenn du aber größtenteils dem deine Aufmerksamkeit widmest, was du vermeiden möchtest, dann beklage dich nicht, wenn genau das in dein Leben tritt! Diese Gerechtigkeit ist so groß, weil sie nicht von Gnade oder Willkür anderer Leute abhängig ist, auch nicht von Gnade oder Willkür eines vermeintlich ungerechten Gottes, sondern **buchstäblich nur von dir selbst**, und weil diese Gesetzmäßigkeiten völlig simpel und von jedem durchschaubar sind. Dieses Gesetz ist einfach, klar, deutlich, ohne Wenn und Aber, gerecht und fair. Jeder kann nach diesem Gesetz handeln, unabhängig von Intellekt, Bildung oder sozialer Herkunft; aber du kannst auch nur Nutznießer dieser Gerechtigkeit werden, wenn du sie verstehst. Das ist wie mit einem technischen Gerät oder einer Software, wenn du es nicht verstehst, kannst du es nicht benutzen. Wenn du diese Gerechtigkeit leugnest und weiter hass- und neiderfüllt auf die schaust, denen es ohne große Mühe viel besser geht als dir selbst, und darüber redest, wie ungerecht es ist, dann wirst du diese Ungerechtigkeit spüren, indem dir nach deinem Glauben geschieht. Mit diesen Gedanken wird es dir auf Dauer unmöglich sein, ein Leben zu führen, wie du es dir insgeheim wünschst. Denn diese Ungerechtigkeit gibt es nicht. Der Reiche denkt und glaubt an seinen Reichtum, und der Arme denkt und glaubt an seine Armut.

Nun ist aber hoffentlich jedem klar, dass es sich mit einem hass- und neiderfüllten Ungerechtigkeitsbewusstsein nicht so gut leben lässt, wie mit einem liebevollem „Du hast es verdient"-Gerechtigkeitsbewusstsein. Jeder Mensch hat das verdient, was er bekommt. Mach dir dass zu deiner Lebensformel, und dein Leben wird augenblicklich besser werden! Wenn du jemanden siehst, der ohne Anstrengung alles besitzt, was du als erstrebenswert erachtest, wisse, **ihm geschieht nach seinen Gedanken, nach seinem Glauben.** Und wenn du jemanden siehst, mit dem du ums Verrecken niemals tauschen würdest, suche nicht nach Schuldigen, nicht nach Ausreden, sondern wisse, **dass er das alles ganz alleine durch sein Denken und Glauben so erschaffen hat.**

Wenn du jemanden siehst, der alles hat, was er möchte, aber du glaubst, dass er unrecht handelt, dann verstehe, dass das eine Meinung ist. Unrecht, nach wessen Ansicht? Die des Papstes? Oder die von Politikern einer bestimmten Partei? In einem bestimmten Kulturkreis? Ist das, was er tut, in anderen Ländern oder Religionen auch verboten? Unrecht nach wessen Maßstab?

Genauso gut könnte man Tiere in gute und schlechte einteilen. Der Tiger ist schlecht, weil er groß und mächtig ist, weil er tötet, und das Reh ist gut, weil es das nicht tut.

Aber der Marienkäfer tötet noch viel mehr, als jeder Tiger es je tun wird, und trotzdem wird er als nützlich angesehen? Ach so, er tötet ja nur die Bösen. Aber warum sind die denn die Bösen? Blattläuse töten doch gar nicht, sie essen doch auch nur Blätter wie das Reh! Ach so, sie essen andere Blätter als das Reh, deswegen sind sie böse?

Das kann man drehen und wenden wie man auch immer will, es ist alles eine Frage der Sichtweise.

Egal was auch immer du tust, es gibt Menschen auf dieser Welt, die das verurteilen, was du tust, und andere, die das gut finden, was du tust.

„Es jedem recht getan, ist eine Kunst, die niemand kann."

Sprichwort

Also ist es doch egal, was man tut, man wird immer Befürworter haben und Leute, die kritisieren. Also höre einfach auf dein inneres Gefühl und schere dich nicht darum, was andere sagen.

Wenn du jemanden siehst, dem es sehr gut geht, ist das doch ein sicheres Zeichen dafür, dass er das Richtige tut, dass das Universum es nicht als Unrecht ansieht. Der, dem es sehr schlecht geht, tut ganz offensichtlich das Falsche. Natürlich funktioniert das nur mit dem Verständnis des Gesetzes der Gesetze. Also studiere es, es gibt genug gute Bücher darüber, viele auch schon als Hörbücher fürs Auto.

Das Verständnis dieser Gerechtigkeit macht dich frei! Frei von negativen Gedanken und Gefühlen, und das ist der erste Schritt in Richtung eines wunderbaren Lebens, das wirklich lebenswert ist. Wenn du solch ein wunderbares Leben führst, dann wirst du ständig Glück und Liebe ausstrahlen, und genau damit vermehrst du das Glück und die Liebe in der Welt.

18. Glauben

Du musst ganz fest daran glauben, dann wird es! Wer hat diesen Spruch als Kind nicht gehört? Alle sagen das, auch Ärzte: „Wenn du an die Genesung **glaubst**, dann wirst du gesund."

Bei Erfolgstrainern ist es schon fast ein Mantra, dass man an seinen Erfolg glauben muss. Psychologen und Lehrer sagen, dass man an sich selbst glauben muss. Jesus sagte unzählige Male, dass jedem nach seinem Glauben geschehe. Sie sagen es uns alle, aber niemand, noch nicht einmal Jesus sagte uns, wie wir das anstellen sollen, zu glauben.

Du musst nur daran glauben, und dann wird es dir gelingen! Und das Kind versucht, irgendwelche nicht vorhandenen Muskeln in seinem Gehirn anzuspannen. Die Augen ganz fest zugekniffen, versucht es „zu glauben".

Aber wie macht man das eigentlich – glauben?

Glauben ist eine rein mentale Angelegenheit, also mit irgendetwas zukneifen oder anspannen ist da nichts zu machen. Es ist eigentlich ganz einfach. Glauben entsteht durch häufiges Denken, ein Gedanke, immer und immer wieder gedacht, wird zum Glauben, egal ob dieser Gedanke gut oder schlecht für dich ist. Denke immer wieder daran, dass du etwas tust oder hast, und irgendwann wirst du es tun oder haben! Die Visualisierung schafft Glauben! Warum? Dein Gehirn programmiert sich um, es werden neue Synapsen geschaffen, und dein Unterbewusstsein speichert solche Visualisierungen genauso ab wie reale Ereignisse. Angenommen, das Kind stellt sich jetzt jeden Tag bildlich vor, auf dem Zeugnis die Eins in Mathe zu haben. Durch diese Vision würde sich das Kind selbst verändern, das Gehirn würde umprogrammiert, neue neurale Bahnen würden geschaffen, bestehende würden verschwinden, und langsam, aber sicher hätte das Kind Lust und Ehrgeiz, Mathe zu lernen, und es wäre auch in der Lage, es leichter zu verstehen. Von der „Hardware" betrachtet, haben wir alle das gleiche Gehirn. Ein paar Gramm mehr oder weniger spielen dabei keine entscheidende Rolle, weil der Speicherplatz des Gehirns unendlich ist, es gibt kein gutes oder schlechtes Gedächtnis. Die sind alle gleich! Es kommt nur darauf an, was man sich für Software herunterlädt. Die „Ich kann nicht"- oder „Mathe liegt mir nicht"-Software oder besser die „Natürlich kann ich das"-Software. Umso öfter du sagst: „Mathe liegt mir nicht", umso weniger wird es dir liegen, weil auch in diesem Falle neue Synapsen geschaffen werden, nur in diesem Falle eben die „Mathe ist doof"-Synapsen. Wenn du geduldig dein Endziel visualisierst, wird dein Unterbewusstsein die dafür nötige, bestmögliche Software installieren. Die Synapsen verkabeln sich einfach so, wie du es brauchst, um die Eins auf dem Zeugnis zu bekommen.

Das Gleiche gilt für alle anderen Lebensbereiche auch, egal, ob du deinen Traumkörper erschaffen willst oder materiellen Wohlstand in dein Leben ziehen möchtest. Auch wenn du abnehmen möchtest, visualisiere dein Endziel, denke so oft wie möglich daran, dass du es schon hast. Dein Unterbewusstsein lässt nun deinen Stoffwechsel schneller ablaufen, dein Appetit verändert sich. Plötzlich magst du gerne einen frischen Gemüseteller statt Chips vor dem Fernseher.

Der Grund für jeglichen Jo-Jo-Effekt nach einer Diät ist, dass die betreffende Person eben **nicht an den schlanken Körper denkt**, sondern an das, was sie loswerden wollen. Wenn du täglich an Wohlstand denkst, ist es das Gleiche. Vielleicht hast du auf einmal Ideen, die aus deinem Unbewussten auftauchen und dich zum Wohlstand führen. Wenn du oft an etwas denkst, wirst du es glauben, und nach deinem Glauben wird dir immer geschehen.

Der Glaube ist die größte Komponente in jedweder Gleichung!

Diese Komponente wird meistens aber gar nicht mitgerechnet, weil die Mehrheit der Menschen sämtliche Ursachen im Äußeren sucht.

Die wahre Ursache ist niemals im Äußeren!

Glaube entsteht einzig und allein durch häufiges Denken. Glaube ist die Gewissheit, dass etwas so und nicht anders ist. Glauben ist unvorstellbar mächtig. Glauben ist so mächtig, weil jeder einzelne Gedanke, den wir denken, von diesem Glauben gefärbt ist. Es ist sozusagen eine Daueraussendung einer bestimmten Frequenz. Wir wissen, dass schon durch 10 Minuten intensives Denken am Tag Zustände radikal verändert werden. Arme Menschen können dadurch reich werden, kranke gesund, einsame können gute Gesellschaft finden, schüchterne sehr selbstbewusst werden. Was du glaubst, das sendest du ständig aus! Rund um die Uhr! Weil es dein „Sosein" ist! Du **bist** so. Die gute Nachricht ist, dass eben diese 10 Minuten am Tag ausreichen, um einen felsenfesten Glauben aufzubauen. Das geht nicht von heute auf morgen, aber wenn ein Dicker täglich 10 Minuten visualisiert, dass er etwas schlanker ist, dann wird er es irgendwann glauben und dabei ständig Gewicht verlieren. Angenommen, er wiegt

120 Kilo, dann kann er sich zuerst nicht sofort seinen Idealkörper vorstellen, weil es eben für ihn „unvorstellbar" ist, aber vielleicht kann er sich die 100 Kilo vorstellen, das ist dann der „obere Rand". Wenn er das aber beständig tut, dann wird sich die ganze Sache verschieben, und er wird sich immer weniger Gewicht vorstellen können. Wenn er bei seinem Idealgewicht angekommen ist, wird er es sich gar nicht mehr vorstellen können, dick zu sein. Er wird gar kein Verständnis mehr dafür entwickeln können, wie man überhaupt dick sein kann. Er glaubt jetzt an Schlanksein, etwas anderes ist für ihn noch nicht einmal mehr denkbar. Angenommen, er würde jetzt gerne wieder 120 Kilo wiegen, dann müsste er sich erst wieder Stück für Stück dahin visualisieren.

Es ist eine Wechselwirkung: Je mehr ich etwas denke, umso mehr gleichgeschaltete Gedanken schickt mir das Gesetz der Anziehung.

Jetzt sollte man noch zwei Formen des Glaubens unterscheiden. Obwohl natürlich beides vom Mentalen her betrachtet identisch ist, aber eben nicht vom Praktischen.

1. Den Glauben, der an Handlungen gekoppelt ist. Man könnte als Beispiel nehmen: Wenn jemand durch Erziehung felsenfest daran glaubt, hart arbeiten zu müssen, um reich zu werden, dann wird er hart arbeiten müssen oder eben arm bleiben. Sein Unterbewusstsein wird nur solche Chancen und Möglichkeiten in seinen bewussten Verstand aufsteigen lassen, bei denen er hart arbeiten muss. Reiche Menschen, die er trifft, werden ebenfalls hart gearbeitet haben.

Auch das Befolgen von religiösen oder anderen bestimmten Regeln einer bestimmten Gemeinschaft wäre da zu nennen. Wenn derjenige sämtliche Regeln seiner Religion befolgt, wird er den erwünschten Erfolg verspüren, befolgt er diese Regel nicht immer, bekommt er Schuldgefühle und glaubt, den Erfolg nicht verdient zu haben. Er wird ihn auch nicht haben, weil ihm nach seinem Glauben geschieht. Das ist das Denken, das Jesus „den Götzen dienen" nannte.

2. Den Glauben an das Gesetz der Anziehung, das ja lediglich besagt, dass ich oft positiv an das denken muss, was ich haben will. Also den Glauben an die Macht deiner Gedanken. Dann brauchst du keine Götzen mehr. Diese sind nur unnötiger Ballast. Nun brauche ich weder hart zu arbeiten, noch muss ich irgendwelche sinnlosen Rituale befolgen, um Erfolg zu haben. Auch da wird dir nach deinem Glauben geschehen. Das Gesetz der Anziehung gibt dir immer recht, egal was du glaubst, lass es noch so absurd sein, du wirst recht behalten. Aus deiner Sicht der Dinge wirst du immer recht behalten, wenn die Gedanken von einem unerschütterlichen Glauben getragen werden. Als Beispiel könnte man einen sehr fanatischen Menschen nehmen. Egal ob radikaler Moslem, christlicher Eiferer, ultrarechter Rassist oder linker Autonomer – er wird überall in seiner Meinung bestätigt werden, derjenige schlägt die Zeitung auf, und ihm springt förmlich die Meldung ins Auge, die ihn bestätigt. Wissenschaftler sagen uns, dass jede Sekunde 400 Milliarden Bits Informationen auf uns einstürmen. Aber lediglich 2000 dringen bis in unser Bewusstsein durch. Das ist ein verschwindend geringer Bruchteil, irgendwo bei 0,0000000005 Prozent. Dein Unterbewusstsein blendet kontinuierlich das aus, was nicht deinen Glaubenssätzen entspricht.

Glauben ist eine rein geistige Sache, es sind deine angesammelten

Gedanken. Man kann das gut bei einem Lernprozess beobachten: Wenn das Kind lernt, dass 4 x 4 = 16 ist, so wird es zum Anfang des Prozesses jedes Mal nachrechnen müssen, um auf das Ergebnis zu kommen. Es zählt buchstäblich die vier Vieren zusammen. Es beginnen sich neue neurale Bahnen zu bilden, zuerst noch klein. Wenige Zeit später muss es nur noch kurz nachdenken, um sich das fertige Ergebnis ins Bewusstsein zu holen. Die Bahnen sind zu Straßen geworden. Aber es kommt der Tag, wo das Kind ohne nachzudenken **sofort weiß**, dass das Ergebnis 16 ist, diese Straße ist zu einem Highway geworden. Das Ergebnis ist fest im Unterbewusstsein verankert. Jetzt kann man von Glauben sprechen, viele sagen „auswendig gelernt" dazu, aber im Grunde benennt es dasselbe. Du kannst dem Kind zwar sagen: „Glaube daran, dass 4 x 4 = 16 ist", aber das Kind kann natürlich nicht auf Bestellung etwas glauben, erst wenn es diesen Gedanken unzählige Male gedacht hat, wird Glauben entstehen. Niemand kann auf Bestellung etwas glauben! Genauso gut könnte man Glauben auch mit Liebe vergleichen. Du kannst nicht jemanden auf Bestellung lieben. Liebe geht eher aus einem Prozess hervor. Diesen Prozess leite ich ein, indem ich sehr positiv über diese Person denke. Angenommen, die äußeren Werte wie Aussehen, Alter, Typ usw. passen mit meinem Bild (Glaubenssatz) über meine zukünftige Partnerin zusammen, dann brauche ich eigentlich nur noch ausdauernd positiv über diese Person zu denken, nur das Gute an ihr betrachten und betonen, und ich werde beginnen, sie zu lieben. Wenn die äußeren Werte nicht mit dem Erwünschten übereinstimmen, dann werde ich diesen Menschen auch lieben, nur dass es dann anders aus-

gedrückt wird; weil es eben kein Partner ist, nennen wir es „mögen"
oder „wertschätzen".

So wie es dem Glauben egal ist, was du glaubst, ob dieser Glauben
nun hilfreich für dich ist oder nicht, so ist es auch der Liebe egal, ob
dieser Mensch dich bereichert oder nicht. Selbst wenn der Partner dir
wirklich Schlechtes bringt, wirst du ihn trotzdem lieben, wenn du nur
andauernd positiv über ihn denkst. So wie das Kind auch glauben
würde, dass 4 x 4 =18 ist, wenn du es glaubhaft und ausdauernd
lehrst.

Da heißt es dann oft, sie ist blind vor Liebe, oder er ist zu dumm, um
zu erkennen, aber eigentlich haben sie nur einen Glauben aufgebaut,
den die breite Masse nicht teilt. Manche ruinieren wahrhaftig ihr Leben mit dem falschen Partner, werden körperlich misshandelt und er-
niedrigt, sind vom Glücklichsein Lichtjahre entfernt, trotzdem verteidigen sie ihren Partner, wo immer es geht, suchen die Ursachen für
die Misshandlung nur in ihrem eigenen „falschen Verhalten".

Sie haben durch ständiges positives Denken einen unerschütterlichen
Glauben aufgebaut, dass ihr Partner der einzig wahre ist.

Das führt uns imposant die Macht des Glaubens vor Augen.

Deine Aufgabe ist es, dir diese Macht zunutze zu machen, damit du
dir das Leben erschaffst, das dir lebenswert erscheint. Dazu brauchst
du dir lediglich ein Bild davon zu erschaffen, wie du dir dein Leben
vorstellst, betrachte dieses Bild in deinem Inneren so oft wie möglich
und denke positive Gedanken darüber. Betone das mit einer positiven
Aussage über dein „Traumleben", z. B.:

„Ich weiß ganz genau, dass ich es bekommen werde."

Wenn du das ausdauernd machst, kann keine Macht der Welt verhindern, dass du es bekommst. Meist ist es sinnvoll, dein Ziel für dich zu behalten, weil die meisten Menschen versuchen, dich zu beeinflussen (Warum willst du einen gut aussehenden Mann? Das Äußere ist doch nicht so wichtig!) oder gar runterzuziehen mit ihren negativen Gedanken und Äußerungen (Wie soll denn das gehen? **Du** Abteilungsleiter? Ich lach mich tot!). Mach dir selbst Mut, lies die Erfolgsstorys erfolgreicher Menschen, die aus dem Nichts große Dinge geschaffen haben. Manche Menschen, die offensichtlich keine Chance hatten, haben es schon geschafft, dann schaffst du es natürlich auch!

19. Gibt es einen Gott?

Diese Frage spaltet wohl schon seit ewigen Zeiten die Menschheit. Auf der einen Seite die Kirche, die sagt: „Natürlich gibt es ihn", schließlich hat Moses ihn gesehen, und auf der anderen Seite die herkömmliche Wissenschaft, die meint, wenn sie ihn nicht sehen kann, dann kann es ihn auch nicht geben. Ich finde weder die eine noch die andere Behauptung besonders intelligent. Da aber viele Wissenschaftler für ihre Meinung auf dem Scheiterhaufen gelandet sind, aber kein Priester von den Wissenschaftlern aufgrund seiner Meinung auf den elektrischen Stuhl kam, können wir schon mal festhalten, dass die Religion wesentlich grausamer ist als die Wissenschaft. Einige ganz große Wissenschaftler haben es erkannt: *„Wissenschaft ohne Religion ist lahm, Religion ohne Wissenschaft ist blind"*, sagte uns Albert Einstein. Dann gibt es viele Leute, die behaupten, dass wenn es einen Gott geben würde, die Welt besser wäre. Diese Menschen stellen sich zweifelsohne einen Gott vor, der wie ein mittelalterlicher Herrscher über diese Welt regiert und nur das zulässt, was ihm genehm ist, und den Rest unterbindet. Solch eine Vorstellung mündet in dem Glauben, dass wir nur Marionetten wären, die Gott nach seinem Gutdünken bewegt.

Versuchen wir doch mal, die Wissenschaft bei Seite zu lassen, genauso wie die Religion und jegliche Form von Ideologien. Versuchen wir es einfach mal mit gesundem Verstand, mit Logik: Jeder weiß, dass ein Computer immer nur das kann, was man ihm in Form von Programmen verordnet hat. Wenn ein Computer kein Programm drauf hat, mit dem er Bilder bearbeiten kann, dann kann er es eben nicht. Also: Es muss einen Schöpfer geben, der dem Computer das Programm verordnet hat. In den meisten Fällen hat es der PC schon, wenn du ihn kaufst. Also hat der Computergott Bill Gates oder Steve Jobs dieses so gemacht. Wenden wir diese Analogie doch mal auf die Natur an. Zum Beispiel: Die Schwalbe baut ihr Nest aus Lehm an Haus- oder Felswänden. Die Schwalbe kann nur das, etwas anderes hat sie nicht auf ihrer „Festplatte", sie kann nicht einfach mal sagen: „Guck mal, Schatz, die Elster hat aber ein cooles Nest, oben im Baum, sogar mit einem Dach darüber! Lass uns auch solch ein Nest bauen!"

Nein, sie hat es nicht im Programm, also kann sie es unmöglich realisieren. Man nennt das Instinkt oder angeborenes Verhalten. Nun könnte man fragen, wer hat denn nun dieser Schwalbe dieses Verhaltensmuster oder Programm gegeben? Von den ganz Schlauen ist dann zu hören: „Das hat die Natur so eingerichtet." Da kommt man natürlich zu der nächsten Frage: Wer oder was ist die Natur? Wenn Menschen sagen, sie fahren am Wochenende raus in die Natur, dann heißt das meist, dass da Wald ist und ein See mit Enten drauf. Also, wer genau hat denn nun der Schwalbe das Programm für ihren Nestbau gegeben? War es der Wald? Der See? Oder gar die Enten? Wohl kaum! **Instinkt ist Wissen,** das Tier **weiß** es! Die Schwalbe **weiß,** wie sie ihr Nest bauen muss! Und Wissen kann nur einer Intelligenz entspringen, das ist absolut logisch. Auch das Zusammenwirken einzelner Komponenten der Natur beweist unumstritten die Existenz einer **übergeordneten Intelligenz.** Da die Natur ja ein perfektes Zusammenspiel ist, muss es natürlich einen übergeordneten Intellekt geben. Da ist ja nun nicht einfach ein Hase, der mal eine Amöbe war und sich der Umwelt angepasst hat. Und ein Fuchs, der das auch tat. Dann hätte doch der Hase Stacheln wie der Igel entwickeln müssen, um vom Fuchs nicht mehr gefressen zu werden. Also, wenn sich jedes Tier für sich selbst entwickelt hätte, könnte man keines mehr fressen. Dann würde aber der Fuchs verhungern, oder er wäre zum Vegetarier geworden. Es ist ja auch nicht so, dass der Fuchs jeden Hasen bekommt, er kriegt ihn nur relativ selten, und schon haben wir die natürliche Auslese. Schon wenn man das Wunder einer Blume beobachtet, was da aus einem winzigen Samenkorn entsteht: Blätter wachsen, richten sich nach dem Licht aus wie Sonnensegel, Blüten haben einen betörenden Duft, um Insekten anzulocken.

Schon das Zusammenspiel dieser Komponenten der Natur zeugt von einer übergeordneten Intelligenz, das ist nicht einfach nur Fressen und gefressen werden. Die Blume könnte nicht fortbestehen ohne Insekten, diese nicht ohne Blumen, da das aber weder die Biene noch die Blume wissen, muss es eine übergeordnete Intelligenz geben, die das weiß! Oder guck dir einen Ameisenhaufen an oder einen Bienenstock. Diese Tierchen besitzen keine Intelligenz, dennoch funktionieren diese Staaten perfekt. Jede einzelne Ameise hat den Instinkt für ihre Aufgabe in diesem Staat. Ohne übergeordnete Intelligenz könnte das unmöglich funktionieren! Das ist wie mit einem Videospiel, **es muss jemand programmiert haben, sonst wäre es nicht da!** Nur weil du jetzt diesen Programmierer noch nie gesehen hast, kommst du wohl kaum auf die Idee zu behaupten, das Spiel habe sich selbst programmiert, oder ist eben „irgendwie so" entstanden.

Instinkt ist Wissen, da das Tier selbst diese Intelligenz nicht besitzt, und da alle Tiere einer Art gleich handeln, **muss** es da eine Intelligenz geben, die unserer übergeordnet ist und die Macht hat zu erschaffen. Das ist logisch und unbestritten. Wir kommen einfach nicht darum herum – auch wenn es so manchen an seinem Ego kratzt – zuzugeben, dass da irgendwo eine Intelligenz sein muss, welche die unsere bei Weitem übersteigt, denn diese Intelligenz hat auch uns unsere Instinkte, ohne die wir nicht leben könnten, gegeben. Wohl gemerkt, wir können kein Leben erschaffen, noch nicht mal einen Grashalm können wir bauen! Wir können Gras aussähen und den Rasen mähen, aber einen lebendigen Grashalm kann nur die Natur erschaffen, und das tut sie milliardenfach in jeder Minute. Der Mensch ist so kompliziert, dass wir noch nicht mal verstehen, was da in einem Körper genau vorgeht. Das sind größtenteils Vermutungen. Wenn Menschen versuchen, Roboter zu bauen, die sich wie Menschen bewegen, dann müssen sie passen, das bekommen sie nicht hin. Der einfache Vorgang des Laufens auf zwei Beinen ist selbst bei unserer Technik nicht realisierbar, weil die hochgelehrten, Gott leugnenden Wissenschaftler den Vorgang gar nicht begreifen, der sich im Gehirn abspielt, wenn man läuft, und dieses Laufen ja der Umwelt sowie den eigenen Bedürfnissen angepasst ist. Wenn es bergauf geht, neigst du völlig selbstverständlich deinen Körper anders, völlig mühelos gleichst du dein Tempo deinem Partner an und beugst dich automatisch gegen den Wind, weichst Hindernissen mühelos aus. Hunderte Muskeln spannen sich anders an, wenn der Untergrund glatt ist oder etwa weich, wie ein Strand. Allein dieser Vorgang ist komplizierter als die Mondlandung. Und das ist noch lange nicht das Komplizierteste, zu was Lebewesen fähig sind.

Stell dir vor, jemand baut ein Auto, das, wenn der Tank leer ist, entbehrliche Teile seiner selbst verstoffwechselt, z. B. die Rücksitze oder das Ersatzrad in Benzin umwandelt, um weiterfahren zu können. Beim Tanken kippst du einfach ein paar Liter mehr rein, und neue Rücksitze und ein neues Reserverad werden gebildet. Das hört sich nach Science-Fiction an, passiert aber bei allen Säugetieren ständig, ohne besondere Anstrengung, ohne dass das Individuum überhaupt darüber nachdenken müsste. Oder betrachte das Immunsystem oder das Verarbeiten von äußeren Reizen und die darauf abgestimmten Reflexe oder das Ausschütten von Hormonen und Chemikalien bei Gefahr oder sexueller Stimulation.

Ich glaube, mit etwas menschlicher Reife kann man erkennen, dass es egal ist, wie man diese Intelligenz nennt, ob man Natur dazu sagt oder Gott oder Allah oder das Universum.

Wenn man das Ganze jetzt im Lichte des Gesetzes betrachtet, kommt man ebenso zu dem Schluss, dass es einen Schöpfer geben muss. Ohne Schöpfer keine Schöpfung. Da muss natürlich ein Denker sein, Bewusstsein, das sich das Universum erdacht hat, sonst wäre es nicht da. Und so etwas Kompliziertes wie das Universum oder den Menschen als Zufallsprodukt zu bezeichnen, ist eine blanke Ausgeburt der Ignoranz oder Dummheit oder von beidem.

Stell dir vor, da ist eine riesige Müllkippe, auf der sich „zufällig" eine gewaltige Explosion ereignet; nachdem sich der Staub verzogen hat, steht da ein nagelneues Auto, der Schlüssel steckt, der Motor surrt. Auf deine Frage, wo das Auto denn plötzlich herkommt, erhältst du die Antwort (von einem Physik-Nobelpreisträger), dass der Wagen eben zufällig entstanden ist. Die gewaltige Explosion hat sämtliche Moleküle auseinandergerissen und beim Fallen haben sie sich dann zufällig so zusammengesetzt, dass da dieses schöne Auto entstanden ist. Solch eine Story könnte von Baron Münchhausen persönlich stammen, kein Mensch mit etwas Grips könnte das glauben. Noch nicht einmal einer ohne Grips glaubt das. Ein Auto kann nicht zufällig entstehen, ohne Bauplan, ohne Ingenieure, ohne Arbeiter. Ach ja? Aber ein Mensch, eine Milliarde mal komplizierter als ein Auto, kann das? Ein perfektes Universum auch? Genau genommen entsteht **nichts** zufällig, so simpel es auch sein mag! Wenn du durch den Park gehst und in einem Baum ist ein Herz eingeritzt, und darin stehen zwei Buchstabenpaare mit einem Plus dazwischen, dann weiß jeder vernünftige Mensch, dass noch nicht einmal etwas so Einfaches durch Zufall entsteht. Etwa durch natürliches Wachstum des Baumes, Umwelteinflüsse oder das Mitwirken eines Spechtes oder Borkenkäfers. Oder bei Höhlenzeichnungen, so simpel sie auch sind, würde niemand behaupten, sie seien zufällig entstanden. Es war eine Intelligenz am Werke, das ist unbestritten. Würdest du Höhlenzeichnungen als Zufall abtun, hätten die Wissenschaftler Hunderte stichhaltige Argumente und Beweise, dass das kein Zufall sein kann. Aber sie selbst blicken in den Spiegel und reden von Zufall. Man sagt, die DNA des Menschen ist so komplex, dass sie 1000 Bücher mit 1000 Seiten füllen würde, wenn man sie niederschreiben würde. Wissenschaftler reden von ca. 3,2 Milliarden DNA-Bausteinen pro Körperzelle. Und jeder einzelne „Baustein" muss in der richtigen Reihenfolge sein. Da ist es mit jeglicher Zufallsberechnung völlig unmöglich, dass es sich um einen Zufall handelt. Mathematiker haben errechnet, dass wenn man ein Kartenspiel mit 100 Karten nehmen würde, die von eins bis hundert durchnummeriert sind, diese Karten maschinell mischt, um sie danach aufgedeckt auf den Tisch zu legen, die Wahrscheinlichkeit, dass diese Karten in der richtigen Reihenfolge von 1 bis 100 aufgedeckt würden, so gering wäre, dass 1 Million Menschen das 1 Million Jahre lang tun könnten, und sie hätten noch immer nicht die richtige Reihenfolge. Aber 3,2 Milliarden Zeichen pro Zelle kommen zufällig in die richtige Reihenfolge? Täglich werden Millionen Zellen in jedem Körper neu gebildet. Und jedes Mal wird die komplette DNA fehlerfrei kopiert. Zufällig?

Das ist schon irgendwie merkwürdig, da stellen sich hoch qualifizierte Wissenschaftler hin und reden über den Urknall. Dieser soll sich vor ca. 15 Milliarden Jahren ereignet haben und war über 15 Milliarden Lichtjahre von unserer jetzigen Position entfernt. Darüber wird geredet, als wäre es selbstverständlich, das wird in der Schule gelehrt, als haben die Wissenschaftler das hautnah erlebt und dokumentiert wie das Wetter von gestern. Etwas, das so unglaublich lange her ist und so weit weg, dass es die Vorstellungskraft sprengt, das **kann niemand** genau wissen, das sind lediglich Vermutungen. Die Wissenschaftler wissen noch nicht einmal genau, wie die Pyramiden entstanden sind, wie man Millionen von tonnenschweren Steinquadern absolut, 100 % symmetrisch(!) mit absolut primitiven Werkzeugen(!)

aus dem Stein hauen, weite Strecken transportieren und mit millimetergenauer Präzision übereinanderstapeln konnte, und das alles, bevor überhaupt das Rad erfunden wurde. Da können sie hinfahren, alles vermessen, berühren, dran riechen und, wenn sie möchten, sogar noch daran lecken und trotzdem gibt es da nur Vermutungen. Aber der Urknall wird faktisch als Tatsache behandelt, die infrage zu stellen schon fast ketzerisch wäre.

Ich möchte ihn auch nicht infrage stellen, sondern eben nur betonen, dass ein Ereignis, das einen unglaublich komplizierten Schaffensprozess nach sich zieht, auch eine Ursache und einen Plan haben muss. Wie bei dem eben genannten Auto: Natürlich kann es entstehen, aber eben nicht durch Zufall. Da sind die Visionen von Gottfried Daimler und Henry Ford, deren Glauben, ihr Durchhaltevermögen, ihre Intelligenz, da ist die Kunst der Ingenieure genauso wie der Schweiß der Arbeiter, jahrzehntelange Erfahrung, Fehlschläge, Flops, aus denen gelernt wurde. Wenn du heute einen modernen Mercedes untersuchst, wirst du das eben Betonte nicht finden können, aber dennoch sind diese Dinge der **wahre Grund**, warum dieser Mercedes jetzt hier steht. Alles, was irgendwie einen Sinn hat, eine Funktion erfüllt, mit anderen interagiert, kann niemals zufällig entstanden sein. Zufall nennt der Unwissende Dinge oder Ereignisse, deren Ursache er nicht erkennen kann. Die Urknall-Theorie beschreibt, wie das Universum entstanden sein könnte, aber nicht warum. Zu dem „Warum" muss man immer den Bauherren befragen, das wissen auch die Ingenieure, technischen Zeichner und Arbeiter nicht immer genau. Aber genau dieser Bauherr wird von der Wissenschaft und von sehr vielen Menschen verleugnet.

Zugegeben, das Wort „Gott" ist von der Kirche, der Philosophie und religiösen Eiferern reichlich missbraucht worden, sodass es schon bei vielen eine Phobie auslöst. Was da nicht alles dem Schöpfer nachgesagt wurde, was er als richtig und falsch erachtet und wofür er angeblich belobigt und bestraft. Wäre Gott, wie er immer dargestellt wird, ein Mensch, wäre er ein unberechenbarer, grausamer, ungerechter, launischer, inkonsequenter, korrupter, inkompetenter, kleinlicher, spießiger humorloser und dummer Tyrann. Man kann aber aufgrund dessen, was geschaffen wurde, erkennen, dass er das gerade nicht ist. Alles, was darauf hindeutet, dass die Welt ungerecht sei oder dass er Vorschriften erlassen habe, die uns nicht gefallen, ist nur von Menschen, die das Gesetz nicht verstehen, fehlinterpretiert worden. Ohne einen Schöpfer hätten wir kein Universum, ohne einen Schöpfer hätten wir keine Naturgesetze, hätten wir keine Reflexe, keine Umwelt usw. Jegliches, die Welt und das Universum, auf irgendwelche mysteriösen Zufälle zu reduzieren, ist einfach nur einem Mangel an ideologiefreiem Denken zuzuordnen. Würde der ideologische, weltliche und religiöse Ballast abgeworfen, würde jeder auch nur halbwegs intelligente Mensch sofort erkennen, ohne groß sein Gehirn zu malträtieren, dass es **selbstverständlich** eine übergeordnete Intelligenz geben muss, etwas anderes ist einfach nicht möglich. Der große Physiker Stephen Hawking will Beweise für ein Universum ohne Gott präsentieren, also eines, das nur durch Zufall zu dem geworden ist, was es ist, inklusive uns selbst. Genauso gut könnte er beweisen, dass sein Hightech-Rollstuhl, der es ihm ermöglicht, ihn mit seinen Pupillen zu steuern, auch nur durch Zufall entstanden ist. Komischerweise würden solche Beweise, dass ein technisches Gerät durch Zufall entstanden ist, von sämtlichen Wissenschaftlern der Welt als völlig absurd zurückgewiesen werden. An diesem Beispiel kann man erkennen, wie sehr Meinung, Ideologie und anerzogener Glaube den gesunden Menschenverstand untergraben. Denn genau genommen ist auch der Mensch eine biologische Maschine, wenn auch unendlich komplizierter als eben genannter Rollstuhl, so kompliziert, dass davon, ihn zu erschaffen, höchstens in Science-Fiction geträumt wird, dennoch wird dabei von Zufall gesprochen, was bei dem Rollstuhl als Absurdum gilt.

20. Religionen

Der Schöpfer hat mit dem Universum ein in sich selbst abgeschlossenes System erschaffen, das durch die Naturgesetze ohne Eingriff von außen perfekt funktioniert. Aber nicht nur das Universum als Ganzes, sondern auch seine Einzelkomponenten, wie Galaxien, Planetensysteme oder noch weiter gedacht, die Sonne, die Erde, die Natur, der ewige Kreislauf des Wassers, die Nahrungskette, jede Pflanze, jedes Tier, der Mensch, alles greift perfekt ineinander.

Damit alles perfekt funktioniert und ineinandergreifen kann, wurden vom Schöpfer die Naturgesetze gemacht, denen dann sämtliche Bewegungen, sämtliches Werden und Vergehen unterliegen. Das ist absolut perfekt, da gibt es auf jede Eventualität, auf jede Frage eine Antwort. Tiere haben einen Instinkt, werden also durch höhere Fügung geführt. Da der Mensch diese Führung nur bei den Überlebensinstinkten hat, ist es nur logisch, dass er das Leben, das er führen möchte, selbst bestimmen kann.

Und nun treten Religionsführer auf und wollen dir erzählen, dass da ein alter Mann im Himmel sitzt, der vor über 2000 Jahren Regeln aufgestellt hat, nach denen wir leben sollen oder eben eine heftige Bestrafung auf uns zögen.

Wenn du heute irgendwo hingingest und erzähltest, du hast das Wort Gottes gehört, würdest du der Blasphemie bezichtigt. Würdest du sagen, da hat ein Busch gebrannt, der dabei nicht verzehrt wurde, würden sie dich zum Drogentest schicken. Warum wird eigentlich davon ausgegangen, dass Gott nur einmal zu uns spricht? Ganz einfach,
168

weil es für die Kirche nur eine Wahrheit geben darf, und diese hat mit dem Schöpfer nicht viel zu tun.

Genau genommen haben Gott und sämtliche Religionen nichts miteinander zu tun. Das Prinzip der Religionen beruht nicht auf Liebe, sondern auf Angst vor Strafe, auf Angst vor Verdammnis. Sie reden uns Schuld und Sünde ein statt Harmonie und Liebe.

Weiterhin basiert es auf hündischer Unterwürfigkeit. Stell dir vor, du bist ein Chef, und ein Angestellter würde auf Knien vor dir rutschen und den Boden küssen, auf dem du gelaufen bist, während er dir seinen Urlaubsantrag oder den Wunsch nach mehr Lohn überbringt. Jeder Mensch mit einem halbwegs intakten Selbstwertgefühl wäre davon zutiefst angewidert und würde diesem Arbeiter eine Therapie empfehlen. Nur Menschen mit absolut beschränkter Intelligenz und sehr, sehr geringem Selbstwertgefühl wären davon beeindruckt.

Seid doch mal ehrlich, das Gottesbild, nach dem da ein alter Mann im Himmel sitzt und Belobigung und Strafe, Glück und Pech willkürlich verteilt und möchte, dass die Menschen vor ihm im Staube kriechen, ist doch einfach nur von tyrannischen, unterbelichteten Menschen abgeleitet. Warum sollte Gott, der Allmächtige, eigentlich alt sein? Er würde sich doch vielmehr jung und schön und voll im Saft präsentieren und nicht als ergrauter Greis.

Die Moslems sagen, im Koran steht das unverfälschte Wort Gottes, das Mohammed empfangen hat. Das Gleiche behauptet die christliche Kirche, nur dass Moses es schon 600 Jahre früher bekommen hat. Neal Donald Walsch bekam es dann in den 90ern des letzten Jahrhunderts, und tausende Sektenführer bekamen es zu allen Zeiten.

Schon alleine die Vielfalt der Religionen, deren Strömungen und deren widersprüchliche Aussagen lassen erkennen, dass ja da etwas nicht stimmen kann. Angenommen, es wäre wirklich so, dass Gott möchte, dass alle Menschen nach bestimmten Regeln leben, dann hätte er doch wohl allen dasselbe gesagt, hätte er für jeden Einzelnen besondere Vorschriften, dann würde er sie auch jedem Einzelnen mitteilen, das ist einfach nur logisch!

Den einen Menschen bestraft Gott, wenn er Schweinefleisch isst, den anderen, wenn er eine Kuh verspeist, der nächste, so möchte Gott, soll das Tier auf eine bestimmte Art und Weise töten, bevor er es verspeisen darf, der nächste wiederum darf alles essen, außer an bestimmten Tagen und alles in Maßen, wieder ein anderer darf alles essen, ohne Begrenzungen. Mit dem Sex ist es ähnlich gelagert, der eine, befindet der Herr, darf mehrere Frauen gleichzeitig haben, was bei dem anderen als Sünde gilt, die meisten dürfen Sex haben, wenn ein Beamter eines beliebigen Staates eine Urkunde unterzeichnet hat, meistens aber nur, um Kinder zu zeugen.

Wenn du es mal anders machst, als der Herr es erlaubt hat, kommst du natürlich in die Hölle, es sei denn, du gehst zur Beichte, dann wird dir der liebende Vater vergeben! Du kannst natürlich auch einen Ablassbrief kaufen, auch dann wird dir das Fegefeuer erlassen.

Dein Sohn baut Scheiße, wenn er sagt „Sorry Dad" oder dir 5,- € gibt, dann nimmst du ihn in den Arm, deinen geliebten Sohn. Sagt er das nicht und gibt dir auch kein Geld, überschüttest du ihn mit Benzin und zündest ihn an, deinen geliebten Sohn.

Das ist nicht nur schizophren, das ist einfach nur lächerlich und völlig absurd.

Was da von Religionsführern verbreitet wird, ist hanebüchener Unsinn; das ist die wahre Blasphemie, das ist schlimmer als zu sagen: „Es gibt keinen Gott!"

Wenn ein Arbeitgeber seinen Angestellten nur das bezahlt, was zum Überleben unbedingt nötig ist, und ihnen erzählen würde, dass nach ihrem Tode das Paradies auf sie warte, mit den ganzen Gehaltsschecks der letzten Jahre, dann könnte er lange auf Menschen warten, die so dumm wären, für ihn zu arbeiten! Niemand wäre so blöd!

Aber genau das sagen die meisten Religionen dieser Welt. Du musst dies und jenes tun, die Belohnung dafür erhältst du nach deinem Tode.

Dass man Lohn oder Strafe für Sünden erst nach dem Tode erhalten soll, unterstreicht den großen Einfallsreichtum der Menschen sowie auch deren grenzenlose Dummheit.

Nach dem Motto: Wenn ich eine Lüge, egal wie groß, nur lange genug wiederhole, dann wird sie geglaubt!

Meine Gedanken erschaffen mein Leben!

Ja, das ist die „göttliche Erschaffungsmaschine", unsere Gedanken!

Religiöse Leute geben die Verantwortung gerne an Gott ab, Gott wird es schon richten, Gott hat mich geprüft, Gott weiß am besten, was gut für mich ist, wenn es Gottes Wille ist usw. Genau genommen wird dort wieder eine Verantwortung delegiert an übermächtige Verantwortungsträger, die es nicht gibt. Denn der Schöpfer hat diese Verantwortung für dein Leben in deine eigenen Hände gelegt. Er hat dir die hundertprozentige Freiheit gegeben. Warum sollte er dir Wünsche geben, um dir dann zu sagen, dass du diese nicht leben darfst? Das wäre grausam, dumm und völlig nutzlos, **niemand** hätte etwas davon.

„Die religiösen Systeme dieser Welt sind zur Hauptsache durch Menschen ausgearbeitet worden, die weder vollkommen selbstlos noch erleuchtet waren."
Aldous Huxley

Warum kann man nicht einfach an Gott glauben, ohne Religion? Ohne zu sagen, ich bin Christ, oder ich bin Moslem oder Jude oder was auch immer? Einfach nur, ich glaube, dass das Universum und dessen Gesetze und auch wir selbst durch eine höhere Intelligenz erschaffen wurden. Man könnte den Namen „Gott" benutzen oder auch einen beliebigen anderen. Würdest du diese Frage stellen, dem Priester, Rabbi usw., würde dir jede Religion ihre Vorzüge nennen, dir sagen, warum sie die einzig Wahren sind, die einen Absolutheitsanspruch haben.

Die meisten Religionen lehnen das Gesetz der Anziehung natürlich strikt ab, weil sie schließlich die Kontrolle über die Menschen haben wollen. Die Erkenntnis vom Gesetz der Resonanz macht die Religionen überflüssig.

Ich greife die Kirche nicht an, auch sie ist im Rahmen des Gesetzes entstanden. Alles ist so entstanden, sämtliche Machtgefüge. Da konzentrierten sich wenige Menschen darauf, Macht auszuüben, und viele darauf, machtlos zu sein. Das Gesetz der Gesetze hat jeden nach seinem Glauben bedacht.

Wenn du keine oder wenig Macht hast, dann denke häufig an Macht, lobe Macht, liebe Macht, und das Gesetz wird dir auf Wegen, die dir genehm sind, Macht bringen. Wenn du weiterhin mit schlechten Gefühlen an Machtlosigkeit denkst, Macht negierst, Macht kritisierst, Macht hasst, wird dir das Gesetz auf Wegen, die dir unangenehm sind, Macht der anderen bringen.

21. Habe ich alles in meinem Leben selbst erschaffen?

Ja, hast du! Man kann das Gesetz nicht relativieren, die Manifestationen deiner Gedanken werden auch durch andere Menschen zu dir gebracht, was den Eindruck erwecken könnte, diese Menschen seien dafür verantwortlich. Aber das ist genauso wie mit der Post. Der Postbote ist auch nicht dafür verantwortlich, was er uns da bringt, er macht nur seinen Job, oder würdest du den Postboten verprügeln, wenn er dir eine böse Mahnung bringt?

Niemand würde die Gravitation relativieren, nur weil einem Menschen dadurch Unheil geschah. Wenn jemand nun das Gesetz der Anziehung kennt und sagt, dass jeder alles selbst angezogen haben muss, warum beginnt er dann zu relativieren, nur weil es sich um etwas handelt, was er als äußerst übel einstuft?

Z. B. eine Vergewaltigung, natürlich ist das widerlich, natürlich ist man geneigt, dem Opfer Trost zuzusprechen und ihm nicht die Verantwortung aufzubürden. Das sollte man aus Nächstenliebe auch tun, dennoch ist es so:

Was in dein Leben kommt, muss von dir verursacht sein!

Auch da ist es nun mal so, eben Gesetz. Das hat nichts mit Moral zu tun. Es hat sich in der Gesellschaft so eingebürgert, anderen die Schuld zu geben, das ist nahezu schon zum Volkssport geworden. Aber du solltest dich fragen, was du davon hast, anderen die Verantwortung zu geben. Außer dass du damit täglich deine Ohnmacht beteuerst und allen möglichen Leuten Macht gibst, um dich dann wieder darüber zu beklagen, dass diese Leute die Macht haben, hast du überhaupt nichts davon. Akzeptiere es, im Guten wie im Bösen, dass du für **jede einzelne Begebenheit in deinem Leben**, egal wie klein und unbedeutend sie ist, selbst verantwortlich bist, du hast es selbst kreiert! Dein Leben ist kaum zu ertragen? Ein sicheres Zeichen dafür, dass du größtenteils unerträgliche Gedanken denkst. Wissenschaftler haben herausgefunden, dass unsere DNA ständig Signale aussendet. Das, was deine DNA ausstrahlt, das kann auch nur wieder zu dir zurückkehren, weil nur du diesen genetischen Code hast, was im Klartext heißt: **Nur du kannst in deinem Leben erschaffen. Und egal, was es ist, egal, wie grausam es ist, du hast es selbst erschaffen!** Menschen akzeptieren das immer nur bis zu einem gewissen Grade, wenn es dann um die wirklich herben Sachen geht, wie z.B. eine vergewaltigte Frau oder einen Mord, heißt es ganz schnell, „Aber das ist ja was anderes". Nein, es ist nichts anderes, das Gesetz der Anziehung ist absolut verlässlich, und deshalb bist du selbst für alles verantwortlich, was in deinem Leben geschieht. Auch die übelsten Begebenheiten haben eine Schwingung, alles hat eine Schwingung. Das gesamte Universum besteht aus Schwingungen. Deine Schwingung ist die, die du durch dein gewohnheitsmäßiges Denken ausstrahlst, und genau diese Schwingung kommt wieder zu dir zurück in Form von Begebenheiten, anderen Menschen, Dingen, Zuständen oder was auch immer. Wenn du also eine wirklich sehr negative, grauenvolle Erfahrung machst, dann hast du auch das selbst angezogen, das ist nun mal Gesetz.

Wenn du das bei Extremsituation wie Vergewaltigung ablehnst, schreibst du dieses dem Zufall zu oder der Bösartigkeit anderer Menschen, und damit gibst du anderen Personen Macht! Wenn du glaubst, dass dir so was unmöglich passieren kann, weil du an so was nicht denkst, dann kann es dir auch nicht passieren! So etwas kann nur dann in dein Leben treten, wenn du Glaubenssätze vertrittst, dass man zur falschen Zeit am falschen Ort sein kann, also dem Zufall Macht einräumst. Und schon bist du selbst machtlos und fühlst dich ohnmächtig, und genau jetzt kann es dir passieren, aber du hast es nur durch deine Geisteshaltung angezogen. Die gute Nachricht ist, dass der Schöpfer dir die absolute Gedankenfreiheit gegeben hat! Nur du entscheidest, was du denkst, also entscheidest nur du, wie du dich fühlst und welche Ereignisse und Personen in dein Leben kommen. Die meisten Menschen beklagen sich und wissen gar nicht, dass sie sich letzten Endes über sich selbst beklagen, weil das, was da in ihr Leben kommt, von ihnen selbst angezogen wurde. Wenn man es genau betrachtet, dann wird sämtliche Kritik völlig lächerlich, schließlich kritisierst du da gerade die Manifestationen deiner eigenen Gedanken, denn ausschließlich diese können in dein Leben treten.

Das Einzige, was du tun solltest, um ein wunderbares Leben zu führen, ist, deinen Fokus so oft wie nur möglich darauf zu richten, was du als „erwünscht" betrachtest. Als Folge wird immer mehr von dem Erwünschten in dein Leben strömen, und das Unerwünschte wird mangels Aufmerksamkeit deinerseits einfach verkümmern und immer weniger werden.

Das heißt im Umkehrschluss aber auch, dass andere Menschen dir gar nicht helfen können! Wenn dir jemand hilft, dann musst du selbst diese Hilfe angezogen haben, sonst wäre sie nicht da. Das sieht man gut an armen Ländern. Da fließen Milliarden an Entwicklungshilfe, und trotzdem verhungern dort ihre Kinder. Die Menschen dort gehen auf in ihrer Opferrolle. Sie denken an Armut und leben sie auch, egal wie viel Geld da hin transferiert wird. Es sind immer nur **deine** Gedanken, die etwas für **dich** bewirken. Es spielt für dich nicht die geringste Rolle, was andere Menschen denken, sagen oder tun – wenn **du** dich nicht darum scherst, haben die Gedanken anderer nicht den mindesten Einfluss auf dein Leben! Denke an das, was du erleben willst, **und du wirst es erleben.** Wenn du deine Zeit natürlich damit verschwendest, dich über andere Menschen und ihre Schöpfungen aufzuregen und zu kritisieren, was sie sich erschaffen haben, dann vergiss deine Träume. So kannst du sie niemals erlangen! Heute im Informationszeitalter kann sich auch keiner mehr hinstellen und sagen:

„Das hab ich nicht gewusst!"

Dieses Wissen ist ständig überall verfügbar.

22. Aber was ist mit ganz offensichtlichen Dingen?

Ja, da gehen wir ans Eingemachte. Diese „ganz offensichtlichen Dinge" sind eben gar nicht so offensichtlich, wie man denkt. Kennst du das bei einem Thriller, wenn du am Anfang hundertprozentig davon überzeugt bist, den Mörder zu kennen? Am Ende weißt du aber, dass er sogar der Gute war, der versuchte, das Verbrechen zu verhindern? Was brachte dich dazu, deine Sichtweise zu ändern? Es war eine höhere Perspektive, aus der du die Sache betrachtet hast. Zum Anfang gab dir der Regisseur eine einseitige Perspektive, die er dann im Laufe des Films immer weiter ausbaute, bis du am Schluss eine umfassende Perspektive hattest. Das Verständnis des Gesetzes der Anziehung gibt dir die höchstmögliche Perspektive, aus der ein Mensch etwas betrachten kann, weil es dort ansetzt, wo alles beginnt. Offensichtlich ist immer nur das, von dem du weißt, und dann ist es nur für dich offensichtlich. Für einen anderen mit einer anderen Perspektive ist etwas anderes offensichtlich. Es ist eben dann nur eine Meinung; genau das passiert, wenn sich zwei Personen streiten, jeder hat seine eigene Perspektive. Wenn du das Gesetz der Anziehung kennst, und es aufrichtig liebst, dann weißt du, wie das zu dir kommt, was zu dir kommt. Und wenn du nun auf der Hauptstraße fährst, und der Autofahrer aus der Nebenstraße rammt dich, ist es offensichtlich, dass er die Schuld trägt. Im Sinne der Straßenverkehrsordnung ist das tatsächlich so. Aber als bewusster Schöpfer deiner Realität weißt du, dass ihr beide die Verantwortung für diese Situation tragt. Für die Unannehmlichkeiten, die dadurch zu dir kommen, trägst du sie ganz alleine, für die Unannehmlichkeiten des anderen ist er ganz allein verantwortlich. Das Gesetz der Anziehung hat euch zusammengeführt, damit jeder erhält, was er geistig erzeugt hat! Und wenn es dich noch so sehr abnervt, was in dein Leben tritt, das hast du selbst angezogen. Etwas anderes ist nicht möglich, das Gesetz irrt sich niemals, macht keinerlei Ausnahme. Es ist nicht barmherzig, es ist nicht schlecht, es ist einfach. Es ist immer und zu jeder Zeit aktiv und bringt dir mit mathematischer Genauigkeit die Inhalte deines Denkens in dein Leben. Das gilt natürlich auch für Situationen, in denen der „Schuldige" durch die weltlichen Verordnungen nicht du selbst bist; selbst wenn man dich als Opfer betrachtet, bist du genauso der Täter, ihr seid **beide** die Schöpfer dieser Situation!

Mal angenommen, da wird jemand überfallen und körperlich so übel dabei zugerichtet, dass er bleibende körperliche und seelische Schäden behält. Der Täter kommt mit Bewährung davon. Selbst wenn es aus weltlicher Sicht nach schreiender Ungerechtigkeit aussieht, ist es dennoch wunderbar gerecht. Das „Opfer" hat genau das bekommen, was es selbst verursacht hat, und der „Täter" auch. Des „Opfers" Weltbild könnte so ausgesehen haben: Heutzutage musst du aufpassen; die Straßen sind nicht mehr sicher; man kann zur falschen Zeit am falschen Ort sein; wenn man Pech hat; die Polizei ist nie da, wenn man sie braucht; die Gerichtsbarkeit in diesem Land ist viel zu lasch; die meisten Täter kommen mit einem blauen Auge davon; in der heutigen Zeit ist nichts mehr sicher; man ist hilflos, wenn man angegriffen wird; der Ehrliche ist der Dumme; nur mit Ellenbogen und Betrug kommt man weiter; früher gab es so etwas nicht; die Kriminalität nimmt ständig zu; das Leben ist nicht fair usw. Diese geistige Einstellung wird nun durch diesen Vorfall bestätigt und zementiert. Er hatte es ja schon immer gewusst, ihm ist nach seinem Glauben geschehen. Das Gesetz der Anziehung hat ihm recht gegeben. **Das Gesetz der Anziehung gibt dir immer recht!** Und das ist das, was er nicht weiß, dass wenn er anders gedacht hätte, er ein anderes Weltbild haben und damit völlig andere Erfahrungen in sein Leben ziehen würde. Dieses Beispiel könnte man jetzt weiter vertiefen, hin zu den abscheulichsten Verbrechen, wo hilflosen alten Frauen Gewalt angetan wird, oder zu abartigen Dingen wie Vergewaltigung oder Folter, wo sich jedem gesunden Menschen mit einem halbwegs intakten Gerechtigkeitsbewusstsein der Magen umdreht.

Dennoch gilt unumstößlich: **Was in dein Leben kommt, ist von dir selbst verursacht!** Der andere ist lediglich wie ein Postbote zu betrachten, der dir dein Paket gebracht hat. Das Gesetz bringt dir immer deins. Es gibt keine Opfer, es gibt nur Schöpfer. Ich weiß, das ist sehr weit ab vom Mainstream und noch weiter vom politisch Korrekten, aber dennoch ist es wahrhaftig, auch wenn es nicht populär ist. Zu groß ist das Bedürfnis vieler Menschen, das Opfer zu sein, nur wenige sind gewillt, Verantwortung für ihr Leben zu übernehmen. Das kann man diesen Menschen auch gar nicht verübeln. Sie wurden so erzogen, so von der Gesellschaft geprägt, dass sie kaum in der Lage sind, etwas anderes zu denken.

23. Kann man bekommen, was man nicht bestellt hat?

Grundsätzlich: Nein! Niemals bekommt jemand etwas, was er nicht bestellt hat!

Natürlich muss man sich darüber im Klaren sein, was es bedeutet, etwas zu bestellen.

Einfach ausgedrückt: Du bestellst das in dein Leben, dem du deine Aufmerksamkeit widmest. Dinge, Personen oder Ereignisse, denen du viel Aufmerksamkeit widmest, werden in dein Leben kommen und dort solange verweilen – dich erfreuen oder quälen –, bis du ihnen keine Beachtung mehr schenkst. Wenn man von Beachtung schenken spricht, so ist das völlig wörtlich zu nehmen! Du **schenkst** Beachtung. Schenken ist eine Leistung, die nicht auf Gegenleistung beruht. Du kannst also nicht sagen: „Ich musste es ja beachten". Nein, du hättest deine Aufmerksamkeit auch anderen Dingen widmen können. Und wenn etwas so stark in dein Leben tritt, dass man um eine Beachtung nicht mehr herumkommt, dann sollte man daran denken, dass es erst durch ständige Beachtung so groß werden konnte.

Dinge, denen du **keine** Aufmerksamkeit widmest, können nicht in dein Leben treten! Das ist Gesetz. Da kann jemand tausendmal sagen: „Ich habe doch gar nicht daran gedacht". **Doch**, hast du. Bewusst oder unbewusst hast du daran gedacht, sonst könnte es niemals zu dir kommen. Vielleicht hast du es bei einer Freundin gesehen, dass ihr Mann sie betrogen hat, dadurch könnte bei dir die unbewusste Angst entstehen, dass auch dir so etwas widerfahren kann. Genauso gut könntest du es aber vehement verneinen, dass so etwas auch zu dir kommen kann, indem du dich immer wieder auf die Treue und das hohe Niveau und die notorische Ehrlichkeit und Verlässlichkeit deines Partners konzentrierst.

Das Problem ist, dass viele ihre unbewussten Gedanken gar nicht kennen und sich auch selbst nicht die nötige Rechenschaft darüber ablegen, was in ihrem Unterbewusstsein gespeichert ist.

Angenommen, ein kleines Mädchen hört ständig von ihrer Mutter Sprüche wie: „Alle Männer in einen Sack und dann mit dem Knüppel drauf, triffst immer den Richtigen!"

Natürlich ist diese Mutter geschieden und enttäuscht von der Männerwelt, und das bringt sie ihrer Tochter in jahrelanger Kleinarbeit bei. Sie wird – gerade wenn sie in die Pubertät kommt – ständig hören, dass sie aufpassen muss bei den Männern, dass alle nur das Eine wollen, dass die alle lügen und betrügen. Selbst wenn sie einen richtig guten Mann kennenlernt, einen wahren Bilderbuchehemann, muss sie sich ständig von der Mutter anhören, dass der später sein wahres Gesicht schon noch zeigen wird, dass er ihr ja nur etwas vorspielt, um sie einzulullen usw. Mit ständigem Misstrauen und Verdächtigungen wird sie diesen tollen Mann schnell in die Flucht jagen! Selbst wenn sie eine glückliche Partnerschaft sieht, vielleicht bei einer Kollegin, wird sie argumentieren, dass das vermutlich nur nach außen hin so ist, nur so zum Schein. Dieses kleine Mädchen wird zur Frau und ist völlig belastet von negativen Glaubenssätzen gegenüber den Männern und völlig desillusioniert gegenüber Partnerschaft, Liebe und Romantik. Diese junge Frau wird – wenn sie nicht irgendwann radikal im Denken umschwenkt – genauso viel Enttäuschung erfahren wie ihre Mutter. Wie ein Magnet wird sie genau diese Männer anziehen, vor denen ihre Mutter sie gewarnt hat. Und dann heißt es: „Hab ich dir doch gleich gesagt, hättest du mal auf deine Mutter gehört!" Sie weiß aber gar nicht, dass sie negativ geprägt ist; wenn du sie damit konfrontierst, wird sie argumentieren, dass sie nur Realist ist. Das Gesetz hat natürlich Menschen in ihr Leben gebracht, die eine ähnliche Einstellung haben und die sie in der Richtigkeit ihrer Gedanken bestätigen. So werden auch ihre Freundinnen und Lieblingskolleginnen eine ähnliche Meinung über Männer vertreten.

Erklärst du ihr das Gesetz, wird sie es leugnen, mit den Worten, dass sie wirklich einen tollen Mann wollte! Und wie gesagt, sie ist nur Realist, das sind eben die Tatsachen, die sie da betrachtet. Ja, sie wollte ihn wirklich, den tollen Mann, aber ihre unbewusste Prägung, die sie nie hinterfragt hat, hat ihr die Männer gebracht, die sie gerade **nicht** haben wollte. **Sie selbst** hat den Dingen Aufmerksamkeit geschenkt, die sie **nicht wollte**. Ja, sie ist Realist, aber es ist **ihre Realität**, die sie betrachtet, und **ihr Erleben** hat sie eben durch **ihr Denken** selbst erschaffen! Sie hat diese Realität ja schon betrachtet, als es noch gar nicht ihre Wirklichkeit war! Sie hat das betrachtet, was die Mutter ihr suggeriert hat. Dadurch ist es überhaupt erst zu **ihrem Erleben** geworden! Durch ihr eigenes Verhalten, was auf ihr negatives Denken zurückführt, hat sie gute Männer vergrault und die nicht so guten eingeladen.

Wie Charles Haanel sehr passend sagte:

„Das Gesetz der Anziehung bringt dir immer nur dein Eigenes!"

Dann gibt es noch diese „scheinbaren Positivdenker". Sie glauben, wie wunderbar positiv sie sind, und behaupten dann, dass manche schlechten Begebenheiten einfach notwendig sind. Das ist aber nicht richtig. Als Beispiel: Ein Mann hat einen Autounfall, bei dem er schwer verletzt wird. Er kommt ins Krankenhaus, freundet sich mit der Krankenschwester an und nimmt sie später zur Frau. Nun erzählt er jedem, der es wissen will, und auch denen, die es nicht wissen wollen, dass dieser Unfall notwendig war, um seine Frau kennenzulernen. Aber das ist nicht richtig. Er hat beides in seinem Kopf gehabt, die Frau und den Unfall, das Gesetz der Anziehung hat diese beiden Ereignisse einfach zusammengelegt. Hätte er den Unfall nicht in seinem Denken gehabt, dann hätte er genau dieselbe Frau eben beim Einkaufen kennengelernt. Sie wäre ihm versehentlich mit dem Einkaufswagen in die Hacken gefahren oder beim Friseur oder buchstäblich auf der Straße. Dem einen reißt die Einkaufstüte, der andere ist hilfsbereit. Das Gesetz der Anziehung bringt immer alles zueinander.

Ich hatte da persönlich mal solch ein Schlüsselerlebnis, ich verkaufte damals Versicherungen, also gelang es mir, für den nagelneuen geleasten Alfa Romeo nur eine Haftpflicht abzuschließen. Normalerweise ist das nicht möglich, da ich aber das Gesetz bereits studierte, gelang es mir.

Durch das Studium der Gesetze und guten Affirmationen wusste ich aber auch, dass mir niemals etwas Schlimmes passieren konnte. Aber ich machte mir nun über einen längeren Zeitraum Sorgen um mein

Auto, weil es keine Vollkasko hatte. Was wäre, wenn jemand rein-fährt, während er parkt, und dann Fahrerflucht begeht? Oder ich baue selbst einen Unfall usw. Also versuchte ich immer, ihn so abzustel-len, dass das nicht möglich war.

Es kam, wie es kommen musste. Ich fuhr mit 220 km/h auf der Auto-bahn, als ein Kleinwagen vor einem LKW mit ca. 100 km/h raus fuhr. Ich hatte zwei Möglichkeiten, hinten auf ihn rauf oder irgend-wie vorbei, wo es kein Vorbei gab. Das Ende der Geschichte: Ich fuhr in die Leitplanke, die auf 1,4 km völlig zerstört wurde, der Wa-gen drehte sich und krachte immer und immer wieder rein. Das Auto hatte Totalschaden; die Leitplanke auch. Ich hatte noch nicht einmal einen blauen Fleck, obwohl ich nicht angeschnallt war. Das wirklich Erhebende an der Sache war, dass ich während des Unfalls nicht die geringste Angst verspürte. Ich **wusste**, dass mir nichts passieren konnte. Ich war auch danach völlig gelassen, suchte in dem Chaos mein Telefon und habe meine Freundin angerufen, sie möge mich ab-holen. Ich brauche es wohl nicht zu erwähnen, dass der Kleinwagen, der die ganze Sache ausgelöst hatte, dann mal einfach weg war.

Das Gesetz hat da einfach zwei starke Ideen zusammengepackt, Angst vor der Zerstörung des Autos und selbst geschützt zu sein.

Man bekommt niemals etwas, was man nicht bestellt hat, das wi-derspricht einfach den Gesetzen!

24. Richtig oder falsch?

Kritik, so könnte man meinen, ist die beliebteste Beschäftigung der meisten Menschen weltweit. Allgemein ausgedrückt könnte man sagen, Kritik ist das Aufzeigen eines Fehlers an einer Sache, an einem Verhalten, einem Ereignis oder einer Entscheidung. Meiner Ansicht nach ist ca. ein Prozent davon berechtigte Kritik. Als berechtigte Kritik könnte man bezeichnen, wenn zum Beispiel die Mathelehrerin ihrem Schüler die Klausur berichtigt. In der Arithmetik ist nun mal 5x5=25, hat der Schüler ein anderes Ergebnis, dann hat er diese Gesetze eben noch nicht verstanden und sollte durch konstruktive Kritik dahin geführt werden, dass er sie versteht. Sämtliche Kritik, die sich nicht auf Naturgesetze stützt, ist demnach nur eine Interpretation durch die Brille meiner **eigenen Meinung** darüber, was richtig oder falsch, angebracht oder unangebracht, natürlich oder unnatürlich, gut oder schlecht ist. Wenn sie nun aber meiner **eigenen Meinung** entspringt, ist sie ja schon per definitionem nicht übertragbar auf eines **anderen eigene Meinung,** weil diese per definitionem nun mal **seine eigene Meinung ist.**

Was ist richtig oder falsch? Die meisten glauben, dass es darauf eine Antwort gibt.

„Nichts ist gut oder schlecht, erst unsere Gedanken machen es dazu."

Shakespeare

Ist es nun richtig, seine Blätter im Herbst abzuwerfen und im Frühjahr neue zu produzieren? Oder sollte man lieber wie die Tanne die Nadeln behalten über den Winter? Das ist viel sparsamer und vermeidet Müll und Arbeit, nieder mit den Laubbäumen! Diese würden argumentieren, dass sie dadurch gesünder leben, Gifte entsorgen können und durch mehr Bewegung länger leben. Ist es richtig, wie das Känguru zu hüpfen? Also, die Schildkröte könnte sich jetzt schon provoziert fühlen. Und der Pfau? Verletzt er nicht die Gefühle des Rebhuhns, wenn er da so pompös ein Rad schlägt? Muss der so angeben, eigentlich sollte der mindestens die Hälfte seiner Federn abgeben an andere, die weniger oder keine haben, die braucht der doch gar nicht alle zum Leben. Der knallbunte Schmetterling ist doch wohl eine Provokation für die eher schlichte Stubenfliege. Der Kuckuck, dieser Schmarotzer, legt seine Eier einfach in fremde Nester und lässt die anderen mit der Aufzucht seiner Kinder schuften.

Sämtliche Kritik an der Lebensweise anderer Menschen entspringt dem irrigen Glauben, ja schon des Dogmas, dass es eine richtige Art zu leben und eine falsche Art zu leben gibt. Diese irrige Annahme ist der Grund sämtlicher Konflikte, die wir auf diesem Planeten finden! Angefangen bei der kleinsten Streiterei in der Familie bis hin zum Krieg von ganzen Völkern oder Religionen! Warum hat denn eine Volksgruppe etwas gegen eine andere? Doch nur, weil deren Sitten und Bräuche als „nicht richtig" angesehen werden. Warum haben religiöse Eiferer was gegen Menschen, die es mit Religion nicht so genau nehmen? Es geht immer nur darum, was als richtig oder falsch angesehen wird. Natürlich gibt es schon Richtig und

Falsch, aber das ist immer zielbezogen. Willst du dir etwas zu essen kaufen, ist es natürlich richtig, in ein Lebensmittelgeschäft zu gehen und nicht zum Autohändler, wenn der Tank leer ist, solltest du die Tankstelle anfahren und nicht die Baumschule. Also, dein Ziel bestimmt Richtig oder Falsch, es ist immer zielbezogen. Daraus folgt, dass es kein allgemeingültiges Richtig oder Falsch geben kann, denn jeder Mensch hat andere Intentionen, **es ist eine Meinung!**

Auch wenn viele Menschen derselben Meinung sind, kann sie durchaus für andere falsch sein. Oftmals wurde sogar bewiesen, dass das, was die große Mehrheit dachte, falsch war, z. B. dass die Welt eine Scheibe ist oder dass Eisen nicht fliegen oder nicht auf dem Wasser schwimmen kann. Da viele glauben, Gott sei „menschlich", glauben sie auch, dass Gott einen Willen haben muss, einen Willen darüber, wie sich Menschen zu verhalten haben. Das ist Ursache für sehr viel Verwirrung, viele wenden sich sogar wegen dieser Fehleinschätzung gänzlich von ihm ab. „Wenn es einen Gott geben würde, dann hätte er das nicht zugelassen." Aber Gott kann gar keinen Willen bezüglich unseres Verhaltens haben, ansonsten würde ja (wie sein Wille auch immer sein mag) der überwiegend größte Teil der Menschen gegen seinen Willen handeln, aber dann, wenn Menschen gegen seinen Willen handeln könnten, wäre er nicht allmächtig. Ich finde, wenn man das mal völlig frei von Ideologie und Religion betrachtet, ist das absolut logisch, und schon ein Kind kann das verstehen. Wenn der Schöpfer wollte, dass wir alle ein bestimmtes Verhalten an den Tag legen, hätte er uns wie die Tiere erschaffen, die haben keinen Willen und keine Entscheidungsfreiheit, sie handeln einfach nach der „Software", die er ihnen gegeben hat, ihrem Instinkt. Deswegen handeln alle Tiere einer Gattung weltweit genauso. Wenn er wollte, dass alle Menschen gleich sind und bestimmte Regeln befolgen, dann hätte er uns eben alle so erschaffen. Da er das aber nicht hat, ist es nur logisch, dass er das ganz bewusst so getan hat, weil er uns in Freiheit erschaffen hat und weil es für ihn kein Richtig oder Falsch gibt. Wir können gar nichts tun, was Gott missfällt, er hat uns so geschaffen, wie wir sind. Stell dir vor, du entwickelst ein Computerspiel, und die handelnden Personen machen etwas, was sie nicht machen sollen. Dann hättest wohl **du** sie falsch programmiert, oder? Und wenn du ihnen freien Willen gibst, tust du das auch bewusst! Der Schöpfer ist kein Pfuscher, dass er etwas erschafft, was er nicht will. Der „Wille Gottes" ist einfach nur eine Erfindung des Menschen, um damit anderen Menschen ihren Willen aufzuzwingen. Krass ist nur, dass im 21. Jahrhundert noch so viele dran glauben. Die meisten Ideologien haben als Grundgedanken verankert, dass die Welt verbessert werden müsste. Darauf basieren fast alle von ihnen, und in ihren Programmen haben sie es sich auf die Fahnen geschrieben, im Namen der Gerechtigkeit für eine bessere Welt zu kämpfen. Die Welt bleibt aber trotzdem immer vom Grunde her genauso, obwohl ja fast jeder für eine bessere Welt kämpft. Wenn man das mit den Augen des Gesetzes der Anziehung betrachtet, kommt man zu einem ganz simplen Schluss: Diese Menschen, die da für eine bessere Welt kämpfen, werden das immer tun, egal in welche Richtung die Welt sich entwickelt. Es ist überhaupt nicht möglich, kann niemals möglich sein, dass alle Menschen mit allen Umständen auf dieser Welt konform gehen, aus dem einfachen Grunde, weil Menschen nun mal einzigartig sind und nicht homogen wie eine Herde Tiere.

Da jeder ganz individuell ist, ist es absolut nicht möglich, aber auch überhaupt nicht nötig, dass wir alle einer Meinung sind. Warum guckt ein Mensch in Europa in den Nahen Osten und kritisiert deren Lebensweise dort? Warum kritisieren Menschen aus dem Nahen Osten die Lebensweise in Europa? Die Welt ist einfach nur ein Resultat des Denkens von sieben Milliarden Menschen. Sie ist nicht besser und nicht schlechter, denn das ist überhaupt nicht möglich. Würde irgendjemand auf die Idee kommen, einen Supermarkt als schlecht zu bezeichnen, nur weil es da Dinge gibt, die er nicht mag oder gar verabscheut? Ich kenne keinen Menschen, der alles gerne isst, was es in einem Supermarkt als Lebensmittel zu kaufen gibt. Jeder findet dort Dinge, die er absolut widerlich findet, die bei ihm einen Würgereflex auslösten, sobald sie auf seinem Teller lägen! Da gibt es auch ungesunde Sachen, Dinge, mit denen man töten kann, Sachen, die eine Sucht auslösen können usw. Aber ist der Supermarkt deshalb schlecht? Nein, er ist ein Resultat der Gewohnheiten und Wünsche der einzelnen Menschen in dieser Region. Unverkäufliche Sachen werden aus den Regalen verschwinden, begehrten Sachen wird mehr Platz eingeräumt. Geh in einen beliebigen Supermarkt, schau dir das Angebot an und du weißt, was die Menschen in dieser Region bevorzugen. Genauso ist es eben mit der Welt, erdacht von sieben Milliarden Menschen. Wenn du glaubst, Alkohol ist nicht gut, dann brauchst du ihn ja nicht zu kaufen, aber warum verurteilst du denjenigen, der Alkohol mag? Zu viel Gewalt im Fernsehen?

190

Warum ist so viel Gewalt im Fernsehen? Weil da der Bedarf der Bevölkerung in diesem Sendegebiet gedeckt wird, die Einschaltquoten entscheiden ganz klar darüber, was weiter oder noch mehr gesendet wird und was man weniger oder gar nicht mehr ausstrahlt. Du brauchst es dir ja nicht anzusehen, wenn es dir nicht gefällt, damit hast du einen Schritt getan, dass es weniger gesehen wird. Die Welt ist perfekt, sie hat alles zu bieten, jedem das Seine! Du suchst dir aus, was du möchtest, richtest deine ungeteilte Aufmerksamkeit darauf und kannst beobachten, wie mehr davon in dein Leben tritt. Richtest du aber deine Aufmerksamkeit auf die Dinge, die du nicht möchtest, dann tritt auch das vermehrt in dein Leben, **die Entscheidung liegt bei dir ganz allein.**

Jeder Mensch hat den Wunsch oder sein Wunsch dient dazu, sich gut und besser zu fühlen! Niemand will sich schlechter fühlen! Aber die Dinge, die man braucht, um sich besser zu fühlen, sind eben sehr individuell. Aber **mir** muss es ja nicht gefallen, was mein Nachbar braucht, um glücklich zu sein. Vielleicht fühlt er sich gut, wenn er jede Woche eine neue Frau im Bett hat oder wenn er Millionen verdient oder mit einem Kumpel Heavy-Metal-Musik macht oder einen Vorzeigegarten präsentiert, vielleicht auch sechs Kinder hat oder zwölf Katzen, eine Frau, die 20 Jahre jünger ist, oder er hat sich selbstständig gemacht, lässt sich nach 20 Jahren scheiden. Der nächste hat seine Beamtenlaufbahn gekündigt und fängt im neuen Autohaus an, lässt sich die Haare wachsen, trägt einen sehr kurzen Rock, oder einen sehr langen Bart, macht jetzt Sport im Studio, hat sich einen Hund gekauft.

Aber ich finde das alles abartig, jede Woche eine andere Frau, was muss der sich denn beweisen? Oder der mit seinen Millionen will doch nur etwas Besseres sein, vermutlich braucht er nur eine Schwanzverlängerung. Und das ist doch nun gewiss gar keine Musik, was die da machen, so was hätten sie früher verboten! Wozu braucht man denn einen englischen Rasen? Der erfüllt doch gar keinen Zweck! Sechs Kinder, entweder die ist zu dumm etwas zu nehmen, oder sie braucht das Kindergeld, 12 Katzen, das weiß wohl jeder, sind nicht normal, wie es da wohl riecht, also da muss man schon schwer gestört sein usw. usf.

Alles Übel auf dieser Welt rührt daher, dass Menschen glauben, ihre Wünsche seien richtig und andere Wünsche seien falsch!

Würde jeder jeden erschaffen lassen, was er will, **ohne** es zu kritisieren, dann hätten wir das Paradies auf Erden. Das sagt uns schon die Schöpfungsgeschichte in der Bibel: Adam und Eva wurden aus dem Paradies vertrieben, weil sie von der Frucht des Baumes der Erkenntnis über Gut und Böse genascht hatten. **Bevor sie über Gut und Böse Bescheid wussten, bevor sie urteilen konnten, waren sie im Paradies!**

Als sie die Erkenntnis über Gut und Böse erlangten, wurden sie vertrieben. Und nun urteilen sie und sind nicht im Paradies, es ist also das Urteil über Gut und Schlecht, was uns vom Paradies (Glückseligkeit) trennt. Wenn du dieses Urteil nicht fällst, **sondern jeden Menschen sein lässt, wie er nun mal ist**, dann hast du die besten Voraussetzungen, wahrhaft glücklich in allen Bereichen deines Lebens zu werden, dann bist du in **deinem Paradies!**

Hört sich ziemlich schlimm an, ihre Musik, aber die gehen dabei richtig ab, scheint ihnen zu gefallen; sechs Kinder wären mir zu stressig, aber die scheinen es zu lieben; was der für eine Welle mit seinem Rasen macht, aber offensichtlich macht es ihm Spaß. Jede Woche eine andere Frau? Könnte mir irgendwie gefallen, aber ich möchte lieber die Sicherheit und Vertrautheit einer festen Beziehung.

Vieles ist leider der Dummheit zuzuschreiben. Wenn ich einen anderen Menschen aufgrund seines Verhaltens kritisiere, dann fühle **ich mich selbst schlecht.** Du fühlst dich **immer** schlecht, wenn du an etwas denkst, was dir nicht gefällt, auch wenn du es im Leben anderer siehst und verurteilst. Der Ungebildete glaubt nun, sich schlecht zu fühlen, weil **der andere** etwas tut, was **ihm nicht gefällt!** Aber das stimmt einfach nicht!

Ich fühle mich schlecht, weil **ich mich** auf etwas konzentriere und **ich es verurteile**, was ein anderer tut.

Nun denkt der Dumme. „Wenn der da hinten sich anders (angemessener) benimmt, dann fühle ich mich besser!" Aber es ist nun mal unmöglich, das Verhalten aller Menschen zu kontrollieren und zu erwarten, dass sich alle so verhalten, wie **ich** es für richtig halte!

Dieser Schwachsinn ist wirklich völlig absurd: Ihr müsst **euch alle** so verhalten, damit **ich mich** gut fühle.

Genauso gut könntest du sagen: Nimm du mal bitte eine Tablette, weil ich Kopfschmerzen habe. **Deine Gefühle** sind eine Folge von **deinen Gedanken!** Andersherum da herangehen zu wollen, ist völlig unmöglich, weil das ja jeder erzählt, weil jetzt unzählige Leute dir widersprüchliche Aussagen dazu machen, wie **du dich** verhalten sollst, damit es **ihnen** gut geht. Aber die Lösung dieses Dilemmas ist: Denke nur an das, was dich glücklich macht, und gestehe anderen Leuten dasselbe Recht zu, lass andere sein, wie sie sein wollen, und du sei du selbst. **Niemand kann es allen recht machen!** Jeder Mensch hat gute Gründe für das, was er tut, egal was es ist! Sogar ein Mörder hat gute Gründe für seine Tat. Das heißt ja nicht, dass du in der Lage sein musst, seine Gründe nachzuvollziehen, das kann niemand. Er tut es ja auch nicht, um dir zu gefallen oder damit du es verstehen kannst. Ein Veganer kann vermutlich auch nicht nachvollziehen, wie man tote Tiere essen kann, und die Nonne mag nicht verstehen, wie manche Frauen ständig ihre Geschlechtspartner wechseln. Aber man muss es ja auch nicht nachvollziehen, da es sich um völlig individuelle Wünsche handelt. Nur die Person selbst kann das einschätzen und beurteilen, was sie tut. Wer sagt denn, dass es schlecht sei, einen Menschen zu töten? Oder ständig seine Bettpartner zu wechseln? Graf von Stauffenberg ist als Held in die Geschichte eingegangen, nach ihm werden Schulen und Straßen benannt. Warum? **Weil er einen Menschen töten wollte!** Viele Mörder gehen als Helden in die Geschichte ein, bekommen einen Orden verliehen, oder ihnen werden Denkmale errichtet, man nennt sie dann Patrioten, Rebellen, Freiheitskämpfer, Revolutionäre.

Ich weiß, es ist starker Tobak, aber es sind Meinungen. Der gescheiterte Mörder von Hitler ist ein Held, und der versuchte Mörder des Papstes ist ein Verbrecher. Ich möchte behaupten, dass es Millionen Menschen auf dieser Welt gibt, die es genau andersherum betrachten, **es ist eine Meinung, egal wie viele sie haben.** Es gibt genug gesellschaftlich anerkannte Frauen, die sehr häufig ihre Partner gewechselt haben. Selbstverständlich kann die Nonne das nicht nachvollziehen, aber wer in der westlichen Welt versteht denn so wirklich, warum sich eine Nonne diese Begrenzungen auferlegt? Aber man muss es eben auch nicht verstehen, weil das **ihre** Sache ist. Meinungen ändern sich auch im Laufe der Zeit, die Kräuterhexe, die im Mittelalter, unter dem Gejohle des Mobs, auf dem Scheiterhaufen verbrannt wurde, wäre heute vielleicht eine gefeierte Naturkundlerin. Viele heutige Politiker wären für ihre Meinungsäußerung in der DDR lebenslang ins Zuchthaus gekommen, andere im Deutschen Reich erschossen worden. Man sagt, ein Mensch denkt ca. 60.000 Gedanken am Tag, also hat ein 40-Jähriger fast 900 Millionen Gedanken gedacht. Die ersten paar Lebensjahre hat er zwar nicht bewusst gedacht, aber das taten andere Menschen für ihn, ihre Suggestionen wurden zu seinen Inhalten, zu seinem Glauben.

Diese knapp 1 Milliarde Gedanken sind der Inhalt seines Unterbewusstseins!

Jede Entscheidung in seinem Leben ist nun gefärbt von der Gesamtsumme dieser Gedanken und Suggestionen. **Niemand** kann und muss auch nur im Ansatz verstehen, was dieser Mensch auf der Grundlage seiner Lebenserfahrung in einer bestimmten Situation für einen Weg geht und warum er diesen für richtig erachtet. Eigentlich ist es das Dümmste von der Welt, wenn ein Mensch einem anderen erzählt, wie er handeln soll. Selbst wenn ich sage, ich tue etwas Gutes für jemanden, woher will ich dann eigentlich wissen, dass er das auch gut findet? Wir alle kennen Sprüche wie: „Ich wollte doch nur dein Bestes", und wir fanden das aber gar nicht gut, was da angeblich „unser Bestes" sein sollte. **Niemand außer du selbst kannst wissen, was das Beste für dich ist!** Das fängt im Kleinen an, wenn Lehrer und Eltern ihre Kinder bevormunden; George Clooney sagte in einem Interview, dass nachdem er nach Hollywood gegangen war, er noch acht Jahre lang von seinem Vater Briefe bekam, in denen er ihn inständig bat, einen anständigen Beruf auszuüben. Ich wage zu behaupten, dass es für Oscar-Preisträger George Clooney das Beste war, weiter der Schauspielerei nachzugehen. Weiter geht es dann im Großen, wo Politiker oder Religionsführer dir erzählen wollen, was gut für dich ist und was nicht, das geht bis zur Missionierung, wo Menschen eben abgeschlachtet werden, wenn sie den jeweiligen Glauben nicht annehmen wollen!

Das wahre Übel dieser Welt ist das Urteil: „Ich bin gut und du bist schlecht."

Ich bin gut, weil ich arm bin, du bist reich, also bist du schlecht!

Arisch – nicht arisch; Moslem – ungläubig; weiß – schwarz; Kommunist – Unternehmer; Arbeiter – Arbeitsunwilliger; Frau – Mann; Prolet – Akademiker; Franzose – Amerikaner; Vegetarier – Fleischesser; Nichtraucher – Raucher; Fahrradfahrer – Autofahrer; hetero – schwul; grün – gelb; rot – schwarz; fett – schlank; alt – jung; Frauenheld – treuer Mann; introvertiert – extrovertiert; gebildet – ungebildet; Sportler – Couch-Potato; willensschwach – willensstark; Macho – Frauenversteher; Abstinenzler – Säufer ...

Nichts ist gut oder schlecht, erst unser Denken macht es dazu.

Nun ist es aber gewiss kein Fehler der Natur, dass uns das Urteilen mit in die Wiege gelegt wurde; das Urteilen dient dazu, dass wir uns anstrengen, um z. B. die begehrenswerteste Frau zu bekommen oder den besten Job. Das Urteilen dient also dazu, unsere Wünsche in unser Leben bringen zu können. Nur sollten wir erkennen, dass **unsere Wünsche uns** glücklich machen sollen und das andere eben auch andere Wünsche haben! **Wünsche sind unantastbar!** Wünsche eines anderen zu negieren, ist absolut unsinnig und zeugt von Engstirnigkeit, Intoleranz, Ignoranz, und das ist die wahre Dummheit! „Warum willst du eine blonde Frau haben, dunkel ist doch besser!" Diese Aussage ist genauso schlicht wie: „Warum konzentrierst du dich immer nur auf Geld, es gibt doch noch andere Sachen". Genauso gut könntest du jemanden kritisieren, weil er gerne Kohlrabi isst. Den besten Dienst, den du der Menschheit erbringen kannst, ist:

Sei glücklich!

Ich nehme jeden Menschen, wie er nun mal ist!

Andere Menschen haben keinen Einfluss auf dein Leben, solange du sie einfach so sein lässt, wie sie sind. Wenn du versuchst, sie zu ändern, heißt das, dass du dem Aufmerksamkeit widmest, was dir an ihnen nicht gefällt. Und dann ziehst du das – gepaart mit einer gehörigen Portion Ärger – in dein Leben! Lass sie sein, wie sie sind, wenn es nicht passt, dann entlasse sie aus deinem Leben!

Gibt es gute Menschen oder schlechte Menschen?

Ich möchte dich dazu ermuntern, dass mal aus einer völlig anderen Perspektive zu betrachten, als der Großteil der Welt es tut: Ich finde es logisch, dass der gut ist, der vorwiegend positive Gedanken denkt und deswegen konstruktiv redet. Und nicht so gut ist der, der vorwiegend negativ denkt und deswegen destruktiv redet. Was haben diese Kritiker für einen Gewinn für die Welt? Sie sitzen da, tun nichts, um sich dann lautstark aufzuregen, wenn ein anderer etwas macht.

Kritik ist das häufigste Gesprächsthema der Welt!

Es ist manchmal kaum zu ertragen, Kritik, Kritik, Kritik, wo man nur hinschaut, jeder kritisiert jeden, weil er nicht so handelt, wie er selbst vorgibt in dieser Situation zu handeln, wenn er denn je in diese Situation kommen würde.

Wenn ein Mensch nur Gutes denkt, dann schickt er nur positive Gedanken in die Welt. Es ist besser, gut über einen vermeintlich schlechten Menschen zu reden als schlecht über einen vermeintlich guten. Der erste Nutznießer davon bist natürlich du selbst, weil sich das Positive in deinem Leben manifestieren wird. Wenn man das so betrachtet, kommt man nicht umhin zu bemerken, dass dann ja logischerweise diejenigen, die reich, gesund und glücklich sind, die besseren Menschen sind, weil sie wesentlich mehr gute Gedanken denken, wesentlich weniger kritisieren und verurteilen als diejenigen, die arm, krank und unglücklich sind. Ich kann diesen wunderbaren Spruch aus der Bibel nicht oft genug zitieren:

„An ihren Früchten werdet ihr sie erkennen. Liest man etwa Trauben von Dornen oder Feigen von Disteln? So bringt jeder gute Baum gute Früchte, aber der faule Baum bringt schlechte Früchte."

Matthäus 7,16

Natürlich wird eine solche Behauptung einen Aufschrei auslösen unter den armen und gepeinigten Menschen.

Sie wollen eben mit aller Macht schlecht denken, schlecht reden, andere kritisieren und vorverurteilen und <u>trotzdem</u> die Guten sein!

Aber die Gesetze des Universums funktionieren nun mal nicht so! Ich möchte das ja auch nicht auf eine weltliche Skala bringen, von wegen der ist gut und der andere schlecht. Aber Fakt ist, dass der eine ein wesentlich besseres und erfüllteres Leben lebt, weil er gute Gedanken denkt und andere in Ruhe lässt. Wogegen der andere ein Leben mit weniger Glücksgefühlen durchlebt, weil er an Mangel denkt und andere wegen ihrer Lebensweisen kritisiert und verurteilt.

Es ist doch auch völlig logisch, dass der Mensch, der gesund, reich und glücklich ist, der alles Gute vom Universum erhält, auch im Einklang mit den universellen Gesetzen lebt. Und der andere, der krank, arm und unglücklich ist, es eben nicht tut!

Das Gesetz der Anziehung lässt sich nicht verändern, es ist einfach, ob es dir nun gefällt oder nicht! Du bist derjenige, der seine Ideologie dementsprechend ausrichten sollte, um mit diesem Gesetz die Resultate zu generieren, die du gerne in deinem Leben haben möchtest.

„Es ist schwieriger, eine vorgefasste Meinung zu zertrümmern als ein Atom. "

Albert Einstein

Da mag der gute alte Albert durchaus recht haben, aber die entscheidende Frage lautet: **Warum sollten wir eigentlich eine vorgefasste Meinung zertrümmern?**

Weil unsere Meinung die richtige ist und die andere falsch?

Ich denke, das behauptet jeder. Und selbst, wenn die Meinung des anderen bewiesenermaßen falsch wäre?

Dann wäre sie es eben! Jeder Mensch hat doch das Recht, auch an Schwachsinn zu glauben, da gibt es Leute, die glauben an Vampire, an Zombies, an das Ungeheuer von Loch Ness, na und? Wir bringen unseren Kleinkindern bei, dass es einen Weihnachtsmann gibt, oder wir belügen sie über die Geräusche im Schlafzimmer und reden vom Klapperstorch.

Viele Menschen glauben an etwas, von dem die Wissenschaft genau weiß, dass es falsch ist, z. B. glauben viele Menschen, dass Traubenzucker aus der Traube gewonnen wird, aber das ist falsch, den gewinnt man vorrangig aus Mais und Kartoffeln. Solche Beispiele gibt es zu Hunderten, wo der Großteil etwas völlig Falsches glaubt, nur weil es die Großmutter schon erzählt hat oder es einem die Worte suggerieren.

Wenn heute noch jemand glaubt, die Welt ist eine Scheibe? Na und?

Muss ich ihn jetzt von der Wahrheit überzeugen? Wozu? Was habe ich davon? Was hat er davon? Was hat irgendjemand davon? Viele würden denken: „Mann, ist der blöd", aber **wo genau liegt der Vorteil**, wenn er umfassend in Astronomie geschult ist? Ist er jetzt glücklicher? Sind andere jetzt glücklicher? Bringt es mehr Freude in die Welt? Was hat jemand davon, wenn er recht hat? Eigentlich will er nur recht haben, weil er sich dann besser fühlt, wichtiger und klüger. Warum hat er sich vorher nicht schon gut, wichtig und klug gefühlt? Weil es ihm an Selbstbewusstsein mangelt. Warum mangelt es ihm daran? Weil sein Unterbewusstsein es so zum Ausdruck bringt. Warum tut sein Unterbewusstsein das? Weil er zu viele Gedanken darüber gedacht hat, dass er selbst wertlos und unwichtig ist, und zu wenige darüber, dass er absolut wertvoll und wichtig ist. Kurz gesagt, er denkt zu viel daran, was er nicht will, und zu wenig darüber, was er will. **Wenn du die Kausalkette zu Ende denkst, kommst du immer wieder beim Gedanken als allererste Ursache an!**

Toleranz in der Tierwelt?

Warum bekämpfen sich Tiere aufgrund anderer Lebensweisen oder Andersartigkeit nicht? Warum bekämpft der Hase die Schwarzdrossel nicht oder versucht, sie wenigstens von seiner Lebensweise zu überzeugen? Das Eichhörnchen das Reh?
Weil sie nicht urteilen!
Was hätte das Eichhörnchen davon, würde es urteilen? Was hätte der Hase davon oder das Reh? Nichts, deswegen urteilen sie nicht, deshalb kämpfen sie nicht! Was ist das Ziel des Eichhörnchens? Es will

essen, es will sich paaren, und es will herumtollen. Würde es nun das Reh bekämpfen, käme es damit seinem Ziel näher? Natürlich nicht, im Gegenteil, es hätte nicht mehr so viel Zeit für seine erwünschten Dinge. Aber das Reh ist doch so anders ... Na und? Ein Tier bekämpft kein anderes aufgrund seiner Andersartigkeit, weil es nichts davon hätte. Das Tier kümmert sich um sein Eigenes und ist niemals im Zweifel, **ob es denn richtig ist, so zu sein, wie es ist.**

Genauso ist es bei den Menschen, durch Bekämpfen, durch Kontrollieren, durch Neiden haben sie keine Zeit mehr, das zu tun, was ihnen Freude bereiten würde. Sie versauen sich sozusagen selbst das Leben, um dann wieder den anderen die Schuld für ihr unbefriedigendes Dasein zu geben. Das ist ein Kreislauf ohne Ende, es sei denn, du beginnst, vorwiegend das zu betrachten, was du haben willst, und lässt alle anderen dies ebenfalls tun. Und selbst, wenn die anderen nicht das betrachten, was sie wollen, lass dich davon nicht beeinflussen, nur **deine** Einstellung ist für **dein** Leben wichtig, **deine Gedanken erschaffen in deinem Leben.** Wenn andere sich also ein erbärmliches Leben erschaffen, in dem sie ihre Aufmerksamkeit auf Unerwünschtes richten, dann denke daran, dass das ihr gutes Recht ist. Du kannst ihnen dieses oder ein anderes gutes Buch leihen. Wenn sie es verstehen, werden sie dir später dankbar sein. Wenn nicht – ein Versuch war es wert.

25. Kommunismus?

Es gibt immer noch genug Menschen auf diesem Planeten, die glauben, dass der Kommunismus die einzig gerechte und menschliche Gesellschaftsordnung sei. Und das behaupten sie, obwohl die Geschichte uns eindeutig gezeigt hat, dass diese Gesellschaftsform keine Zukunft hat.

Eigentlich hört sich das alles sehr vernünftig an: Alle Menschen seien gleich! Gleich im sozialen Status, gleich in der Machtausübung, eine Gemeinschaft, wo jeder mit jedem auf Augenhöhe ist und es allen finanziell gleichermaßen gut geht.

Aber, da gibt es noch drei Fragen, die zu klären wären.

1. Für wen hört sich das ganz vernünftig an?

Die erste Frage ist leicht beantwortet, es sind immer nur Menschen, die unter dem Durchschnitt leben. Das ist logisch, wenn alle gleich werden sollen, vom Einkommen und Vermögen her, dann wird jeder über dem Durchschnitt Lebende schlechter gestellt, und jeder unter dem Durchschnitt Lebende wird besser gestellt. Aber welcher Mensch wünscht sich schon eine Ordnung, wo er deutlich schlechter gestellt wird als vorher? Glaubst du, Gregor Gysi will das oder Oskar Lafontaine? Sie erzählen es, ja, aber das ist reine Propaganda, so will man Stimmen der Unterschicht für die nächste Wahl einsammeln. Glaubst du, Oskar Lafontaine würde auf sein Millionenvermögen verzichten und auf 95 Prozent seiner Einkünfte, um dann in Zukunft finanziell gleichgestellt zu sein mit seiner Putzfrau, die er sich dann nicht mehr leisten könnte?

Um es ganz klar auszudrücken: Jeder Ruf nach Kommunismus entspringt eindeutig dem Neid oder kommt von Politikern, die auf den Neid des „kleinen Mannes" spekulieren.

Dabei vergessen sie leider oft, dass Neid ein niederes, zerstörerisches Gefühl ist, und ihr Wahlergebnis ist ein Resultat der niederen Gefühle ihrer Wähler. Ich finde es schon aus rein menschlicher Sichtweise sehr bedenklich, nicht nur auf die negativen Gefühle der Menschen zu spekulieren, sondern diese noch ganz bewusst anzufachen.

Aus politischer Sicht gesehen basiert die Idee des Kommunismus auf der alten Mär, dass der Reiche dem Armen das Geld weggenommen hat. Das traf eventuell auf Zeiten des Feudalismus und des Frühkapitalismus zu, aber heute muss man sich ernsthaft die Frage stellen, wer denn da wen ausbeutet.

Dem Dauerhartzer kann man nichts wegnehmen, er hat noch nie etwas erarbeitet. Aber der Einkommensmillionär, der ca. 50 Prozent seines Einkommens an den Staat abgeben muss, der versorgt viele Nichtstuer vollständig.

2. Ist das im Einklang mit der Natur des Menschen?

Wenn man es mal rein logisch betrachtet, natürlich nicht. Wir sind Menschen. Wir können unsere Natur zwar leugnen, aber wir können sie nicht ablegen, wenn es auch immer wieder Menschen gibt, die das gerne möchten. Wir sind Menschen, wir sind Kämpfer. Die gesamte Evolution ist so angelegt, dass nach vorne gestrebt wird, egal ob es sich um einen Sportler handelt, einen Musiker oder einen Unternehmer. Man möchte besser sein als andere. Selbst bei sehr banalen Dingen kann man das beobachten, z. B. wenn Frauen sich hübsch machen oder wenn die eine über die andere Frau lästert. Das alles hat nur einen Zweck: Ich möchte besser sein als andere.

Wenn die Ehefrau ihrem Mann beim Abendbrot erzählt, wie die Peggy sich dem Chef an den Hals wirft, sagt sie eigentlich: „Schatz, ich bin eine gute Frau, ich würde so etwas nicht tun."

Und wenn er erzählt, wie dumm sein Kollege ist, dann sagt er eigentlich: „Ich bin klug, du hast dir den richtigen Mann ausgesucht."

Versuch mal, einem Baby sein Kuscheltier wegzunehmen, da kannst du dir aber etwas anhören! Da wirst du selbst erleben, dass selbst schon ein Baby den Wunsch hat, etwas zu besitzen, etwas als „meins" zu betrachten. Das ist unsere gottgegebene Natur, die können wir jetzt nicht einfach mit einer Ideologie über den Haufen werfen. Es ist der natürlichste Instinkt eines jeden Menschen, etwas zu besitzen und besser zu sein als andere. Das ist natürlich von Mensch zu Mensch unterschiedlich stark ausgeprägt, genau wie in der Tierwelt, da gibt es den Leitbullen und „die anderen Männer".

Nun gelingt das dem einen besser und dem anderen schlechter und manchem gar nicht, etwas zu besitzen oder besser zu sein. Der, dem es gar nicht gelingt, wird im Namen der Gerechtigkeit nach dem Kommunismus rufen.

Aber ist es wirklich gerecht, wenn der Nichtstuer genau so viel besitzt wie der Schwerstarbeiter?

Bei der gesamten Ideologie werden einfach nicht die Natur und die Vielfalt des Menschen berücksichtigt, diese kranke Ideologie schreibt dem Menschen vor, wie dieser zu sein hat, und ist bemüht, diesen dahingehend zu erziehen. Was das Wort „erziehen" im Kommunismus heißt, kann man an den geschichtlichen Daten von politisch verfolgten, eingesperrten und ermordeten Menschen sehen, die zu Zeiten des Sozialismus von Peking bis Ost-Berlin „erzogen" wurden. Es wird niemals funktionieren, dass alle Menschen ihren eigenen Willen und ihre eigenen Bedürfnisse zugunsten einer Gemeinschaft opfern, das widerspricht einfach unserer Natur, unserem „Sosein".

3. Kommunismus im Einklang mit dem Gesetz der Anziehung?

Laut dem Gesetz der Gesetze bekommt jeder Mensch ganz genau das, was er an Gedanken und Gefühlen aussendet. Das ist die einzig wahre Gerechtigkeit.

Du bekommst deins!

Und da es nun mal das Gesetz der Gesetze ist, können Politiker oder andere selbst ernannte Wohltäter das nun einmal nicht ändern. Der, der an Armut denkt oder sie fürchtet, der wird sie auch leben. Laut dem Gesetz der Anziehung ist die gesamte Ideologie des Kommunismus völlig absurd, es kann nicht funktionieren, weil es gegen das mächtigste Gesetz im Universum verstößt. Das wäre genauso, als würde eine Maschine gebaut, die gegen physikalische Gesetze verstößt; man braucht nicht erst zu betonen, dass diese nicht funktionstüchtig wäre. Da kann noch so viel umverteilt werden. Die Armen werden ärmer und die Reichen reicher. Afrika ist ein gutes Beispiel dafür, dass man destruktive Gedanken nicht durch Umverteilung kompensieren kann. Da können sie noch so viele Milliarden hineinpumpen, solange die Menschen in Afrika nicht beginnen, konstruktiver zu denken, wird sich an der bitteren Armut dort nichts ändern. Aber man braucht nicht erst nach Afrika zu blicken. Egal wo du lebst, schau dich um. Die Menschen, die das Gesetz der Anziehung wirklich verstehen und ihre Gedanken auf das Erwünschte ausrichten, denen geht es immer gut, sie werden reich und glücklich; diejenigen, welche die Verantwortung bei anderen suchen und im alten

Denkmuster von Gut und Böse verweilen und verurteilen, denen geht es weniger gut.

Kommunismus ist destruktiv, weil deren Anhänger nichts anderes zu tun haben, als die Leistungsträger zu kritisieren, von gewalttätigen Revolutionen vergangener Zeiten zu schwärmen, deren Mörder und Diktatoren zu verherrlichen, sich Gedanken darüber zu machen, wie man das Geld ausgeben sollte, das ihre Klassenfeinde verdient haben.

26. Liebe, Dankbarkeit

Liebe und Wertschätzung sind synonym. Wenn du zu jemandem oder etwas ausschließlich gute Gedanken hegst und deswegen ausschließlich gute Gefühle verspürst, dann nennt man das Liebe. Oft wird von Menschen, die das Materielle ablehnen, gesagt, dass man materielle Dinge nicht lieben kann, dass es Liebe nur zu anderen Lebewesen gibt. Aber diese Meinung ist eigentlich nur ihrer anti-materiellen Ideologie zuzuschreiben. Natürlich kann man auch einen Gegenstand ebenso lieben wie einen Menschen. Jeder kennt vielleicht einen Mann, der sein Auto mehr zu lieben scheint als seine Familie, wir wissen von Kindern, die ihre Kuscheltiere lieben, von vielen großen Musikern wird behauptet, dass ihre einzig wahre Liebe ihrer Gitarre galt, manche lieben auch ihre Ideologie so sehr, dass sie für sie freiwillig in den Tod gehen, man nennt sie Kamikaze, Märtyrer, Idealisten und Patrioten. Liebe heißt ja nicht, dass diese erwidert werden muss, obwohl genau genommen das der Fall ist. Wenn du einen Menschen ohne Vorurteile und ohne ihn verändern zu wollen liebst, dann kann dieser Mensch dich unmöglich hassen. Genauso ist es mit materiellen Dingen, Dr. Joscph Murphy sagte:

„Das was du liebst, kommt zu dir."

Und tatsächlich wissen wir von Menschen, die sich der Liebe zum Geld hingeben, dass diese auch viel davon besitzen, derjenige, der seine Arbeit liebt, wird außergewöhnlich gut darin, und der, der sein Auto liebt, wird ein zuverlässigeres Fahrzeug haben als der, der sein Auto als blöde Karre bezeichnet. Nun hat Materie keine Ohren, dass sie hört, was du sagst. Aber da ist das Gesetz der Anziehung, und wenn du nur gut über dein Auto denkst, wirst du laut Gesetz auch ein gutes Auto haben, denkst du gut über Geld, wird es sich in deinem Leben vermehren. Wenn du schlecht über Geld denkst, denkst du ja eigentlich gar nicht über Geld nach, sondern lediglich über seine Abwesenheit, also wirst du laut Gesetz auch seine Abwesenheit erfahren. Leider ist das Wort Liebe durch die Gesellschaft, durch die Medien und durch die Kirche ein wenig in Mitleidenschaft gezogen, sodass darunter jeder etwas anderes versteht, der eine denkt dabei ausschließlich an romantische Gefühle, während der Nächste das Wort schon gar nicht leiden mag und behauptet, dass es wahre Liebe heute gar nicht mehr gibt, was auf eine enttäuschende, nicht verarbeitete Beziehung hinweist. Tatsächlich ist es mit dem Wort „Liebe" im Weltlichen so, dass meistens Bedingungen daran geknüpft sind. Welche Frau liebt ihren Mann schon bedingungslos? Ohne Bedingungen, das würde heißen, dass sie ihn noch genauso liebt, wenn er beginnen würde, sie allabendlich zu verprügeln, und sie mit ihrer besten Freundin betrügt. Welche Frau tut das schon? Man könnte sagen, dass die Worte Liebe und Dankbarkeit irgendwie nicht mehr so rein sind, wie das Gefühl es sein sollte. Das Wort „Danke" gehört ja schon zum Routine-Vokabular vieler Menschen, die es eigentlich gar nicht so meinen. Man sagt es eben aus Höflichkeit, so wie „Guten Tag". Glaubst du wirklich, dass jeder, der dir das sagt, dir wahrhaftig, tief in seinem Herzen einen guten Tag wünscht? Den Allermeisten ist es völlig egal, was für einen Tag du hast, selbst wenn du zehn Minuten später vom Bus überfahren würdest, wäre das den meisten, die dir einen guten Tag gewünscht haben, völlig gleichgültig.

Der Enkel sagt Danke für das Weihnachtsgeschenk der Oma, um es 30 Minuten später bei Ebay einzustellen.

Die Liebe, von der ich spreche, ist bedingungslos, diese Liebe ist die höchstmögliche Schwingung, die man ausstrahlen kann, darüber sind sich die Weisen und Mystiker einig.

Das heißt, wenn du oft in Liebe oder bedingungsloser Wertschätzung an etwas denkst, dann muss dieses zu dir kommen. Keine Macht der Welt kann verhindern, dass es kommt, denn das Gesetz der Anziehung ist die ultimative Macht.

Das heißt weiterhin, dass wenn du in deinem Leben sehr viel Liebe aussendest, dann kann nichts Unerwünschtes mehr zu dir kommen, weil du von dieser erhabenen Schwingung völlig umhüllt bist.

Es wurde wissenschaftlich bewiesen, dass verliebte Menschen wesentlich weniger krank werden als welche, die in Trennung leben.

Angenommen, du empfindest täglich Gefühle der Liebe, Liebe zu deiner Familie, deinem Hund, der Natur und deinen Mitmenschen, dann strahlst du sozusagen unentwegt Liebe aus, aus diesem Grunde kann, laut dem Gesetz, nichts zu dir kommen, was nicht der Schwingung von Liebe entspricht. Genau genommen bist du selber dann kaum in der Lage, z. B. einen anderen Menschen oder eine Situation zu hassen, weil die Liebe den Hass ausschließt, denn Hass ist ja lediglich die Abwesenheit von Liebe.

Wenn mir nun aber großes Unrecht geschieht?

Dir kann kein großes Unrecht geschehen, wenn du ununterbrochen in der Schwingung der Liebe verweilst. Falls du zwischendurch mal nicht in der Liebe bist und glaubst, dass man zur falschen Zeit am falschen Ort sein kann, dann kann auch dir "Unrecht" geschehen. Wenn du aber zum größten Teil liebevoll denkst, dann wird diese "Ungerechtigkeit" aber keine großen Auswirkungen auf dein weiteres Leben haben, du wirst schnell vergeben und dein freudvolles Leben wird weitergehen. „Der hatte Glück im Unglück", heißt es dann für gewöhnlich.

Nun fragt der normal im Äußeren fixierte Mensch: Soll das wirklich heißen, dass der Kranke, der Arme, der Gepeinigte, der Betrogene nur zu wenig Liebe und Dankbarkeit ausstrahlen? Ich weiß, wenn du zu den eben Genannten gehörst, wirst du mich verfluchen, mit den übelsten Kraftausdrücken titulieren, die du kennst, aber ich habe das Gesetz nicht geschaffen, ich erläutere nur seine Funktionsweise.

Die Antwort lautet: **Ja, genau das heißt es!**

Das ist natürlich politisch nicht korrekt, und es verstößt gegen den Gerechtigkeitssinn vieler Menschen, aber vielleicht ist dieser Gerechtigkeitssinn ja einfach nur durch jahrhundertelange Falschinformation erst so entstanden. Wenn du deinen Gerechtigkeitssinn von ideologischem und religiösem Ballast befreist, wirst du erkennen, dass das Gesetz der Anziehung eine Gerechtigkeit garantiert, die nicht mehr zu überbieten ist.

Als die Mohammed-Karikaturen in Dänemark erschienen sind, war die gesamte muslimische Welt empört, es hat gegen ihren Sinn von Gerechtigkeit verstoßen!

Ob ein Nicht-Muslim diese Welle der Empörung nachvollziehen kann? Wohl nicht, wir würden Jesus-Karikaturen allenfalls als geschmacklos abtun, vielleicht auch verurteilen und darüber schimpfen, aber kaum jemanden würde es in den Sinn kommen, den Urheber dieser Karikaturen oder dessen Landsleuten den Kopf abzuschneiden und diesen Mord als gerechtfertigt anzusehen. Damit will ich sagen, Gerechtigkeitssinn ist uns nicht angeboren, sozusagen von Gott mit in die Wiege gelegt, wie der Überlebensinstinkt etwa, sondern er ist durch die Gesellschaft anerzogen.

Dass der Unglückliche nur zu wenig Liebe aussendet, das ist für den weltlich erzogenen Menschen eine der schwersten Lektionen, die es zu lernen gilt, um ein Leben nach seinen Vorstellungen zu erschaffen. Selbst Rhonda Byrne, die ja schon ziemlich Klartext redet, schifft sich geschickt um diese Aussage herum. Aber es ist nun mal so, das ist Gesetz! Es ist auch nicht gemein, so zu reden, sondern lediglich folgerichtig und somit der einzige Weg, etwas für die Zukunft zu lernen. Durch Verleugnung einer Tatsache ist niemandem geholfen! Wenn du hinfällst und es schmerzhaft war, deine Kleidung ruiniert ist, du obendrein noch ausgelacht wirst, dann kannst du die Gravitation verfluchen, solange du willst, die Erdanziehungskraft wird von deinem Gefluche nicht beeindruckt sein, sie ist einfach wie sie ist. Sie wird sich auch nicht für dich ändern, du musst dich **ihr** anpassen, um unfallfrei durchs Leben zu kommen. Genauso verhält es sich mit dem Gesetz der Anziehung. Diese Aussage, dass der Kranke und

Arme nur zu wenig Liebe und Dankbarkeit geben, ist eigentlich logisch, klingt nur deswegen so krass und unhaltbar, weil gerade der Arme, der Kranke, der Gepeinigte und der Betrogene ja immer ihr Monopol auf die Liebe beschworen und den Reichen und Mächtigen diese Tugend in Abrede gestellt haben. Aber genauso wie der Spruch „Lieber arm und gesund, als reich und krank" völlig einfältig daherkommt, ist auch die Annahme schlicht, dass der Arme einen guten Charakter habe und der Reiche einen schlechten. Dieses sind lediglich Rechtfertigungen von Menschen, die im Leben versagt haben, oder es ist eine Meinung, die, ohne sie zu reflektieren, von anderen Menschen übernommen wurde. Es ist natürlich einfacher, meinen Kindern zu erklären, dass ich arm bin, weil ich zu gut bin für diese böse Welt, als ihnen einzugestehen, dass ich arm bin, weil ich zu wenig Liebe empfinde. Genau genommen ist das ja der Grund, dass sie arm sind, weil sie glauben, dass der Reiche schlecht ist, damit verbinden sie negative Gefühle, Neid und Hass gegenüber Geld und Reichtum. Ihr Unterbewusstsein wird es zu verhindern wissen, dass auch sie selbst so ein „böser Reicher" werden. **Bei absolut jeder** „Vom-Tellerwäscher-zum-Millionär"-Story wirst du bemerken, dass derjenige Liebe zum Geld empfand und den Reichen nicht Neid, sondern Bewunderung und Hochachtung entgegengebracht hat. Wenn du das kritisierst, was du gerne hättest, wirst du es niemals besitzen, das ist, wenn man das Gesetz der Anziehung verstanden hat, auch völlig logisch.

Man merkt es immer wieder, umso mächtiger und reicher der Mensch ist, dem du begegnest, um so umgänglicher, vorurteilsfreier, entspannter und positiver ist er.

Wenn du dich in die Gosse begibst, wirst du mit Vorurteilen, Negativität, Hass und Neid nicht nur konfrontiert, sondern geradezu überschüttet.

Oft wird behauptet, Industrielle seien erbitterte Konkurrenten, die sich bekriegen, bekämpfen und hassen, wo immer es nur geht, aber Bill Gates und Steve Jobs haben sich zum Essen getroffen und Ihre Familien haben sich Besuche abgestattet, das waren keine Feinde, warum sollten sie auch? Viele solcher Konkurrenten spielen gemeinsam Golf und tauschen Erfahrungen aus. Zwei Sprinter, die gemeinsam an den Start gehen, sind auch Konkurrenten, aber noch lange keine Feinde, sie gehen zusammen ein Bier trinken oder zum Tennis.

Genau genommen heißt es aber nun, dass der Unglückliche wenig Liebe ausstrahlt und der Glückliche viel. Es gibt natürlich auch Menschen, die wenig Geld haben, aber trotzdem glücklich sind, das sind aber Menschen, denen Reichtum nichts bedeutet, die aber deswegen auch keinen Neid oder Hass empfinden. Genauso gut können auch Kranke glücklich sein. Die Krankheit muss ja nicht gleich Krebs im Endstadium sein, aber zum Beispiel könnte ein Diabetiker durchaus sehr reich und glücklich sein. Das heißt aber, dass Gesundheit nie eine hohe Priorität bei ihm hatte.

Liebe im Denken = Liebe im Handeln:

Liebe, die du gibst, ob im Denken oder Handeln, ist immer **deine** Liebe. Genauso ist es mit Hass; ein Mensch, der ständig Hass empfindet, der macht sich selbst kaputt, versaut sich **sein** Leben, das Objekt seines Hasses ist davon nicht berührt. Die Liebe, egal wem du sie gibst, selbst wenn es dein Auto ist, **gehört dir**, sie wird in **deinem Leben** Gutes bewirken. So ist es mit allen Gefühlen, sie gehören dir und werden in deinem Leben Früchte tragen. Wenn du jemanden beneidest, schadest du ihm damit nicht, sondern nur dir selbst.

Dankbarkeit:

Dankbarkeit ist eine wunderbare Geisteshaltung, die dich immer auf der besseren Seite sein lässt. Angenommen, du führst ein mittelmäßiges Leben mit Höhen und Tiefen, wenn du dankbar für die guten Seiten bist, richtest du aufgrund dieser Dankbarkeit deinen Fokus auf das Erwünschte, also wird dir das Gesetz mehr von diesem Erwünschten bringen.

Trotzdem ist das Gefühl der Wertschätzung dem der Dankbarkeit noch einmal weit überlegen. Dankbarkeit ist zu vergleichen mit der Liebe, wie sie meist verstanden wird. Diese Liebe ist an Bedingungen geknüpft, auch Dankbarkeit ist an Bedingungen geknüpft, niemand sagt ernsthaft Danke, ohne dafür einen Grund zu haben. Zum Beispiel: Ich wertschätze mein Auto, dann heißt das, dass ich es einfach sehr gut finde, es liebe, wenn ich „Danke" zu meinem Auto sage, dann weil es mich sicher von A nach B gebracht hat, ohne zu versagen, es sind Bedingungen.

Wertschätzung ist einfach **WOW!** Einfach so! Das ist die wahre Liebe!

Alles, was die Menschen bekommen, bekommen sie aufgrund **ihrer** Geisteshaltung, das gilt natürlich auch bei der Dankbarkeit.

Was auch immer alle sagen mögen, viele bedeutende Menschen haben davon gesprochen, wie wichtig Dankbarkeit ist, aber trotzdem: **Dankbarkeit hat laut dem Gesetz der Anziehung keinen besonderen Stellenwert**, außer den, dass es gute Gedanken sind.

Genau genommen ist es sogar im Lichte des Gesetzes betrachtet Unfug, dankbar zu sein. Wenn **jede** Begebenheit, auch die kleinste, von mir selbst verursacht ist, warum sollte ich dann dankbar sein, vor allem wem? Ich habe es doch selbst verursacht, also müsste ich mir selbst danken, aber wer sagt schon zu sich selbst Danke? Hätte so einen Anflug von Schizophrenie. Macht das der Sportler? Klitschko, wenn er gerade jemanden verprügelt hat? Bei wem sollte er sich bedanken? Dr. Eisenfaust weiß, dass er gewonnen hat und dass nur er auch die Ursachen dafür gesetzt hat und nicht der Zufall!

Danke sagt man eigentlich, wenn jemand etwas tut, was er nicht hätte tun müssen, **aber laut dem Gesetz der Anziehung gibt es eine solche Situation nicht**, kann es eine solche Situation niemals geben! Vor dem Gesetz bist du immer allein!

Wenn zum Beispiel jemand für seine Partnerschaft dankbar ist, obwohl sie nicht perfekt ist, wird sie sich verbessern, aber nur weil er durch die Dankbarkeit an das Gute in der Beziehung denkt. Wäre er undankbar, würde er mehr an die unerwünschten Aspekte der Beziehung denken und diese damit verstärken!

Für etwas dankbar zu sein, was ich noch nicht besitze, fällt natürlich wesentlich schwerer, als einfach Wertschätzung dafür zu empfinden. Zu sagen z. B.: „Ich finde Porsche so richtig geil, ich liebe diese Autos! Ich liebe diese Geschwindigkeit, diese unbändige Kraft, ich liebe dieses Design!" Diese Wertschätzung kann man ganz leicht fühlen.

An wen sollte man jetzt den Dank dafür richten? An Ferdinand? Das Lieben dieses Autos ist der schnellste Weg, es zu bekommen.

Dass dem „Danke" solch hoher Stellenwert beigemessen wird, liegt vermutlich an der über 2000 Jahre währenden christlichen Lehre, nach der wir wie ein Wurm im Staube zu sein haben, dankbar mit dem bisschen, was wir haben, dankbar, in gottgefälliger Armut leben zu dürfen, dankbar, überhaupt leben zu dürfen. Schon die Tischgebete, wo Gott für das Essen gedankt wird, haben etwas von völliger Machtlosigkeit an sich, trotzdem lehren alle Religionen, dass Gott uns nach seinem Vorbild, also als Schöpfer erschaffen hat. Aber das Wort Dankbarkeit kommt nur einmal in der gesamten Bibel vor, danke(t) immerhin schon 97-mal, Liebe dagegen 448-mal, auch Glauben 320-mal[1].

Ich will damit nicht zum Ausdruck bringen, dass es schlecht sei, dankbar zu sein; wie schon erläutert, ist Dankbarkeit immer auf der positiven Seite, aber Danke hat immer dieses Gefühl der Machtlosigkeit dabei, des Ausgeliefertseins, der Abhängigkeit, aber genau das ist nicht der Fall. Wenn der Bettler Danke sagt, dann schwingt da eine Abhängigkeit mit, wenn der Genesene Danke sagt, dann schwingt da der gewonnene Kampf mit, wenn der Ehemann Danke sagt, dann schwingt da ein „Wenn ich dich nicht hätte", also Hilflosigkeit mit.

Du bist der Erschaffer einer jeglichen Situation deines Lebens!

Das ist natürlich nicht leicht, das einem vermeintlichen Opfer beizubringen, aber wenn es niemand tut, dann wird diejenige Person immer wieder Opfer sein! Deswegen versucht jeder, diese Aussage zu

---

[1] bibelserver.com, Übersetzung Luther 1984

vermeiden, um diejenigen nicht noch mehr zu belasten. Das erinnert einen daran, dass wenn jemand einen unangenehmen Mundgeruch verströmt, niemand bereit ist, es ihm zu sagen, was natürlich zur Folge hat, dass er es selbst gar nicht weiß. Also, an all jene, die ihr Leben in jedweder Form verbessern wollen, aber glauben, sie seien Opfer: Völlig egal, was es ist, **du allein erschaffst sämtliche Umstände deines Lebens selbst!**

Versucht, so viel Liebe wie möglich zu empfinden, und euer Leben wird sich radikal in jeder Situation verbessern. Unter diesem Gesichtspunkt betrachtet ist es natürlich auch unnötig, Gott überhaupt für etwas zu danken, weil du selbst hast es erschaffen, und dem Universum ist es völlig gleichgültig, was du erschaffst, darüber wurde dir vom allumfassenden Geist die absolute Freiheit gewährt. Gott gibt dir keine Geschenke, das würde Willkür implizieren, denn nicht jeder bekommt etwas Gutes. Aber jeder, der nur an Gutes denkt und gute Gefühle aussendet, bekommt garantiert nur Gutes! Aber eben nicht durch Gott, sondern deine eigenen Gedanken haben es erschaffen, und das Gesetz der Anziehung bringt das in dein Leben.

27. Macht

Wir alle werden geboren und haben den Wunsch nach Macht. Eigentlich jeder möchte, dass die Dinge so laufen, wie er es sich vorstellt, und jeder möchte dazu auch gerne andere Menschen beeinflussen, und wenn es das Mädchen im Kindergarten ist, das möchte, dass der Kevin nur mit ihr spielt und nicht immer mit Ulrike.

Wenn man ihr das Gesetz beigebracht hätte, wüsste sie, dass sie sich nur oft bildlich vorstellen müsste, mit Kevin zu spielen, und dann würde es bald so sein. Nicht, dass sie jetzt nur Kevin beeinflusst hätte, nein, auch Ulrike, die sich jetzt vielleicht von Kevin abwenden würde, vor allem aber sich selbst. Sie würde sich anders verhalten und sich automatisch mehr auf Kevins Wellenlänge begeben, durch ihre veränderte Schwingung würde Kevin mehr von ihr angetan sein. Jedes Kind träumt davon, ein Zauberer zu sein, damit das geschehen kann, was es will. Später sind es die Superhelden, die eine magische Faszination ausüben, und das Kind hat in seinen Tagträumen solche Kräfte, und nun zeigt er es der Großfresse auf dem Schulhof mal so richtig, natürlich unter dem Applaus der hübschen Mädchen. Später ist es dann der Nebenbuhler, den man vor den Augen der Angebeteten der Lächerlichkeit preisgibt, als Erwachsener dann der Chef, den man gedanklich öffentlich bloßstellt. Aber immer mehr merkt man als Mensch, dass man eben keine Macht hat. Die Großfresse auf dem Schulhof hat ihn umgeschubst, die hübschen Mädchen haben gekichert, der Nebenbuhler hat die Frau bekommen, der Chef hat ihn vor den Kollegen runtergeputzt – die Leute fühlen sich komplett ohnmächtig. Und aus diesem Grunde beginnen sie, die Macht als etwas Schlechtes darzustellen. Weil ihnen eben durch die Macht der anderen nichts Gutes geschieht, weil sie dadurch blamiert werden, sich gekränkt fühlen. Meine Wünsche gehen eben nicht in Erfüllung, der Politiker trifft eine Entscheidung, die ich nicht gutheiße, mein Fußballverein verliert gegen den Tabellenletzten, mein Favorit beim Formel 1 wird viel zu oft überholt. Und schon fühlt ein Mensch sich gelebt, von anderen gelebt, vom Zufall gelebt, völlig ohnmächtig. Also: Macht ist etwas Schlechtes, **weil ich selbst keine habe.**

Eigentlich geht es immer und überall um Macht.

Eine Männerzeitschrift hat herausgefunden, dass Frauen wesentlich stärker auf Männer mit Macht abfahren als auf welche mit Geld, Macht übt eine einzigartige Faszination auf Frauen aus. Das fängt schon bei jungen Mädchen an, die total auf den Türsteher ihrer Diskothek abfahren, obwohl er recht bescheiden aussieht, der hat für diese Mädchen die ultimative Macht, er entscheidet, wer reinkommt und wer draußen bleibt.

Jeder möchte Macht haben, und wenn er diese nur dazu benutzt, um einen Freund auf den „rechten Weg" zu bringen. Warum geben wir denn gute Ratschläge? Weil wir möchten, dass sie beherzigt werden und dann Erfolg bringen. Also dass wir etwas Gutes bewirkt haben, recht hatten. Hundebesitzer üben Macht auf ihre Tiere aus, „Sitz!" hier und „Platz!" da. Was hat ein Hundehalter davon, wenn das arme Tier in einer bestimmten, erzwungenen Körperhaltung vor dem Supermarkt auf ihn wartet? Das ist einfache Machtausübung, da tut ein anderes Lebewesen etwas, weil er selbst das so will.

„Für seinen Hund ist jeder Mensch ein Napoleon. Deshalb sind Hunde so beliebt."
Aldous Huxley

Was ist das, wenn die Mutter versucht, ihr Kind zu erziehen? Will sie das Beste für das Kind? Ja, das mag sie glauben, aber im Grunde möchte sie, dass das Kind so wird, wie **sie** es sich vorstellt, dass das Kind so wird, damit **sie** darauf stolz sein kann. Das ist Machtausübung im Kleinsten. Alle Religionen sind Macht, auch im kleinsten Glied des Gläubigen geht es darum, dass das passiert, was er möchte. Dazu hole ich mir die Macht Gottes herbei, indem ich irgendwelche Regeln befolge. Ich befolge diese Rituale ja nicht, weil es mir so viel Freude bereitet, keusch zu sein oder nur bestimmte Dinge in bestimmten Mengen zu essen. Vielmehr wird das getan, weil ich möchte, dass mir Gutes passiert, dass das geschieht, was ich möchte, also benutze ich diese Regeln als eine Art Zauberstab, um meinen Willen geschehen zu lassen.

Aber dieses ganze Macht-im-Kleinen-Ausüben ist eigentlich nur ein Zeugnis dafür, wie ohnmächtig sich diese Menschen fühlen.

Die wahre Macht eines Menschen ist noch viel, viel größer, als irgendwelche Regeln es jemals bewirken können. Deine Macht ist so groß, dass du buchstäblich jedes Ereignis in deinem Leben bestimmen kannst. Dann wirst du es nicht mehr nötig haben, über andere zu bestimmen! Genau genommen bestimmst du schon jetzt jedes Ereignis in deinem Leben selbst, doch die meisten machen dies unbewusst.

Macht wird gerne immer negiert. Macht ist lediglich, dass das passiert, was man will und sagt. Durch das Gesetz der Anziehung ist Macht über andere nur solange möglich, wie andere das Gesetz nicht verstehen!

Oft wurde schon davon geredet, man hat es in Erfolgsbüchern gelesen, dass man das Gesetz der Anziehung nicht dazu missbrauchen darf, andere zu beeinflussen. Das ist natürlich so nicht ganz richtig, das Gesetz kennt keine Moral, was du damit in dein Leben ziehst, bleibt allein dir überlassen, aber es hat so seine Tücken.

Wenn du glaubst, andere Menschen manipulieren zu müssen, um an dein Ziel zu kommen, ist das eigentlich Mangeldenken. Du musst niemanden manipulieren, es ist genug da, um alle deine Wünsche zu erfüllen. Durch dein Denken werden neue Gegebenheiten einfach erschaffen. Wenn du nun glaubst, andere Leute beeinflussen zu müssen, damit du an dein Ziel kommst, räumst du diesen Menschen mehr Macht ein als dir selbst. In diesem Moment aber haben sie mehr Macht als du, denn das Gesetz gibt dir immer recht, du erschaffst dadurch Macht für andere anstatt für dich selbst. Denke einfach beharrlich an dein Ziel, visualisiere es, erwarte die Erfüllung, freue dich auf die Erfüllung und bald gehört es dir! Andere Leute haben mit der Erfüllung nichts zu tun, das sind nur deine Postboten.

28. Neid

Neid ist ja das Zeichen dafür, dass du das, was du dem anderen neidest, selbst gern hättest, sonst würdest du es ihm ja nicht neiden, sonst wäre es dir egal.

Wenn der Nachbar eine alte Rostlaube hat, die jeden Morgen 15 Minuten braucht, bis sie anspringt, so wirst du sicherlich nicht neidisch darauf sein, fährt er dagegen mit dem neusten 7er BMW vor, könnte es dich schon ziemlich wurmen.

Sprüche wie: „Wer weiß, wo der das Geld dazu her hat" (impliziert, dass er es unrechtmäßig erworben hat), oder „Hat er bestimmt auf Kredit gekauft" (impliziert, dass er ja gar kein Geld hat, sondern verschuldet ist), oder „Wer weiß, vielleicht muss ja seine Frau manchmal nachts dafür anschaffen" (impliziert, dass es unmoralische Leute sind, die **alles** für Geld tun). Aber egal welchen Spruch du dazu auf Lager hast, wenn sie so negativ sind, heißt das nichts anderes als: „Geile Karre, so was hätte ich auch gerne, weil ich es aber nicht habe, gönne ich es ihm auch nicht." Damit schneidest du dich aber für immer von dem Prozess ab, der ein solches Auto für dich erschaffen könnte.

Man könnte Neid auch als fehlgeleitete Energie betrachten, du möchtest es auch gerne haben, aber du negierst diesen Gegenstand. Durch deinen Neid wird dieser 7er in deinen Gedanken zu etwas Schlechtem, wofür man betrügen oder viele Schulden machen oder gar seine Frau auf den Strich schicken muss. So wirst du aber nie einen bekommen, das weiß dein Unterbewusstsein zu vermeiden.

224

Der Weg zum Erschaffen heißt Wertschätzung und Liebe.

Wenn du sagen würdest: „Geile Karre, ich muss mal mit ihm quatschen, wie er das realisiert hat, vielleicht hat er ja ein paar Tipps für mich", oder einfach nur „WOW", damit bringst du solch einem Auto ganz einfach Wertschätzung entgegen und sagst deinem Unterbewusstsein, dass es gut ist, so was zu besitzen.

Leider ist hier in Deutschland das Thema Neid allgegenwärtig, ich weiß nicht, ob es noch andere Staaten gibt, wo das so ausgeprägt ist wie hierzulande.

Man sagt, in Italien wird ein Ferrari beklatscht, wenn man ihn sieht, in Amerika wird er bewundert, und jeder will noch härter arbeiten, um auch so ein Auto zu haben, und in Deutschland wird er vor Neid zerkratzt oder gar angezündet.

Wenn du Neid empfindest, ist es ein sicheres Zeichen, dass du das Objekt deines Neides selbst wünschst, und es ist ein sicheres Zeichen dafür, dass du gerade deine Energie so einsetzt, dass du das Erwünschte nicht bekommen kannst.

Da kann man bewusst dran arbeiten, bleiben wir mal bei dem Nachbarn mit seinem neuen BMW 7er, du könntest versuchen zu denken: „Im Endeffekt ist es egal, was er dafür getan hat, auch wenn er Schulden hat, schließlich ist es entscheidend, dass er diese Lebensqualität hat, die ich noch nicht habe."

Das beste Mittel gegen Neid ist zu visualisieren! Stelle dir täglich bildlich vor, dass du selbst dein Traumauto fährst. Stell dir vor, wie du von anderen bewundert wirst, stell dir vor, darin zu sitzen und damit zu fahren, stell dir vor, wie dir dein Nachbar gratuliert, dass du so ein teures Auto hast, stell dir vor, dass deine Frau zu dir sagt, sie sei stolz auf dich. Tue das am besten täglich, und es werden sich Türen auftun und Wege werden vor dir eröffnet, und du wirst ihn früher oder später haben. Aber als Erstes wirst du bemerken, dass deine Neidgefühle ganz schnell verschwinden, denn in deinen Gedanken bist du jetzt schon selbst einer, der Geld hat und sich solch ein Auto leisten kann. Genau das ist es. Glaubst du, ein Millionär wäre neidisch auf einen 7er BMW seines Nachbarn? Natürlich nicht! Und das ist dein erster Schritt zum Wohlstand. Und es ist ein Schritt zur Freiheit, mal ganz ehrlich, Neid fühlt sich doch echt scheiße an, oder? Hat schon jemand mal einen glücklichen Neider gesehen? Ich möchte behaupten, andauernde negative Gefühle wie Neid und Hass machen nicht nur unglücklich, sie machen auch krank, hässlich, dumm und verderben den Charakter. Wer kennt nicht alte vergrämte Menschen, deren Mundwinkel ständig nach unten gehen, denen alles gegen den Strich geht, die jedem alles neiden, ständig empört sind und jeden hassen, dem es besser geht als ihnen selbst.

Das ist wahrlich nicht das Rezept, um deine Träume zu leben.

Nun kann Neid, im Gegensatz zu anderen destruktiven Gefühlen, aber auch positiv sein. Natürlich nicht, wenn du ihn selbst empfindest, dann ist er immer zerstörerisch und fühlt sich niemals gut an. Aber wenn jemand anderer dir etwas neidet, ist es oftmals ein gutes Gefühl, weil es dir anzeigt, dass du etwas geschaffen hat, was dieser Neider nicht hinbekommt. Da fällt mir der Spruch ein, dass man Mitleid umsonst bekommt, aber Neid muss man sich erarbeiten.

Ich sage aber:

„Mitleid bekommt man durch hartes Arbeiten, Neid bekommt man durch entspanntes Visualisieren."

Wenn du sehen würdest, dass dein Nachbar und seine Frau jeden Tag 12 bis 14 Stunden arbeiten, dann würdest du ihnen das Auto auch nicht mehr neiden. Aber wenn du siehst, dass der Nachbar dort immer entspannt auf der Terrasse sitzt und Kaffee oder Tee trinkt, könnte dir das Ganze schon etwas suspekt vorkommen.

Das Schlimme ist, dass Neid hier in Deutschland von den Gewerkschaften und Linksparteien bewusst geschürt wird, es ist bei denen eine feste Größe im Wahlkampf. Immer wieder werden von denen Neiddebatten losgetreten; ich bin mir nicht sicher, ob sie sich überhaupt darüber im Klaren sind, dass das eine Art Volksverhetzung ist. Wo ist der Unterschied, ob ich ein Volk gegen Menschen anderer Rassen aufbringe oder gegen Menschen anderer Klassen? Wenn zum Beispiel ein Verbrechen geschieht und der Angeklagte nun vor dem Richter steht, und es kommt heraus, dass das Verbrechen aus Neid, Hass oder Eifersucht begangen wurde, kommt dabei ein höheres Strafmaß zustande, als wenn das Gleiche aus anderem Grunde getan wurde. Dort heißt es dann: „Verbrechen aus niederen Beweggründen". Daran sollten solche Parteien mal denken, wenn sie ein gutes Wahlergebnis eingefahren haben, dass sie das nur taten, weil sie an die niederen Beweggründe ihrer Wähler appelliert haben.

Neid ist in jedem Falle destruktiv und zerstörerisch; gelobt sei der, der frei von solchen Gefühlen ist. Wahres Glücklichsein ist nicht für dein Leben realisierbar, wenn du dein Gemüt mit solchen Gefühlen vergiftest.

Das beste Mittel gegen negative Gefühle aller Art ist noch immer, sich einfach nicht darum zu scheren, was andere Leute tun, sondern sich auf das zu konzentrieren, was man selbst möchte. Das ist erstens viel spannender und fühlt sich wesentlich besser an, wenn man sich um seine Herzenswünsche kümmert, und zweitens ist das auch der einzige Weg, um sie in dein Leben zu holen. Wenn du sie dann lebst, werden andere dich beneiden, sich fragen, wie du das tust, ob vielleicht deine Frau ... Aber das wird dich nicht im Mindesten interessieren, weil du weißt, dass jeder diese Möglichkeit hat.

29. Paradigma

Einfach ausgedrückt ist ein Paradigma die Gesamtsumme deiner Glaubenssätze zu einem Thema.

Was glaubst du ganz tief in deinem Herzen über ein bestimmtes Thema, über einen bestimmten Lebensbereich? Genau das wird sich in deinem Leben verwirklichen. Angenommen, deine Eltern hatten wenig Geld. Ihr habt nicht gehungert, dennoch wurde dir schon schnell bewusst, dass viele in deiner Klasse Markensachen trugen, während deine Bekleidung vom Grabbeltisch kam. Wenn du deine Eltern daraufhin ansprachst, bekamst du völlig dumme und falsche Meinungen über Geld eingetrichtert, mit denen sie die Unfähigkeit maskierten, ordentlich für sich und ihre Kinder zu sorgen. Geld ist doch nicht alles; Geld wächst nicht auf Bäumen; Geld macht nicht glücklich; um reich zu sein, brauchst du Ellenbogen usw. Diese Sprüche sind, weil sie ja logisch sind, auch sehr dumm. Selbstverständlich wächst Geld nicht auf Bäumen, Liebe übrigens auch nicht, Gesundheit ebenso wenig. Natürlich ist Geld auch nicht alles, das sieht jedes Kind. Und um jemanden glücklich zu machen, wurde das Geld auch nicht erfunden, es wurde erschaffen, um uns Bequemlichkeit zu bringen. In unserer heutigen komplexen Welt ist ein Handel ohne Geld gar nicht mehr möglich. Und natürlich hat jeder normal gewachsene Mensch Ellenbogen, arm oder reich.

Du hast durch deine Erziehung ein Paradigma entwickelt, dass es nicht leicht ist und aber auch nicht so besonders ehrenwert, viel Geld zu haben. Jetzt bist du erwachsen und weißt inzwischen, dass das so nicht ganz richtig ist. Dennoch offenbart sich immer dein Paradigma. Du wirst also recht wenig Geld haben. Was auch immer du tust, es geht schief oder bringt nur mäßigen Erfolg.

Viele Erfolgstrainer sagen, dass es todsichere Programme gibt, mit denen du viel Geld verdienen kannst. Sie geben dir Schritt für Schritt Anweisungen. Bei dir funktioniert es aber trotzdem nicht, weil dir nach deinem tiefsten Glauben geschieht, nach deinem Paradigma. Bei dir funktioniert gar nichts, um reich zu werden. Und wenn es mal ganz gut geklappt hat, dann passiert etwas (z. B. Auto kaputt), und alles ist wieder weg. „Wie gewonnen, so zerronnen", war auch so ein Spruch deiner Eltern? Das ist ein wunderbarer Beweis dafür, dass unsere Gedanken unser Leben erschaffen.

Diese gilt es zu verändern; wenn du bewusst deine täglichen Gedanken änderst, vorrangig an das denkst, was du haben möchtest, und nach Möglichkeit gar nicht an das, was du nicht möchtest, dann wird sich langsam aber sicher dein Paradigma ändern. Das kannst du aber wirklich nur bewusst tun, natürlich auch erst, wenn du das Problem erkannt hast. Affirmationen sind ein wunderbarer Weg, um deine Gedanken dauerhaft auf eine gute Linie zu bringen. Nimm dir einfach ein paar positive Aussagen über dich selbst und wiederhole sie immer und immer wieder. Ein Klassiker wäre da zum Beispiel: „Mir geht es mit jedem Tag, in jeder Beziehung besser und besser."

Wenn du solche positiven Aussagen immer und immer wieder wie ein Mantra vor dich hersagst, sinken sie in dein Unterbewusstsein ein und verändern so kontinuierlich dein inneres Bild von dir selbst und vom Leben im Allgemeinen.

Wenn du das verändert hast, dann verändert sich automatisch dein Einkommen. Also arbeite nicht an irgendwelchen Programmen mit Erfolgsgarantie, arbeite an dir selbst und verändere Stück für Stück dein Erfolg verhinderndes Paradigma.

Erhard Freitag sagte:

„Die bestbezahlte Arbeit der Welt ist die Arbeit an dir selbst."

30. Partnerschaft

In einer Partnerschaft ist das Gesetz der Anziehung natürlich genauso gültig wie in jedem anderen Lebensbereich auch.

In „Der Film deines Lebens" wurde erzählt – was auch in der esoterischen Lehre sehr viel Verbreitung findet –, dass wir uns nur gegenseitig spiegeln, also, dass der andere unser Spiegel ist, mit der Bemerkung, dass wir uns selbst ändern müssen und nicht versuchen sollten, den anderen zu ändern. Ich möchte diesen Film nicht kleinreden, aber das ist aus mehreren Gründen völlig unlogisch.

Richtig ist, dass unsere Umwelt ein Spiegel unserer selbst ist, das heißt, dass alles, was in dein Leben tritt, zu dir aufgrund deiner eigenen Geisteshaltung kommt. Das ist so laut dem Gesetz der Resonanz bei Dingen, die in dein Leben treten. Aber bei Dingen, die in deinem Leben sind, verhält es sich logischerweise anders. Angenommen, du hast einen Kumpel und ihr versteht euch, dann ist er aufgrund ähnlicher Schwingungen in dein Leben getreten und wird da so lange verharren, bis eure Schwingungen sich so weit voneinander unterscheiden, dass ihr eben getrennte Wege geht. Jeder kennt eine solche Situation, in der man einfach mit den Freunden von früher nicht mehr so viel anfangen kann, dann geht man einfach, ohne Probleme, jeder seinen eigenen Weg, das Gesetz der Anziehung hat euch getrennt.

Wenn du deinen Ehepartner kennenlernst, ist natürlich auch dieser von deinen Schwingungen angezogen worden, was aber noch lange nicht heißt, dass er dich spiegelt. Angenommen, du hast immer eine sehr sanfte Frau gesucht, hast dir das vorgestellt, visualisiert, dann wird sie zu dir kommen, weil du es so gedacht hast und nicht weil du genauso bist. Du selbst bist vielleicht gar nicht sanft, eher dominant und stark, vielleicht sogar ein richtiger Macho. Also: Sie spiegelt dich nicht, sondern passt zu deinen Schwingungen. Wenn ihr aber nun zusammen seid und euch langsam auseinanderlebt, dann heißt das lediglich, dass jeder von euch sich weiterentwickelt, in verschiedene Richtungen wohlgemerkt, und deshalb verändern sich eure Schwingungen nicht parallel zueinander. Nun passt ihr nicht mehr zusammen, das Gesetz der Anziehung trennt euch sozusagen, aber ihr haltet weiter mit Kraft aneinander fest, weil ihr eine Wohnung, ein Konto und ein Kind zusammen habt und weil ihr eure Konzentration auf die unerwünschten Eigenschaften des Partners richtet. Daraus muss jetzt zwangsläufig Disharmonie entstehen, etwas anderes ist nicht möglich. Jetzt ist es natürlich Unfug, dass sich beide spiegeln, wie soll das gehen? Das würde bedeuten, dass jeder die Marionette des anderen wäre, was natürlich unmöglich ist, denn wer zöge dann die Fäden? Das würde bedeuten, dass beide fremdgesteuert sind, aber das ist nicht richtig, du kannst einen anderen nicht verändern, indem du dich selbst veränderst, du kannst ihn allenfalls beeinflussen, aber ändern kann er sich nur selbst.

Wir wollen uns hier jetzt weniger darauf konzentrieren, kaputte Partnerschaften wieder zu kitten, weil das eigentlich gar nicht wirklich möglich ist, als neue, gute entstehen zu lassen.

In unserer Zeit ist es vielen Menschen sehr wichtig, dass die Ehe auf jeden Fall erhalten bleibt, selbst wenn sie überhaupt nicht funktioniert. Dazu gibt es dann Eheberater, die euch erzählen wollen, wie sehr ihr euch verbiegen und unliebsame Kompromisse eingehen sollt, um die Ehe aufrechtzuerhalten. Auch diese Verhaltensmuster stammen noch aus Zeiten des Mittelalters, wo es undenkbar war, sich scheiden zu lassen. Ich habe das noch nie verstanden, warum Menschen so sehr aneinander klammern, obwohl sie nicht zusammen passen, sich täglich streiten und im Grunde ihres Herzens todunglücklich sind. Sie sagen, es sei aus Liebe, aber wahre Liebe würde nicht jeden Tag streiten und versuchen, den anderen zu ändern und zu verbiegen. Was ja genau genommen heißt, dass ich ihn so, wie er ist, eben nicht liebe. Eigentlich lieben sie nur ihre Gewohnheit und deren Verlässlichkeit, dass alles berechenbar und vorhersehbar ist und ihre eigene Bequemlichkeit. Anderseits haben sie Angst, in Zukunft – vielleicht bis zu ihrem Tode – einsam zu sein. Andere wiederum lassen Sprüche los wie in etwa: „Wir sind ja schon seit 20 Jahren zusammen, wir können doch jetzt diese Zeit nicht einfach wegwerfen." Also, mir fehlen da immer fast die Worte angesichts der Schlichtheit dieses Gedankens, denn diese Jahre sind so oder so Vergangenheit, man kann sie weder behalten, noch wegwerfen, noch sonst was damit tun, diese Jahre sind vorbei, du hast lediglich die Erinnerung daran; ob du das Gute oder das Schlechte daran betrachtest, liegt ganz bei dir. Die Frage, die du dir stellen solltest, lautet: Bin ich mit meiner momentanen Lebenssituation so glücklich, dass ich das bis an mein Lebensende gerne so weiterleben möchte? Wenn die Antwort darauf ein Nein ist, worauf wartest du dann? Viele Menschen verhalten sich da mit ihrer nicht funktionierenden Partnerschaft wie mit dem Zahnarzt. Sie haben Zahnschmerzen, meiden aber den Zahnarztbesuch, weil sie wissen, dass der Zahn raus muss, und das bereitet Schmerzen. Also betäuben sie mit Tabletten und tatsächlich lässt der Schmerz nach, verschwindet auch wieder ganz – für ein paar Tage! Früher oder später muss er eh raus, man kann das jetzt noch jahrelang hinauszögern. Viele Menschen sind bereit, tagtäglich den kleinen Schmerz zu ertragen, und das über Jahre oder gar Jahrzehnte hinweg, nur weil sie nicht bereit sind, einmal den großen, aber kurzen Schmerz zu ertragen. Sie erfinden die skurrilsten Ausreden, die sie selbst nicht glauben, nur um ihrer Umwelt begreiflich zu machen, dass es besser ist, sich nicht zu trennen. Sie betäuben mit Alkohol, Drogen, Tabletten, TV und ungesundem Essen.

Mein ganz klarer Rat: lieber ein Ende mit Schrecken als Schrecken ohne Ende. Ihr trennt euch sowieso, die Frage ist nur, wie viele Jahre ihr euch noch quälen wollt. Diesen Leuten fehlt es ganz klar an einer Vision von einem besseren Leben in Glück und Harmonie. Wenn sie diese Vision hätten, würden sie ganz energisch in die Richtung ihres Traumes voranschreiten, so verharren sie aber dort, womit sie sich gedanklich tagtäglich beschäftigen: in der Situation, die sie nicht wollen.

Der ganze Fehler schlechter Ehen liegt genau genommen schon im Kennenlernen, deshalb ist es relativ sinnlos, im Nachhinein aus dem Verkehrten das Passende machen zu wollen. Wie lernen die meisten Menschen ihren Partner kennen? Genau genommen tun sie das zufällig, ohne Plan!

Da geht ein Mann zu einer Party, da ist dann die Freundin von einer Freundin, alle sind angetrunken, in ausgelassener Feierlaune, da fällt das Kennenlernen nicht schwer. Und sie hat ein wunderschönes Lächeln, und bei einigen Dingen wie Musik, Ess- und Trinkgewohnheiten schwimmt man auf der gleichen Welle.

Eigentlich steht er auf große, schlanke, dunkelhaarige Frauen mit großen dunklen Augen. Nun, sie ist weder groß noch brünett, noch hat sie braune Rehaugen. Dennoch ist er fasziniert von ihrem Lächeln und der Art, wie sie redet und sich bewegt. Das Einzige, wo sie wirklich zusammenpassen, ist in der Unentschlossenheit und dem Glauben, dass es den perfekten Partner eh nicht gibt. Natürlich sind es auch noch die Minderwertigkeitsgefühle, die die beiden schwingungsmäßig auf Anziehungskurs gebracht haben. Man trifft sich wieder, verliebt sich, zieht zusammen. Nun ist alles pure Gewohnheit, sie wird schwanger, man heiratet. Man versteht sich so ganz gut, es könnte schlimmer sein. Wenn er nicht nur immer anderen Frauen nachblicken würde, besonders wenn eine große exotische Schönheit an ihnen vorbeiläuft, dann ist er ganz aus dem Häuschen. Irgendwann gesteht er ihr (nach dem dritten Glas Wein), dass er schon immer auf große schlanke Frauen mit Rehaugen stand. Das wird ihre Minderwertigkeitsgefühle nicht gerade verringern. Eigentlich ist sie ja gar nicht so schlecht, wenn nicht laufend ihre blöde Mutter bei ihnen sitzen würde und wenn sie etwas mehr auf ihre Figur achten würde, und auch sexuell könnte er sich etwas Besseres vorstellen. Beide beginnen nun, sich mehr auf das in ihrem Partner zu konzentrieren, was sie nicht möchten, auf das, was sie stört, als auf das, was sie lieben. Laut dem Gesetz werden sich nun die Dinge verstärken, die sie nicht möchten. Ob der andere nun wirklich „mehr so wird" oder du es nur mehr so empfindest, spielt eigentlich keine Rolle. Die beiden werden mit Sicherheit noch ein paar Jahre zusammen bleiben, wegen der Kinder, sagen sie; vielleicht versuchen sie, durch Kompromisse und durch Einfühlungsvermögen ihre Ehe zu retten. Er verspricht ihr, nicht mehr anderen Frauen hinterherzuschauen, und sie schwört, mehr auf ihre Figur zu achten. Jeder erwachsene Mensch weiß, wie lange solche Versprechen eingehalten werden. Warum steht er denn eigentlich auf große, schlanke Brünette? Hat er darüber jemals ernsthaft nachgedacht? Natürlich hat er nie darüber nachgedacht, aber ich habe es: **Weil es einfach sein Herzenswunsch ist**, so wie viele Wünsche, die einfach da sind, wo es einfach nun mal **dein Geschmack** ist, dagegen kann man eh nicht ankämpfen und dabei glücklich sein.

Im Grunde gibt es da ja auch gar nichts mehr zu retten, wahres Glück sieht anders aus. Wahres Glück ist, mit dem Partner zusammen zu sein, wo alles stimmt. Jetzt gibt es genug Leute, die behaupten, dass es diesen Partner nicht gibt – und wenn es ihn doch geben sollte, wie soll man ihn finden? Aber wenn es ihn nicht geben würde, könntest du es dir nicht vorstellen. Laut dem Gesetz der Anziehung muss das, was du dir ersehnst, auch irgendwo sein, sonst könntest du es gar nicht wollen. Und genau so ist es. Das, was du suchst, das sucht auch dich! Wenn du es dir vorstellst, trittst du in Resonanz dazu! Nach deinem Glauben wird dir geschehen. Wenn du gebetsmühlenartig behauptest, den perfekten Partner gebe es heutzutage sowieso nicht mehr, dann kannst du ihm auch nicht begegnen. Das Gesetz der Anziehung gibt dir immer recht! Ich persönlich kenne drei Paare, die schon über 40 Jahre zusammen und auch wahrhaft glücklich miteinander sind, das brauchen sie einem noch nicht mal zu erzählen, dass sie glücklich sind, das sieht und spürt man, wenn man in ihrer Nähe ist. Trotzdem sie schon im Rentenalter sind, gehen sie so süß miteinander um, wie man es von frischverliebten Paaren kennt, sie haben strahlende Gesichter mit vielen Lachfalten und das Glück strahlt ihnen aus den Augen, ja förmlich aus jeder Pore, sie necken sich und reden sich mit Kosenamen an. Ich denke, jeder kennt solch ein Paar, was ja der Beweis dessen ist, dass es absolut möglich ist! Wie aber stellen wir es an, den perfekten Partner kennenzulernen?

Angenommen, du möchtest dir eine neue Hose kaufen, dann schlenderst du in das nächstgelegene Kaufhaus, gehst in deine Abteilung, steuerst auf das erstbeste Regal zu, auf dem deine Größe draufsteht, greifst dir die erstbeste Hose und schreitest mit dieser zur Kasse. Zu Hause angekommen stellst du dann fest, dass sie etwas zu kurz ist, dass der Stoff kratzt, die Farbgebung im Tageslicht dich nicht zufriedenstellt und dass sie im Gesäß und Schritt nicht richtig sitzt, und zu teuer war sie auch. Da du sie aber nun mal hast und diese Hose ansonsten ja ganz in Ordnung zu sein scheint – sie ist sauber, ganz, warm und recht ansehnlich – wirst du beginnen, sie verändern zu wollen. Man kann den Bund auslassen, sie einfärben, weichspülen. Na ja, beim Schnitt wird es schon schwerer, aber Mutter hat dir ja beigebracht, dass man im Leben immer Kompromisse eingehen muss, dass nichts perfekt ist!

Klingt nicht wirklich nach einer glücklichen Mensch-Hose-Beziehung.

Aber genauso verfahren fast alle Menschen bei ihrer Partnersuche. Sie wissen, dass sie sich einen Partner wünschen, gehen irgendwo hin, wo man jemanden kennenlernen kann, und verfahren wie eben der junge Mann beim Hosenkauf. Nur selten bin ich Leuten begegnet, die ganz genau wussten, was für einen Partner sie sich wünschen. Die allermeisten können nur schwammige Aussagen machen, so in etwa: „Na ja, sie sollte schon gut aussehen und nett sein." Und meistens haben sie noch eine recht große Auswahl von Ansprüchen, wie sie **nicht** sein sollte.

Der, der genau weiß, was er will, hat vorher ein Bild von der Hose, weiß ganz genau, wie sie aussehen soll und welche Qualitäten sie haben muss. Er weiß, wie sie sitzen soll, was für eine Stoffqualität sie haben muss usw. Dann begibt er sich auf die Suche und wird erst dann eine kaufen, wenn sie genau seinen Vorstellungen entspricht. Da muss man vielleicht etwas länger suchen, aber niemand würde auf die Idee kommen zu behaupten, eine Hose, bei der alles stimmt, gebe es heutzutage nicht mehr.

Genauso sollte man seine Partnersuche in Angriff nehmen. Mach dir ein Bild von deinem Zukünftigen. Weiß ganz genau, so und nicht anders sollte er aussehen. Fange nicht an, jetzt schon Kompromisse einzubauen (na, wenn er nicht 185 cm groß ist, sondern nur 178 cm, so ist das auch okay). So etwas ist völlig unnötig und bestätigt nur deinen Unglauben in das Gesetz. Du bist der Schöpfer! Nimm dir ein Blatt Papier und einen Stift und schreibe dir ganz genau auf, wie er sein soll, stell es dir vor, träume von ihm. Nach und nach wirst du in deinem Geiste ein Bild von einem Partner entwickeln, das täglich vervollständigt wird.

Was aber sehr wichtig ist: Es ist **deine** Partnerschaft, also frage im Vorfeld nicht deine Freundin oder Tante. Du ganz allein kannst wissen, was du dir wirklich in der Tiefe deines Herzens wünschst. Das Falscheste, was es gibt, ist, zu überlegen oder dir von anderen diktieren zu lassen, ob deine Wünsche richtig sind oder ob sie gut sind! Oder vielleicht zu oberflächlich? Oder zu unverschämt? Das ist nur eine Meinung, weiter nichts, und du solltest **deine** Meinung vertreten. Suche dir einen Partner, wie du ihn wirklich willst, gib dich nicht mit einem Ersatz dessen zufrieden. Vor allem: Konzentriere dich niemals auf die Eigenschaften, die du **nicht willst**. Das könnte das eben erwähnte Pärchen getan haben, sie wollte bestimmt niemals einen Mann haben, der anderen Frauen nachschaut, und er keine, die ständig ihre Mutter einlädt.

Ich hatte mal einen Kumpel, der war sehr dominant und wollte eine Frau haben, die wesentlich jünger als er selbst ist und die sich gerne führen lässt. Alle Welt kritisierte ihn: „Du suchst ja nur eine, die zu allem Ja und Amen sagt", oder „Warum denn so jung, die hat doch noch gar keine Erfahrung", und „Das ist nur dein Ego, das das will, willst ne Vorzeigepüppi", oder völliger Schwachsinn wie: „Du hast ja nur Angst vor starken Frauen" usw. Jeder sagte ihm ungefragt seine Meinung dazu und jeder dachte, dass seine eigene Meinung das Nonplusultra ist. Aber die meisten dieser Meinungen sind ein Ausdruck des Mangeldenkens oder des Neides, aber es ist **sein** Leben, **sein** Wunsch, und nur er kann wissen, was er gerne mag! Mit einer Frau, die anders ist als erwartet, würde er nicht glücklich werden!

Inzwischen hat er seine süße Püppi, und beide sind sehr glücklich, sie ist 17 Jahre jünger und hatte schon immer einen reifen Mann gesucht, der stark ist, den Weg kennt und sie einfach an die Hand nimmt!

Und seine sogenannten Freunde zerreißen sich nun das Maul, können ihren Neid auf solch eine junge, schöne, sanfte und fröhliche Frau kaum verbergen. Er hält ihnen ihren eigenen Mangel sehr deutlich vor Augen.

Was ist nun aber, wenn du eine bestimmte Person als Partner haben möchtest, jemanden, den du schon kennst?

Sich jetzt auf ihn zu fixieren, ist erstens mühselig und zweitens nicht immer zielführend. Mal als Beispiel: Du möchtest die Anne aus deinem Bekannten- oder Arbeitsumfeld zu deiner Lebenspartnerin machen, du weißt aber, das sie nicht sonderlich auf dich steht. Natürlich könntest du nun immer wieder die Macht der Visualisierung ausüben, um dein Ziel zu erreichen. Wenn die Angebetete in ihren Gedanken recht neutral ist und in etwa über ihren künftigen Partner denkt: „Mal sehen, was da so kommt", dann hast du wahrscheinlich recht leichtes Spiel. Vielleicht wirst du dich automatisch etwas verändern, damit sie dich in einem anderen Licht sieht, vielleicht nimmt sie dich auch einfach so anders wahr als vorher. Ihren Freunden erzählt sie, dass das Äußere ihr nicht so wichtig ist, aber ist sie denn wirklich das, was du wolltest? Du hast sie dir visualisiert, **aber sie nicht dich**, das heißt, dass du immer das schwächere Glied bleiben wirst, durch dein Visualisieren ist dieses Ziel in dir sehr fest verankert, aber du warst nie **ihr Ziel**. Irgendwie begibst du dich damit in eine Abhängigkeit, schließlich kanntest du sie überhaupt nicht wirklich. Vielleicht ist sie gar nicht das, was du dir erhofft hast, vielleicht steckt hinter dieser Fassade, in die du dich verliebt hast, eine total taube Nuss.

Wenn sie natürlich ganz genaue Vorstellungen von ihrem Partner hat, diese aber nicht dem entspricht, was du bist, dann hast du eh keine Chance, da kannst du visualisieren bis zum jüngsten Tag, es wird dir nichts nutzen. Aber genau diese Mühsal und Enttäuschung kannst du dir sparen, wenn du gleich an die wahre Traumfrau denkst, diese wird dann einfach irgendwie in dein Leben treten, lass dich überraschen!

Handeln?

Wenn man Single ist und einen Partner sucht, merkt man am besten, wie wenig dir Handeln beim Erschaffen nutzt. Es soll der Seelenverwandte sein, der wahre Traumpartner. Zuerst beginnst du vielleicht, möglichst viele kennenzulernen, so nach dem Motto, umso mehr du kennenlernst, umso höher ist die Wahrscheinlichkeit, dass der Traumpartner dabei ist. Bald merkst du aber, dass das völliger Schwachsinn ist. Nicht die Masse macht es, dass er dann zufällig dabei ist, sondern die Inhalte deines Unterbewusstseins, deine Erwartungshaltung ist das, was dafür verantwortlich ist, wen du da anziehst.

Du musst es mit deinem Kopf tun, visualisieren, dich so fühlen, als wäre er schon da, das Gleiche gilt, wenn man zum Beispiel ein Musikstück schreiben oder ein Bild malen will. Glaubst du, ein berühmter Maler malt einfach 100 Bilder, weil schon ein gutes dabei sein wird? Das ist nicht so, wie einen Kubikmeter Holz hacken, man muss inspiriert sein, das kommt von innen, und genauso ist es mit allem, also auch mit dem Traumpartner! Deswegen ist der Spruch, dass dir der Postbote keinen Partner bringen wird, gut gemeint, aber völlig unnütz. Derjenige, der allein zu Hause sitzt und täglich seinen Seelenverwandten visualisiert, wird ihn irgendwann einfach „zufällig" kennenlernen, im Supermarkt oder in der U-Bahn. Derjenige, der rastlos durch Diskotheken und Singlebörsen streift, ohne eine klare Vision von seinem zukünftigen Partner zu haben, wird einen nach dem anderen kennenlernen, aber auch wieder einen nach dem anderen disqualifizieren oder bei etwas halbwegs Passablem hängenbleiben und ein mittelmäßiges Leben führen. Solche Menschen werden dann völlig desillusioniert verkünden: „Na, heutzutage findet man sowieso keine wirklich guten Partner mehr."

31. Schlechte Welt?

„Die wichtigste Frage, die sich ein Mensch stellen kann, lautet: Ist das Universum ein freundlicher Ort?"

Albert Einstein

Immer und immer wieder bekommt man überall zu hören, wie unvollkommen die Welt sei, wie sehr die Moral den Bach runtergeht, dass alles immer schlimmer wird, die Menschen keine wahren Werte mehr haben. Die meisten Menschen wünschen sich eine bessere Welt. Damit ist dann ausschließlich immer gemeint, dass andere Menschen sich anders verhalten müssten. Niemals ist damit gemeint, dass sie sich selbst anders verhalten müssten. Also denkt genau genommen die Mehrheit: „Wenn sich jeder so verhalten würde wie ich, dann wäre es eine gute Welt." Die Schuldigen sind schnell gefunden, die schlechte Zeit, die Gesellschaft, die Jugend, die Politiker allen voran, der Präsident der USA, die Chinesen, die Russen, die Moslems – diese Kette lässt sich unendlich weiterführen.

Aber ich denke, die Welt ist vollkommen, einfach so, wie sie ist. Was passiert denn abends von 19–22 Uhr in den größten Teilen der Welt? Da sitzen Menschen beim Abendbrot mit ihren Kindern, essen Pizza oder belegte Brote, vielleicht auch Maisfladen oder Hirsesuppe. Die Menschen schauen fern oder hören Radio, manche musizieren auch selbst. Oder sie sitzen im Gasthaus und reden und trinken, manche müssen arbeiten, manche spielen mit ihren Kindern. Es gibt sicherlich auch Familien, die streiten, vielleicht wird auch irgendwo geschlagen. Wie viele Familien kennst du, ich meine nicht vom Hörensagen, sondern **du persönlich**, die sich am Abend prügeln? Oder wo einer verprügelt wird? Ich kenne gar keine. Alle, die ich fragte, kennen auch gar keine solcher Familien persönlich.

Die meisten schauen ihre Serie und bereiten sich auf das Zubettgehen vor, waschen sich – oder auch nicht, machen Liebe – oder auch nicht, lesen ihren Kindern eine Geschichte vor oder lassen sie allein zu Bett gehen. In den größten Teilen der Welt herrscht Harmonie, Kinder werden gezeugt, Kinder werden geboren, Geburtstage und Hochzeiten gefeiert, Familien lieben sich, Kinder lieben ihr Haustier und ihre Mom. Ernten werden eingefahren, Essen wird nach Uromas Rezept gekocht. Menschen strömen in die Kirche zum Gebet, andere arbeiten oder betrinken sich gerade.

Der größte Teil der Welt ist zu jeder Zeit normal und harmonisch!

In Deutschland leben ca. 80 Millionen Menschen. Nehmen wir eine durchschnittliche Lebenserwartung von 80 Jahren, so heißt das, dass jedes Jahr in Deutschland eine Million Menschen sterben! Am Tag sind das ca. 2700 Menschen. Jeden Tag! Wenn man das auf die Welt hochrechnet und das Durchschnittsalter mit 70 angibt, dann kommt man auf ca. 100 Millionen Todesfälle pro Jahr, am Tag wären das ca. 270 000 Todesfälle. Eine völlig normale Sache, über die irgendwie nirgends so richtig nachgedacht oder gar geredet wird.

Aber nun stürzt ein Flugzeug ab, mal angenommen, es sterben 150 Menschen. Nun ist die ganze Welt in Aufruhr! Obwohl täglich weltweit über 270-**tausend** Menschen sterben, wird nun auf diese 150 eine schier unglaubliche Aufmerksamkeit gerichtet. Es gibt weltweit Zigtausende Radiostationen, Zigtausende Fernsehsender und Zigtausende Tageszeitungen. Jeder Radiosender bringt es jetzt mindestens einmal pro Stunde in den Nachrichten, ca. zwei bis drei Tage lang, dann noch mal ein bis zwei Wochen später, wenn der Flugschreiber gefunden wurde oder die wirkliche Absturzursache feststeht. Also wird millionenfach über dieses Unglück berichtet.

Diese Nachricht geht millionenfach um die Welt. Das heißt, diese eine Nachricht wird millionenfach gesendet, gedruckt, in Talkshows diskutiert, analysiert, Angst wird geschürt, Panik gemacht, Schuldige werden gesucht, Sicherheitslücken offengelegt, Sündenböcke gesucht, Sündenböcke gefunden, Sündenböcke vorverurteilt.

Das ist eine kaum vorstellbare Welle der Aufmerksamkeit. Dazu kommt noch eine Unruhe in einem afrikanischen Land, drei Tote an der israelischen Grenze, eine Demo in Russland. Regionale Stationen und Blätter berichten dann noch von einem Überfall, dem angezündeten Auto, drei Verkehrsunfällen und der Scheidung eines Lokalpolitikers, der Einweisung in die Drogenklinik eines B-Promis, einer eingeschlagenen Schaufensterscheibe und jede Menge anderen miesen Klatsch aus der Privatsphäre halbwegs bekannter Leute, der eigentlich niemanden etwas angeht.

Und schon sind fast alle Leute davon überzeugt, dass es mit der Welt zu Ende geht. Niemand redet über den Mut eines kleinen Jungen, der eine Katze aus einer Baugrube gerettet hat; niemand redet über den Studenten, der zu Hause büffelt, weil er eine Vision hat, ein großer

Wissenschaftler zu werden. Niemand redet über den älteren Herren, der aus Liebe zu seinem Körper durch den Park joggt; niemand redet über die junge Frau, die ihrem ersten Freund ewige Liebe schwört; niemand redet über den jungen Mann, der am Bauch seiner schwangeren Freundin lauscht und sich unbändig auf sein Kind freut; niemand redet über die Studentin aus Indonesien, die nach der Uni zu ihrem Putzjob fährt, weil sie kein Geld vom Staat möchte.

Ich vertrete die Meinung, dass die Welt immer besser wird!

Wer würde denn gerne tauschen und in finsteren Zeiten des Mittelalters leben wollen? Oder zu Zeiten des Frühkapitalismus? Zu Zeiten, in denen Seuchen ganze Landstriche ausrotteten, Kriege ganze Kontinente verwüsteten, Arbeiter 60 Stunden die Woche für einen Hungerlohn gearbeitet haben und jeder dritte Säugling in der Wiege starb? Ich glaube, so richtig mit allen Konsequenzen würde das niemand wollen.

Hast du denn, du ganz persönlich, schon mal mit deinen eigenen Augen gesehen, wie jemand getötet wurde? Oder eine Vergewaltigung? Einen Banküberfall? Also, ich persönlich habe so etwas noch niemals in meinem Leben gesehen. Ich habe an die Hundert Menschen, die ich kenne, gefragt. Niemand von denen hatte so etwas schon jemals persönlich gesehen! Wenn ich ganz ehrlich bin, ich habe noch niemals in meinem Leben eine Leiche gesehen! Aber mit der Welt geht es bergab?

Übrigens, die Welt hat schon viel Schlimmeres durchgemacht, Epidemien, die zig Millionen Tote gefordert haben, zwei Weltkriege, Atombombenabwürfe. Die Welt hat schon verheerende Dinge hinter sich, aber die Menschheit hat auf den Trümmern wieder Neues aufgebaut. Berlin lag in Schutt und Asche. Es wurde von fleißigen, mutigen Frauen und Männern voller Hoffnung, voller Visionen auf den Trümmern wieder aufgebaut!

Ein Grund, dass viele Menschen glauben, es wird alles immer schlimmer, ist ganz einfach und logisch: Weil sie denken, dass früher alles besser war, also muss ja im Umkehrschluss jetzt alles schlechter sein. Aber das ist natürlich nicht wirklich so, das empfinden auch meist nur Menschen so, die nicht wirklich denken, bevor sie reden.

Erstens sind das oft verklärte Kindheitserinnerungen an eine „heile Welt", die aber darauf zurückzuführen sind, dass sie damals als Kind keine Verantwortung hatten, Kinder haben keine Existenzängste. Das federn die Eltern alles ab. Die meisten Kinder fühlen sich geborgen und behütet, machen sich noch keine Sorgen über die Zukunft oder darüber, was andere reden oder was sie für einen Körper haben. Sie sind einfach völlig unbeschwert. Selbst wenn die Eltern bettelarm sind, spielen Kinder unbeschwert zwischen den Mülltonnen.

Zweitens weiß man, dass wenn man die Vergangenheit betrachtet, nur noch gute Dinge in Erinnerung bleiben; auch wenn es manchmal eine schwere Zeit war, reden die meisten im Nachhinein nur von den guten Dingen. Diese bleiben haften, das Schlimme verblasst. Wenn man also nur gute Erinnerungen an früher hat, ist man verleitet zu denken, damals war alles schön. Und in der Gegenwart wird eben die Aufmerksamkeit vorrangig auf das gerichtet, was unerwünscht ist. Weltweit berichten Medien fast ausschließlich über unerwünschte Dinge. Heute in Echtzeit, hochauflösend auf jedem Bildschirm, bis in die „letzte Ecke" der Welt. Aber das machen sie nur, weil das der Bedarf der Menschen ist, den sie eben erfüllen, und schon ist diese Anschauung von der schlechten Welt entlarvt. Genau genommen ist die Welt genauso gut oder schlecht wie die Gesamtsumme der Gedanken aller ihrer Bürger. Eigentlich fängt das bei jedem selbst an: Wenn du selbst vorrangig an das Gute denkst, hast du ein gutes Leben, wenn die Familie vorrangig an das Gute denkt, dann ist es eine gute Familie, die mehr Glück als Leid erfahren wird. Das kann man ausweiten auf Regionen, Staaten und die ganze Welt. Es fängt immer alles im Kleinen an und überträgt sich auf das Große. Das ist logisch, denn das Große besteht aus dem Kleinen.

Wenn irgendwo ein Krieg herrscht, dann heißt es immer, die bösen Politiker, die bösen Rüstungsindustriellen, aber genau genommen sind es die Menschen selbst. Das fängt beim Einzelnen an, der seinen Nachbar wegen des Lärms hasst, oder bei der Frau, die ihre Kollegin wegen ihres Lebenswandels verachtet. Schon bilden sich kleine Gruppen und Gemeinschaften und jeder denkt, das moralische Recht gepachtet zu haben. Das dehnt sich aus auf Parteien, ethische Gruppen, mündet in regionalen Konflikten. Schon haben wir die Stammesfehde in Afrika. Da ist eben ein Bürger der Meinung, dass ein anderer Bürger weniger Wert ist als er selbst, weil sein Vater einem anderen Stamm angehört hat. Wenn jetzt niemand Schusswaffen nach Afrika liefern würde, dann würden sie sich da eben mit Buschmessern, Äxten und Mistforken aus dem Landwirtschafts-Aufbauprogramm der EU abschlachten. Schließlich gab es auch schon, bevor es überhaupt Schusswaffen gab – in der Antike oder im Mittelalter –,

Kriege mit Millionen von Toten. Was wäre der skrupelloseste Waffenhändler, wenn sich alle Menschen lieben würden? Es wäre niemand da, der seine Waffen haben wollte. Also würde es auch diesen Waffenhändler nicht geben. Der würde dann eben Schubkarren verkaufen, Kinderkarussells oder eben das, was sich lohnt, was die Menschen haben wollten.

Niemand wird gezwungen, Waffen zu kaufen.

Waffenhändler sind die logische Folge des Hasses und der Zwietracht von Menschen.

Angenommen, Frau Merkel würde Frankreich den Krieg erklären, dieser würde niemals stattfinden! Weil die Deutschen die Franzosen nicht hassen. Vermutlich würde schon der Verteidigungsminister den Befehl verweigern, oder andere Regierungsmitglieder würden Frau Merkel entmachten. Selbst wenn sich die Regierung einig wäre, würden hohe Generäle einfach ihr Amt niederlegen. Es würden sich keine deutschen Soldaten finden, die bereit wären, Paris zu bombardieren.

Ohne den nötigen Hass ganzer Volksgruppen gibt es keinen Krieg.

Aber wenn der Hass da ist, kann man auch nur sehr schwer Frieden stiften. Der Kosovo ist ein gutes Beispiel dafür, Afrika ebenfalls, genauso wie der Nahe Osten. Viele Menschen reden von einer besseren Welt, in der es keine Kriege gibt. Das ist schon fast ein Klischee. Wenn kein Mensch mehr auf dieser Welt Krieg will, dann werden wir keinen mehr haben.

Aber es gibt sehr viele Menschen, die Krieg irgendwie mögen. Eigentlich jeder, der ein Videospiel mit Kriegshintergrund spielt, mag Krieg irgendwo. Auch der Berufssoldat beschäftigt sich den ganzen Tag damit, wie er am effektivsten Menschen tötet, auch der Rüstungsindustrielle mag den Krieg, aber auch der Arbeiter in der Waffenfabrik möchte seinen Job behalten. Der radikale Gläubige möchte im Namen seines Gottes Krieg, der radikale Demokrat möchte auch seine Ideologie mit dem Schwert (oder besser gesagt mit seinem Flugzeugträger) verbreiten, genauso wie der kommunistische Unterdrücker oder religiöse Despot. Wenn kein Mensch mehr auf dieser Welt Krieg möchte, wird es keinen geben. Die allermeisten Kriegsgegner findet man auch in Ländern, wo gar kein Krieg herrscht. Fragst du dagegen die Menschen in den Kriegsländern, nennen sie – beide Seiten wohlgemerkt – dir gute Gründe, warum sie Krieg führen. Sie hassen ihre Gegner und jeder denkt, er sei der Gute!

So gewagt diese Aussage auch sein mag:

In einem Krieg verteidigen beide Seiten das Gute!

Beide Seiten kämpfen für das, was **sie selbst** als gut und richtig empfinden. Jeder, der diese Aussage verneint, beglaubigt sie, sagt, dass eine Seite die Guten und die anderen die Bösen sind, und schon ist der Grund für den Krieg bestätigt. Wenn du nun etwas gegen Krieg unternehmen möchtest, dann denke an Frieden und Harmonie, rede über Frieden und Harmonie und handle in Frieden und Harmonie. Beachtung bringt Verstärkung! Du kannst das Gesetz der Anziehung nicht mit deiner „guten" Absicht überzeugen. Jeder gibt vor, gute Absichten zu haben. Ein Krieg gegen den Krieg ist auch nur Krieg, nur denken eben diese radikalen Kriegsgegner, das moralische Recht auf ihrer Seite zu haben. Aber das denkt weltweit **jede** kriegsführende Partei! Selbst die größten Massenmörder aller Zeiten, Hitler, Stalin und die katholische Kirche redeten von ehrenvollen Zielen und wollten eine bessere Welt schaffen.

Eigentlich denkt jeder Mensch, dass er gut und richtig handelt. Jeder zählt sich zu den Guten. Das liegt meiner Ansicht nach daran, dass der Mensch im Grunde gut ist. Nur mit dem Akzeptieren, dass andere Menschen andere Wünsche haben und diese auch gut sind, hat sich die Menschheit noch nicht so richtig angefreundet. Erst wenn erkannt wird, dass es keine Bösen gibt, sondern jeder nur seine Prioritäten anders setzt, andere Dinge bevorzugt, ist der Grund für einen Krieg verschwunden. Aber der Rüstungsindustrielle wird beim Golfspielen friedlichere Gedanken hegen als der autonome Antikriegsdemonstrant. Und genau da fängt Krieg und Frieden an, in den Köpfen aller Menschen, auch in deinem! Jede Pyramide wird von unten nach oben gebaut, auch wenn ein Krieg ausbricht, ist das so! Menschen, die über die Unvollkommenheit der Welt schwadronieren, erschaffen mehr von dem, was sie beklagen; Menschen, die sich an der Schönheit dieser Welt erfreuen, erschaffen mehr von diesen Dingen.

Mord

Ein Mörder ist keine arme verirrte Seele, die man wieder auf Gottes Pfad bringen kann, er ist auf Gottes Pfad!

Wenn ihr wollt, dass es weniger Mörder gibt, so müsst ihr alle weniger an Mord denken, weniger Filme mit Mördern gucken. Mord ist doch ein fester Bestandteil des Abendprogramms eines fast jeden Menschen. Aber es ist nicht das böse Fernsehen, es ist der Fernsehzuschauer, der klar entscheidet, was er sehen will und was nicht.

Auch diese Pyramide wird von unten nach oben gebaut! Und beim Abendkrimi mit Leiche sind die Einschaltquoten eben höher als beim Abendkrimi, wo lediglich ein Fahrrad gestohlen wurde. Da heißt es dann enttäuscht: „Da ist doch gar nichts passiert".

Solange Menschen oft an Mord denken, wird es Mord geben, das ist Gesetz, das ist Ursache und Wirkung. Wenn du einen Topf mit Wasser auf deinen eingeschalteten Herd stellst, wird das Wasser irgendwann sieden, das ist Gesetz, davon kann es keine Ausnahme geben. Solange Menschen an Mord denken, Angst vor Mord haben, Mord verurteilen und Mord zu Unterhaltungszwecken nutzen, wird es Mord geben!

Der Mensch ist schlecht?

Von keinem Tier würde man das je behaupten, noch nicht einmal von einer Katze, die andere Tiere nur so zum Spaß tötet und sie auch noch langsam zu Tode quält. Da heißt es dann: „Sie spielt mit der Maus."

Auch nicht von Heuschrecken, die ganze Landstriche kahl fressen, auch nicht von Krankheitsüberträgern wie Tauben oder Ratten wird so etwas behauptet. Diese Tiere sind eben, wie sie sind, das akzeptiert der Mensch. Ich denke, es ist an der Zeit, dass der Mensch auch mal akzeptiert, dass er selbst eben ist, wie er ist. Wir haben unsere

Instinkte, gegen die wir nicht ankämpfen können. Wir sind eben so: eine kämpferische, streitbare, rechthaberische Rasse. Das können wir jetzt nicht einfach abstreifen wie ein Kleidungsstück. Es ist unser „Sosein". Vielleicht sollten wir mal beginnen, ein besseres Bild von uns selbst zu bekommen.

Wir haben es verdient!

„Die Welt, in der wir leben, ist die beste aller möglichen Welten."
Gottfried Wilhelm Leibniz

Diese Welt ist nicht schlecht, sie ist auch nicht gut, sie ist einfach. Betrachte sie als eine gigantische Festplatte, auf der jeder Mensch seinen Abdruck hinterlassen kann. Jeder kann auf ihr abspeichern, was immer er will. Jedes einzelne Stück Materie war einmal eine Vision. Die Erde und wir, eine Vision des Schöpfers. Der Rest ist unsere eigene Vision, jegliche Begebenheit war einmal ein Gedanke. Nichts kann existieren, wenn es niemand vorher erdacht hat. Du kannst dir nun aus dieser Welt auswählen, was dir gefällt. Du kannst dir auch auswählen, was dir nicht gefällt, aber du kannst auch völlig neue Eindrücke hinterlassen. Aber du solltest wissen, dass egal wofür du dich entscheidest, du es somit neu erschaffst, weil es keine nichtigen Gedanken gibt. Jeder einzelne Gedanke hat Schöpferkraft. Das heißt im Klartext, wenn du dich über etwas ärgerst, erschaffst du gerade mehr davon. Es ist egal, wie sehr du dich im Recht fühlst.

Du erschaffst trotzdem mehr davon! Im Lichte des Gesetzes der Resonanz ist es dumm, sich über etwas zu ärgern oder gegen etwas zu protestieren, weil damit mehr davon erschaffen wird. Wenn du also möchtest, dass die Welt etwas mehr so wird, wie du sie dir wünschst, dann denke daran, wie schön es ist, wenn die Welt so wäre, wie du sie dir erträumst. Wenn dein Leben nicht so ist, wie du es dir wünschst, dann liegt das – ohne Ausnahme – daran, dass du den Dingen, die du nicht willst, zu viel und den Dingen, die du willst, zu wenig Aufmerksamkeit geschenkt hast!

Auch wird gerne in Filmen oder Büchern Gesellschaftskritik geübt, aber die Gesellschaft, das ist die Gesamtsumme aller darin lebender Menschen. Wie kann ich die kritisieren, wo ich doch selbst dazugehöre? Eigentlich sage ich damit: „Ich finde es falsch, dass nicht alle Menschen so denken und handeln wie ich." Und in diesem Augenblick, wenn ich meine Aufmerksamkeit auf die ach so „gleichgültigen" Menschen richte, erschaffe ich mehr davon. Sie sind natürlich nicht wirklich gleichgültig, sie interessieren sich eben nur nicht dafür, was mir wichtig erscheint, sie haben andere Prioritäten, und das findet derjenige dann wert, es zu kritisieren.

Die Leute, die da für eine bessere Welt kämpfen, wollen die Missstände beseitigen, die sie selbst durch ihr negatives Denken erzeugt haben, sie kämpfen gegen sich selbst! Sie erschaffen durch ihr Problemdenken Zustände, die ihnen nicht gefallen, um dann lauthals auf einer Demo dagegen zu protestieren, und damit erschaffen sie noch mehr davon. Dieses Spiel können sie bis zum jüngsten Tag spielen. So wird sich niemals etwas in ihrem Sinne ändern. Da ist der „gleichgültige" Mensch, der sich abends auf seine Fernsehserie und sein Bier freut, der sich um Politik nicht weiter schert, weniger für diese angeblichen Missstände verantwortlich als der Friedensdemonstrant, weil dieser angeblich Desinteressierte wesentlich harmonischer denkt und damit auch mehr Harmonie in die Welt aussendet.

Erst mit dem Verständnis des Gesetzes wirst du verstehen, wie Dinge und Begebenheiten in dein Leben kommen und wie du sie erzeugst. Ja, du erzeugst sie, man kann sagen, dass du durch deine Gedanken deine Zukunft buchstäblich produzierst.

In deinem Leben gibt es nur eine einzige Macht, und diese liegt in deinem eigenen Denken und Fühlen.

Das Zitat am Anfang des Kapitels hat einen sehr hohen Wahrheitsgehalt, denn so, wie du diese Welt oder das Universum empfindest, so wird dein Leben verlaufen. Denke, dass das Universum ein überaus freundlicher Ort ist, und du wirst ein wunderbares Leben leben!

32. Der innere Schweinehund?

Wer kennt ihn nicht selbst, diesen inneren Schweinehund, der einen immer wieder zu Handlungen verleitet, die wir eigentlich nicht tun sollten. Bücher wurden über ihn geschrieben, es wurde philosophiert, dass es nur menschlich sei, seinen „unangebrachten Impulsen" zu folgen.

Auch bei diesem Thema fällt mir wieder ganz besonders auf, dass selbst Menschen mit der Kenntnis des Gesetzes der Anziehung über ihn reden, als wäre er ein fester Bestandteil des Lebens eines jeden Menschen. Etwas zu machen, was der innere Schweinehund sagt, macht uns sympathisch und menschlich. Eine menschliche Schwäche macht uns andere Menschen angenehm, weil wir damit unsere eigenen Schwächen als normal und liebenswert hinstellen können. Manchmal ist es wirklich kurios, was Menschen alles erfinden, nur um nicht über etwas nachzudenken, was eben nicht jeder denkt. Meine Definition für den inneren Schweinehund lautet:

Der innere Schweinehund ist der Teil der Prägung deines Unterbewusstseins, die nicht mit deinen aktuellen Wünschen übereinstimmt.

Eigentlich ganz einfach: Du möchtest gesünder leben und abnehmen. Warum möchtest du das?

Du kennst jemanden in deinem Alter, der genauso gelebt hat wie du und nun seinen ersten Herzinfarkt hatte. Du selbst findest schlanke Menschen attraktiver als übergewichtige, und dein Arzt sagt, dass du es tun solltest. Sprich, weil du dich zu dick fühlst und weil du Angst hast, krank zu werden.

Dein Unterbewusstsein reagiert aber nun mal genau auf diese Ängste und auf dein Gefühl, zu dick zu sein, und legt dementsprechend dein Handeln fest.

Dein Unterbewusstsein richtet sich nicht nach deinen Wünschen, sondern nach deinen vorherrschenden Gedanken, deinen inneren Bildern und deinem Gefühl dazu. Du denkst aber an das, was du nicht willst (ich bin zu dick), und hast Angst vor Krankheit (hat ja der Doc gesagt). Du wirst dich weiter so ernähren wie vorher, nicht ein Kilo wirst du dauerhaft abnehmen. Das ist lediglich dein Unterbewusstsein, was auf deine inneren Bilder von Übergewicht und Krankheit reagiert. Und dein Unterbewusstsein kannst du nicht bezwingen, da ist die Macht des Universums dahinter.

Du solltest erkennen, dass du zuerst deine inneren Bilder korrigieren musst, um dein Essverhalten ändern zu können. Gute Vorsätze dauern für gewöhnlich nicht lange an, weil sie nur mit dem Gehirn gefasst wurden. Und selbst wenn du es noch so genau weißt, dass dein Verhalten dich ins Grab bringt, wenn du deine Bilder nicht geändert hast, können sich auch deine Handlungen nicht verändern.

Der innere Schweinehund steht dafür, dass du etwas tust, was du mit deinem Verstand nicht machen möchtest, wo aber der innere Zwang stärker ist als du. Es ist die Diskrepanz zwischen deinem Wollen und deinen Zwängen. Diese Zwänge, das sind deine Prägungen, die du selbst durch deine Gedanken deinem Unterbewusstsein aufgeprägt hast! Es gibt nicht besonders willensstarke und besonders willensschwache Menschen. Es gibt nur welche, die daran denken, wohin sie möchten, und es gibt welche, die denken an das, was gerade ist, oder im ungünstigsten Fall an daran, wo sie **nicht** hin möchten.

Das Wort willensstark ist ein Absurdum, niemand ist jemals willensstark oder willensschwach!

Wenn 51 Prozent der Inhalte deines Unterbewusstseins auf der erwünschten Seite sind, wirst du gewinnen, aber es wird ein Kampf sein. Sind es nur 49 Prozent, wirst du auch kämpfen, aber verlieren. Also, umso mehr du dein Unterbewusstsein mit erwünschten Inhalten fütterst, umso weniger Kampf wirst du haben. Wenn du vorwiegend erwünscht denkst und unerwünschte Gedanken sofort bei Seite schiebst, wirst du ohne Kampf, völlig entspannt zu deinem Ziel gleiten.

Ich selbst gelte bei anderen auch als besonders willensstark. Habe nach 13 Jahren Alkoholismus damit aufgehört, ohne Entzugsklinik, ohne ärztliche Begleitung, ohne Psychologen, zwei Jahre später, nach 17 Jahren Kettenrauchen, habe ich auch dieses Laster abgelegt.

Ihr könnt mir glauben, es war lächerlich einfach! Ich habe einfach visualisiert, dass ich frei davon bin.

Da war kein innerer Schweinehund!

Da werden Heerscharen von Psychologen beschäftigt, die selten Erfolg haben, die Rückfallquoten sind mein Zeuge. Dabei ist es kinderleicht, stell dir täglich deinen erwünschten Endzustand vor. Mein visueller Kurzfilm, um Freiheit vom Alkoholismus zu erlangen, war nur fünf Sekunden lang. Stell dir vor, wie man dir gratuliert zu deinem schönen Körper oder dass du endlich das Rauchen überwunden hast, und dein innerer Schweinehund gehört der Vergangenheit an. Also, eigentlich gibt es so etwas wie den inneren Schweinehund überhaupt nicht, es sind einfach nur die unerwünschten Inhalte deines Unterbewusstseins, die du selbst durch deine Gedanken erzeugt hast. Beginne, an das zu denken, was du wirklich willst, und der Inhalt deines Unterbewusstseins wird Stück für Stück mehr dem entsprechen, was du dir wünschst. Der innere Schweinehund wird dann von Tag zu Tag blasser, bis er irgendwann einfach nicht mehr da ist. Wenn du diesen Punkt durch konstruktives Denken erreicht hast, fängt dein Leben an, wirklich Spaß zu machen, weil dieser tägliche Kampf nicht mehr stattfindet. Man könnte sagen, die Inhalte deines Unterbewusstseins stimmen mit deinem Willen überein, ihr seid derselben „Meinung".

Die innere Stimme

ist dann das Gegenteil vom Schweinehund. Diese so viel gepriesene innere Stimme, auf die man immer hören sollte, sind die erwünschten Inhalte deines Inneren, die dich leiten.

Also, wenn du übergewichtig bist und ein innerer Impuls dich zum Konditor leitet, dann ist es der Schweinehund. Leitet dich dagegen derselbe Impuls zum Gemüsestand, dann ist es die viel gelobte innere Stimme, auf die man viel mehr hören sollte.

Eben genanntes Beispiel verdeutlicht eindrucksvoll, dass die eine wie die andere Behauptung lediglich darauf zurückzuführen sind, dass noch keiner wirklich darüber nachgedacht hat; da wird meist ohne zu filtern nachgeplappert, was die Großmutter schon erzählt hat. Die innere Stimme und der innere Schweinehund sind ein und dasselbe Phänomen, nämlich die Stimme deines Unterbewusstseins, die mal erzählt, was wir bewusst bejahen, und mal, was wir bewusst verneinen. Also:

Inhalte unseres Unterbewusstseins, die durch Impulse an unser Bewusstsein gesendet werden.

Ob du in deinem Leben mehr von der „inneren Stimme" oder vom „inneren Schweinehund" geleitet wirst, wird einzig und allein dadurch entschieden, in welchem Maße du dein Unterbewusstsein durch deine eigenen Gedanken auf erwünscht oder unerwünscht programmiert hast.

33. Gesetz der Polarität? Gesetz des Rhythmus?

Mir hat es schon immer widerstrebt, irgendetwas ungefiltert nachzuplappern. Ich habe schon immer alles hinterfragt und versucht, mit dem Verstand zu ergründen, abseits des Mainstreams, frei von jeglicher Ideologie. Über dieses Kapitel habe ich lange nachgedacht, einerseits Weisheitslehren, anderseits ein gesunder Verstand und viel Logik.

In vielen Weisheitsbüchern kann man nachlesen, dass es eine Polarität in allem geben muss, genauso wie einen Rhythmus, also auch in dem Leben eines jeden Menschen, also auch in deinem Leben.

Das wird dann immer damit begründet, dass es ja auch Ebbe und Flut gibt, Sommer und Winter (Rhythmus), Oben und Unten, Innen und Außen (Polarität).

Es mag natürlich schon richtig sein, dass es in gewissen Bereichen solche Gesetze gibt, aber das heißt ja noch lange nicht, dass diese nun überall gelten, und schon gar nicht, dass man diese jetzt auf das Leben eines Menschen übertragen muss.

Wenn es ein universelles Gesetz wäre, so wie es immer dargestellt wird, dann müsste das Gesetz auf alle und alles zutreffen.

Auch wenn es als uralte Lehre gilt und schon in den hermetischen Gesetzen Erwähnung findet:

Es stimmt trotzdem nicht!

Wenn ich in die Welt rausschaue, dann sehe ich etwas anderes! Bill Gates war noch nie arm, er war Student (mit gut situierten Eltern), wurde in jungen Jahren Millionär und ist nun schon seit gefühlten 30

Jahren in den Top Ten der Forbes-Liste der reichsten Menschen der Welt. Andere kommen in jungen Jahren in die Gosse und verlassen diese nie wieder. Es gibt Menschen, die ihr Leben lang kerngesund sind, und andere kränkeln Zeit ihres Lebens ununterbrochen. In der Sonne ist es immer hell und zehn Meter unter der Erde immer dunkel.

Würden diese Gesetze wirklich universal sein, würden sie mit dem Gesetz der Anziehung frontal kollidieren. Da aber Naturgesetze nicht zueinander im Widerspruch stehen, kann es solche Gesetze gar nicht geben, und wenn es sie gibt, sind sie nicht universell, also nicht auf alles anwendbar.

So wie z. B. das Gesetz der Gravitation nur auf Körper mit Masse wirkt und nicht auf Radiowellen oder Gedanken.

Na klar haben viele Dinge oder Zustände einen Gegenpol oder einen Rhythmus, aber eben nicht alle. Klar hat die Batterie + und -, aber wo ist der Gegenpol zum Gartenstuhl oder zum Feldweg oder zu einem Kubikmeter Luft? Wenn ein Mensch ununterbrochen erwünschte Gedanken aussendet, dann wird nur Erwünschtes in sein Leben treten. **Das ist Gesetz!** Wenn jemand zum größten Teil daran denkt, was er vermeiden will, so wird er auch das ernten, **auch das ist Gesetz!** Wenn jemand reich wird, dann muss nicht automatisch ein anderer arm werden. Das wäre genauso, als müsste jemand krank werden, weil woanders jemand gesund wird, oder jemand eine schmerzliche Trennung erfahren, weil ein anderer gerade frisch verliebt ist, oder jemand sterben, weil gerade ein Baby geboren wurde.

Im Volksmund heißt es dann, dass jede Medaille zwei Seiten hat. Das stimmt natürlich bei einer Medaille, nur kann man das nicht verallgemeinern auf andere Lebensbereiche. Ein Würfel hat sechs Seiten, und wie viele Seiten hat eine Kugel? Es wird gern behauptet, dass auch das Schlechteste etwas Gutes haben muss und was Gutes auch eine schlechte Seite. Laut der Polarität müssten beide Pole gleich sein in Stärke und Ausprägung, aber ist das wirklich so? Diese Meinung ist nicht im Einklang mit dem Gesetz der Resonanz. Was sollte daran die gute Seite sein, wenn jemand gerade in einem dunklen Verlies zu Tode gefoltert wird? Oder wenn jemand in jungen Jahren an Krebs stirbt, obwohl er das nicht wollte? Da gibt es keine zwei Seiten, das ist einfach das Unerwünschte in Reinkultur, dem zu viel Aufmerksamkeit gewidmet wurde. Na klar kann man, wenn man lange genug sucht, an jeder Begebenheit etwas Schlechtes finden. Das machen Miesepeter jeden Tag. Optimisten suchen und finden meist auch etwas Gutes an einer Situation, aber auch das hat seine Grenzen, und das ist keine Polarität, sondern eine Lebenseinstellung des Einzelnen. Genau genommen existieren viele dieser Dinge, die da als Gegensatz hingestellt werden, überhaupt nicht. Zum Beispiel Dunkelheit, was ist das? Kann Dunkelheit einen Raum füllen? Hat Dunkelheit Substanz, kann man Dunkelheit erzeugen? Nein, es ist lediglich die Abwesenheit von Licht. Man kann Dunkelheit noch nicht mal messen, lediglich wie viel oder wenig Licht dort ist. Du kannst die Fenster verhängen und damit das Licht aussperren. Und so sind viele der Dinge, bei denen von Polarität gesprochen wird, einfach nur das Objekt und dessen Abwesenheit. Wenn du etwas trocknest, dann verbannst du lediglich die Feuchtigkeit, wenn du etwas kühlst, entziehst du lediglich die Wärme. Auch Hass hat keine eigenen Gesetze oder Substanz, Hass regiert dort, wo keine Liebe ist.

Du bist der Schöpfer! Du bestimmst mit der Substanz deiner Gedanken, der Substanz deiner Erfahrungen, was in dein Leben kommt, Wohlstand oder dessen Abwesenheit. Wie wird Wohlstand dargestellt? Mit Dingen – da sieht man viele Geldscheine, große Villen, Ferrari und Jachten. Armut? Da wird dann ein leerer verrosteter Kochtopf gezeigt. Es ist ja auch nur die Abwesenheit von Geld und dessen Tauschwerten, weiter nichts. Ebbe und Flut entstehen durch das Umkreisen der Gestirne. Genauso Sommer und Winter, aber das Leben eines Menschen kreist nicht ellipsenförmig um Geld, Gesundheit oder Liebe, sondern diese Dinge werden angezogen, abgestoßen oder erzeugt, und dafür sind einzig und allein die Inhalte deines Unterbewusstseins zuständig, die durch dein tägliches Denken entstehen. Ebbe und Flut erzeugt in unserem Falle der Mond. Natürlich gibt es auch Planeten ohne Mond. Dort gibt es dann selbstverständlich keine Ebbe und keine Flut.

Auch wenn es sich um die jahrtausendealten hermetischen Gesetze handelt: Es stimmt einfach nicht, dass denen alles unterworfen ist. Rhythmus, wie er dort beschrieben ist, hat ausschließlich etwas mit dem Umkreisen der Gestirne zu tun, entweder mit Gravitation (Gezeiten) oder mit Temperatur und Licht (Jahreszeiten). Aber ich könnte diese Gesetze niemals auf Gedanken anwenden. Natürlich kann man, wenn man will, fast überall fast alles hineininterpretieren. Da hört man dann Sätze wie: „Na, manchmal hat man gute und manchmal hat man schlechte Gedanken." Aber das ist lediglich eine Meinung. Viele Menschen haben fast ausschließlich schlechte Gedanken, andere vorrangig gute. Jeder von denen erntet das, was er ausgesät hat.

Erfolgstrainer sagen mit Vorliebe, dass nach der Ebbe immer die Flut kommt und man sich keine Sorgen machen sollte, wenn es mal nicht so gut läuft. Aber dann müsste auch der Umkehrschluss gelten und Leute, denen es sehr gut geht, sollten sich dann ernsthafte Sorgen machen, da ja gleich die Ebbe kommen müsste. Aber das stimmt einfach nicht. Ebbe oder Flut in deinem Leben bestimmst du ausschließlich mit deinen vorherrschenden Gedankenmustern. **Bei Bill Gates ist immer Flut und bei dem Penner auf der Parkbank ist immer Ebbe.**

Aber warum wird dann so etwas behauptet? Ich denke, es liegt daran, dass erstens viele Menschen dazu tendieren, alles möglichst kompliziert zu machen. „Du bist das, was du denkst", ist denen einfach zu einfach. Also muss es verkompliziert werden, so wie z. B. Gesetze und Vorschriften. Die Steuergesetze in Deutschland sind dadurch so kompliziert geworden, dass sie nicht mal mehr Steuerberater verstehen.

Und zum Zweiten gibt es genug Menschen, die das einfach ungefiltert nachplappern. Viele von denen kommen sich wohl sehr intelligent vor, wenn sie möglichst komplizierte Vorgänge zum Besten geben. Da fällt mir immer ein Satz von Richard Wagner ein:

„Zum Platzen vor Klugheit bläht sich der Blöde."

Das Geniale ist niemals kompliziert; das Gesetz deiner Schöpfungen kann man in einem Satz ausdrücken:

Der Mensch ist das, was er den ganzen Tag denkt!

So oder so ähnlich haben es die großen Weisen aller Zeitalter ausgedrückt.

Deswegen denke so oft es geht an das, was du haben willst und so selten wie möglich an das, was du nicht haben willst.

34. Die Seele

Ich glaube nicht daran, dass alle Menschen gleich sind, wenn sie geboren werden, ich denke, jede Seele hat ihre individuelle Evolution! Wir wissen nicht, was vor diesem Leben geschah, und wir wissen nicht, was danach geschehen wird. Alles Gerede darüber, was denn dann passiert, ist reine Spekulation. Aber die meisten sind sich einig darüber, dass die Seele unsterblich ist und man oft ein körperliches Leben lebt. Wenn das so ist, dann ist es auch logisch, dass jede Seele eine individuelle Entwicklung hat, sozusagen reift und wächst. Man kann es ja schon im eigenen Leben sehen, dass man Erfahrungen sammelt und auch geistig reift. Im Alter von 40 Jahren kann man viele der eigenen Entscheidungen, die man vor 20 Jahren getroffen hat, einfach nicht mehr nachvollziehen. Das hat einfach etwas damit zu tun, dass man sich weiterentwickelt. Also ist es auch nur logisch, dass sich eine Seele auch von Leben zu Leben weiterentwickelt. Angenommen, du bist auf dieser Welt geistig und emotional gereift, dann wirst du das mitnehmen. Alles ist einem ständigen Wachstum unterworfen. Sogar das Universum wächst immer weiter, also auch deine Seele. Nichts kann wirklich stillstehen, auch du nicht. Also kann man davon ausgehen, dass einige Menschen einfach noch nicht so weit sind, um das Gesetz der Anziehung zu verstehen. Manchen Leuten kannst du es so oft erzählen, wie du willst. Du kannst ihnen Beweise aus Geschichte und Wissenschaft vorlegen, sie werden es weiter leugnen und sich selbst als Opfer darstellen. Aber ich glaube fest daran, dass sie es einfach noch nicht verstehen können, genauso wenig wie du einem Kleinkind nicht die hohe Mathematik beibringen kannst. Das Kleinkind kann diesen Stoff intellektuell noch nicht erfassen. Und viele Menschen können vom seelischen Wachstum her das Gesetz der Anziehung nicht erfassen. Manchmal sind es auch hochgebildete Menschen, die das nicht verstehen können, aber das hat nicht mit Intelligenz als mit Herzenswissen zu tun, mit der Reife deiner Seele. Dann gibt es andere, die kommen zum ersten Mal mit dem Gesetz der Anziehung in Verbindung, und sie verstehen es sofort und nehmen es sofort an. Als ich das erste Buch von Dr. Joseph Murphy gelesen habe, da dachte ich schon nach dem ersten Kapitel: wenn es einen Weg gibt, der mich dahin bringt, wo ich hin möchte, dann ist es dieser. Ich verstand das Gesetz zwar noch nicht in seiner ganzen Dominanz und Tragweite, aber ich sagte zu dem Konzept, dass meine Gedanken mein Leben erschaffen, laut und vernehmlich „ja". Wie bereits erwähnt, war ich zu dieser Zeit ein Alkoholiker und Kettenraucher, der vom Sozialamt lebte und die Verantwortung für alles in seinem Leben bei anderen suchte. Ich habe auch schon andere Menschen kennengelernt, die das Gesetz, unabhängig von ihrem Intellekt, unabhängig von ihrer Bildung und ihrer Herkunft, auf Anhieb verstanden haben, als hätte ihr tiefstes Innerstes nur darauf gewartet, dass es endlich in ihr Leben tritt. Und ich habe überdurchschnittlich intelligente Menschen gesehen, viel klüger als ich selbst, die in der Lage waren, komplexe Zusammenhänge in den Wissenschaften zu verstehen, die dieses Konzept des Gesetzes aber rigoros als „Hokuspokus" abtaten.

Das kann man drehen und wenden, wie man will, man kommt immer wieder darauf, dass es nur sein kann, dass die Seele schon auf einem hohen Level der Erkenntnis ist. Ich glaube nicht daran, dass ein Mensch in diesem Leben ein warmherziger Mensch, reich und glücklich ist und im nächsten Leben ist er krank, dumm und ein Grobian! Das würde aufgrund der Evolution seiner Seele nicht funktionieren, weil eine Entwicklung immer von unten nach oben geht. Er kann zwar arm und krank aufwachsen, aber aufgrund der Größe seiner Seele wird er sich daraus befreien und wieder Großes erreichen. Das ist die gute Nachricht für alle, die daran glauben, irgendwann mal wieder im Körperlichen zu sein. Es kann nur besser werden, immer aufwärts, niemals zurück. Ich denke, die Seele ist nicht in unserem Körper integriert, ich denke, dass sie woanders, aber mit uns verbunden ist, also dass wir ständig „online" sind. Wenn wir sterben, zieht sie sich einfach komplett von diesem Körper ab.

Dasselbe tut sie in gewisser Weise auch, wenn wir schlafen. Vielleicht ist der Schlaf dazu da, dass unsere Seele eine tägliche Auszeit von uns braucht. Ein körperlicher Grund, warum wir schlafen müssen, wurde ja noch nicht gefunden, also kann es nur ein seelischer sein. Die Seele braucht, für was auch immer, ein wenig Ruhe vor uns, also gehen wir täglich ein paar Stunden OFF oder werden auf Stand-by gedrückt.

35. Selbstbewusstsein

Da gibt es zum einen die Aussage, dass Betrunkene und kleine Kinder einen Schutzengel haben. Des Weiteren weiß man, dass Betrunkene ein kaum zu übertreffendes Selbstbewusstsein haben. Jeder weiß, dass das so ist. Kinder machen die abenteuerlichsten Sachen, Mutproben, die wir als Erwachsene nicht mehr annähernd wagen würden, und das seltsamerweise, ohne Verletzungen davonzutragen. Das Gleiche gilt für Betrunkene, die sind auf einmal wieder wie Kinder in ihrer Unbeschwertheit, aber auch das Selbstbewusstsein von diesen Besoffenen ist kaum zu toppen. Auf einmal sprechen sie eine Frau an, die sie im nüchternen Zustand noch nicht mal wagen würden anzugucken.

Wollen wir doch nun einmal das „Warum" im Lichte des Gesetzes betrachten. Kinder sind einfach unbeschwert, weil sie noch viel mehr im Einklang mit sich selbst sind. Anders ausgedrückt, konnte das ganze Gerede der Erwachsenen, was denn alles passieren kann und wie vorsichtig man denn sein muss, sich noch nicht so richtig entfalten und im Unterbewusstsein festsetzen. Sie sind einfach unbekümmert, denken nicht an Gefahren, haben keine Existenzangst, keine Angst vor Krankheiten oder Unfällen. Und genau dieses positive Denken, diese positive Energie tragen natürlich ihre Früchte in ihren Erfahrungen. Natürlich schaffen es die Erwachsenen, im Laufe der Zeit immer mehr Ängste zu schüren, besonders die Medien haben sich ja das „Angst machen" auf die Fahne geschrieben. Sie berichten eigentlich pausenlos darüber, wovor man sich in Acht nehmen sollte.

Selbst in Kinderfilmen, Märchen oder Comics gibt es meistens einen „Bösen", vor dem man höllisch aufpassen muss, da er einen sonst tötet oder doch zumindest betrügt oder hintergeht. Von Nachrichtensendungen mal ganz zu schweigen. Da machen positive Meldungen einen verschwindend geringen Teil aus. Und so wird nun das unbeschwerte Kind langsam, aber sicher zum ängstlichen Erwachsenen erzogen. Die wohlmeinenden Erwachsenen glauben auch noch allen Ernstes, ihr Kind damit von Gefahren fernhalten zu können. Aber genau das Gegenteil ist der Fall!

Sie werden von der Gesellschaft kontinuierlich zu Negativdenkern erzogen; wenn sie etwas positiv betrachten und bewerten, wird ihnen gesagt, dass sie nicht alles durch die rosarote Brille sehen sollen, sondern lieber mit beiden Beinen auf dem Boden bleiben sollen, um der Realität ins Auge blicken zu können. Und wenn sich dann negative Ereignisse in ihrem Leben manifestieren, wird mit Stolz in der Stimme gesagt: „Hab ich dir doch schon immer gesagt, du wolltest mir ja nicht glauben."

Aber dann, wenn der ängstliche Durchschnittsmann mal mit seinen Kumpels unterwegs ist und er weit über den Durst getrunken hat, dann ist auf einmal das Kind wieder da. Gefahr? Was für Gefahr? Nichts scheint unmöglich. Und so werden unmögliche Dinge getan, halsbrecherische Stürze unbeschadet überstanden. Am nächsten Tag, wieder nüchtern, staunen dann die Herren über sich selbst, und es erscheint ihnen wie ein Wunder Gottes, das alles völlig unbeschadet überstanden zu haben. Nein, ihr hattet keinen Schutzengel. Es war eigentlich nur der ängstliche und begrenzte Verstand weitgehend betäubt. Sie waren im Einklang mit sich selbst.

Lass einen nüchternen Menschen über ein 30 cm breites und vier Meter langes Brett laufen, das auf ebener Erde liegt. Kein gesunder Mensch sollte damit ein Problem haben. Aber überspanne mit diesem Brett zwei 4 Meter hohe Mauern. Es würde so manchen Absturz geben, weil der Verstand Angst davor hat und visualisiert, was alles Schlimmes geschehen könnte. Das Gleiche kann man bei Leuten unter Hypnose beobachten. Sie können unmögliche Dinge, einfach weil der bewusste Verstand ausgeschaltet wird. Und genau das können wir von ihnen lernen, von den Betrunkenen genauso wie von den Kindern. Selbst die Bibel sagt uns, dass wir werden sollen wie die Kinder. Wenn du dich einfach weigerst, etwas Böses zu erwarten, und unbeschwert durch dein Leben gehst, wenn du glaubst, dass für dich nichts unmöglich ist, dann werden die Menschen von dir behaupten, dass du einen Schutzengel hast, dass du das Glück gepachtet hast. Aber eigentlich denkst du lediglich an das, was du haben willst, und ignorierst einfach dieses Gerede der ängstlichen Kleingeister.

Das ist natürlich keine Sache, die man so einfach „tun" kann, schließlich hat man keinen Hebel im Kopf, auf dem Selbstbewusstsein steht und den man nun einfach auf „ON" schaltet.

Viele Psychologen und Erfolgstrainer reden davon, dass du das tun sollst, wovor du dich fürchtest, ganz bewusst ständig die Blamage suchen und selbst herbeiführen sollst. So was nennt man dann kontinuierliche Desensibilisierung. Aber das ist der harte Weg, den kaum jemand auf Dauer gehen wird. Das ist wie mit Diäten, die auf Verzicht beruhen, kaum jemand hält sie durch, und der Jo-Jo-Effekt danach ist vorprogrammiert. Alles, was mit viel Mühe oder großer Überwindung verbunden ist, schaffen nur sehr wenige bis zum Erfolg. Vielleicht stammt ja daher das Vorurteil, dass man hart arbeiten muss, um zum Erfolg zu gelangen. **Aber dieses Vorurteil ist falsch!** Die genialen Dinge sind nicht kompliziert oder schwer. Da dein Denken die allererste Ursache in deinem Leben ist, muss man logischerweise dort ansetzen. Wenn du nicht zielgerichtet denkst und das mit Handlungen kompensieren willst, dann wird es hart! Da kämpfst du gegen dich selbst, denkst an A und handeln willst du B. Das ist natürlich unmöglich. Also scheiterst du. Selbst wenn du noch zu 51 Prozent an A denkst und zu 49 Prozent an B und B handeln möchtest, wirst du noch scheitern. Ist es dann umgekehrt, dass du nur noch 49 Prozent an A denkst und 51 Prozent an B, dann wirst du siegen, aber es wird ein sehr harter Kampf. Stell es dir vor wie beim Tauziehen: Wenn dein Gegner nur zwei Prozent schwächer ist als du, dann wirst du dich gewaltig anstrengen müssen. Stell dir vor, du hast 90 Prozent der Kraft und dein Gegner nur 10 Prozent, dann wird es ein Kinderspiel. Genauso ist es mit deinem Fokus auf das, was du willst, und auf das, was du nicht willst.

Jegliche Handlung, die du als schwer empfindest, ist eine Handlung, die nicht deinen geistigen Inhalten entspricht.

Dem Dicken fällt es nie schwer zu naschen, weil er in seinem Geist dick ist. Dem Millionär fallen seine lukrativen Entscheidungen nicht schwer, weil es seinem Inneren entspricht, dass er Millionär ist. Dieses Handeln entspricht einfach seinem **Sein**. Willst du nun etwas werden, was du noch nicht bist, gibt es den harten Weg, das zu tun, was du glaubst, tun zu müssen, um dahin zu kommen (Diät oder harte Arbeit). Aber das ist der schwierige Weg, der dir die Lebensfreude rauben wird. Noch einmal:

Wenn du A denkst (ich bin arm) und versuchst, B zu tun (ich will reich werden), dann ist es hart oder unmöglich. Du musst also zuerst in deinem Inneren, in deinen Gedanken, in deiner Vision der sein, der du sein möchtest (ich bin reich), dann ist es der leichte Weg. Dieser Weg bereitet Freude.

Was du in deinem Inneren bist, das tust du automatisch; du musst dich dafür niemals anstrengen.

Hier vier sehr einfache Methoden, mit denen man das Selbstwertgefühl ohne großes Zutun steigern kann.

1. Ist wie immer die Vision, eines der mächtigsten Werkzeuge zum Erreichen jedweder Ziele. **Die Vision kommt immer an erster Stelle!** Es ist sozusagen der Wunsch in Bilder gepackt. Ohne Wunsch hat niemand eine Veranlassung, das Geringste zu ändern. Stell dir bildlich vor, das zu tun, was du gerne tun würdest. Der zu sein, der du gerne wärst, das zu haben, was du gerne hättest. Stell dir zum Beispiel vor, du hältst eine Rede vor einem gefüllten Saal, und stell dir stürmischen Applaus oder Standing Ovations vor. Wenn du dir das immer wieder vorstellst, **muss** dein Selbstvertrauen wachsen, denn um solch eine Rede zu halten, brauchst du es! Umso öfter du in deiner Vision die Person bist, die du gerne sein würdest, umso stärker wird dein Selbstvertrauen. Durch die starke Vision wirst du auch viele kleine Erfolge im täglichen Leben feiern können, weil sich auf

dem Weg zu deiner großen Vision auch die kleinen Dinge verbessern müssen. Jeder dieser kleinen Erfolge steigert dein Selbstbewusstsein, weil du immer sicherer merkst, dass du der Schöpfer deines Lebens bist.

2. Sicherlich hast auch du schon festgestellt, dass du selbstbewusster bist, wenn du dich gut fühlst. Das liegt einfach daran, dass umso besser du dich fühlst, umso mehr bist du im Einklang mit deinem Inneren, so wie Kinder es sind, bevor wir ihnen ihr Selbstwertgefühl nehmen. Kinder denken, sie können alles, wollen Pilot oder Astronaut werden, aber wir arbeiten hart daran, sie auf den „Boden der Tatsachen" zurückzuholen. Also fühle dich gut, mach alles, was dafür notwendig ist!

3. Auch die Meditation bringt dich in Kontakt mit deinem Inneren. Schließe einfach deine Augen und entspanne, versuche, an nichts zu denken, am einfachsten geht das, wenn du dich einfach nur auf deinen Atem konzentrierst. Zehn Minuten Meditation täglich können beim Aufbau von Selbstbewusstsein Wunder wirken, zumal einem in der Meditation mit Abstand die besten Ideen des Tages kommen. Auch wenn zu meditieren abgedroschen klingt, versuche es einfach mal!

4. Versuche, immer möglichst viele gute Dinge zu betrachten und strahle denen gegenüber Wertschätzung aus. Angenommen, du fährst mit dem Bus und siehst einen besonders fetten oder hässlichen Men-

schen, dann wende deinen Blick sofort davon ab und suche bewusst nach einem anderen, den du sehr schön oder sympathisch findest, oder gucke raus und finde dort etwas, was du als schön betrachtest, lobe es in Gedanken, wertschätze es, liebe es! Das kannst du immer und überall tun, es wird dein Wohlbefinden sehr deutlich heben. Du wirst wesentlich bessere Tage erleben als je zuvor! Das ist der Turbo zur Erlangung von sehr starkem Selbstwertgefühl!

36. Vergebung

Vergebung halte ich für eines der wichtigsten Themen überhaupt, wenn es darum geht, Ziele zu erreichen oder im Leben voranzukommen. Leider wird dieses wichtige Thema in vielen Lebenshilfebüchern völlig ignoriert.

Dieses Thema ist von allergrößter Wichtigkeit, denn du kannst sämtliche Techniken beherrschen und anwenden, du kannst zwar zum Ziel kommen, aber niemals kannst du zu 100 Prozent deine Träume leben, gesund, reich und glücklich sein, wenn ein latenter Hass in deinem Unterbewusstsein brodelt. Latenter Hass ist der beste Nährboden für Krankheiten aller Art. Das Gefährliche daran ist, dass er eben unterdrückt ist, dass du ihn nicht oft spürst oder dir seiner gar überhaupt nicht bewusst bist. Ich möchte behaupten, dass fast jeder erwachsene Mensch solch einen unbewussten Hass in sich trägt, wegen gefühlter Ungerechtigkeiten in der Kindheit, falsch interpretierter Fürsorge der Eltern oder wegen der Beendigung jugendlicher Liebesbeziehungen. Latenter Hass ist wie ein Computervirus, der das gesamte System beeinträchtigt und es zum Kollabieren bringen kann. Die Vergebung ist dein Kaspersky.

In deinem Unterbewusstsein ist alles so abgespeichert, wie du es zum Zeitpunkt seiner Entstehung gesehen hast! Angenommen, deine Mutter hat dir etwas verboten, als du zehn Jahre alt warst, und das ist dir emotional sehr nahegegangen, mit dem festen Gefühl der Ungerechtigkeit verbunden, dann ist es so in deinem Unterbewusstsein hinterlegt. Auch wenn du mit 20 dann weißt, dass sie recht hatte,

278

und ihr sogar dankbar dafür bist, ist dieses Ungerechtigkeitsgefühl immer noch latent in dir vorhanden und blockiert deine Entwicklung. In meinem Leben kam erst der große Durchbruch, nachdem ich begonnen hatte, allen Menschen dieser Welt restlos zu vergeben. Ich hatte mir eine Affirmation zusammengestellt:

Ich habe mir selbst und allen Menschen dieser Welt restlos und absolut vergeben, ich HABE vergeben, ALLEN, ALLES!

Ich fand es schon immer sehr wirkungsvoll, Affirmationen zu schreiben, weil die Wucht, mit der diese Affirmation in dein Unterbewusstsein gelangt, um ein Vielfaches höher ist, als wenn du es nur denkst. Also, ich setzte mich morgens und abends ca. 90 Minuten an einen Tisch und schrieb die eben genannte Affirmation. Nur drei Tage später hatte ich einen sehr, sehr lebhaften Traum: Ich stand auf einer Art Podest, und es kamen nacheinander Leute auf diese Bühne, die ich dann kurz in den Arm nahm und ihnen sagte, dass ich ihnen absolut alles vergebe. Es kamen ziemlich viele Menschen auf dieses Podest, aber die zwei bemerkenswertesten Fälle möchte ich mit euch teilen: Der eine war ein kleiner Junge, an dessen Existenz ich im Wachzustand keine Erinnerung mehr hatte. Es war ein Junge aus meinem Kindergarten, ich muss so vier Jahre alt gewesen sein, als der mir einen Spielzeugschlüsselbund geklaut hat. Man hat es bei ihm gefunden. Er musste es mir zurückgeben und sich bei mir entschuldigen. Aber der kleine Andreas hatte das nicht vergeben, sondern als Ressentiment dauerhaft abgespeichert. Ca. 30 Jahre später wurde es vergeben und half, mich frei zu machen von Blockaden der Kindheit. Der zweite Vorfall, von dem ich euch berichten möchte, war meine

Mutter.

Ich vergab ihr zwar im Traum, verstand aber nach dem Erwachen nicht, was ich ihr vergeben sollte, weil ich immer dachte, sie sei eine wundervolle Mutter gewesen.

Also wollte ich es ergründen, stellte ein paar Tage später die Frage nach dem „Warum" und begab mich in die Meditation, wo mir auch sofort die Antwort zuteil wurde. Mir kam eine Begebenheit in den Sinn, als ich ca. fünf Jahre alt war. In dieser Situation kam ich in die Küche, in der meine Eltern standen, und lehnte mich cool mit einem Arm an den Türpfosten, hatte dabei ein paar Finger zwischen Tür und Angel. Nun kam mein Vater und tat zum Spaß so, als schließe er unter großem Kraftaufwand die Tür und klemmte meine Finger dabei ein. Natürlich ist nichts passiert, war ja nur Spaß. Aber ich hatte Angst und weinte, und meine Mutter stand in der Küche und lachte. Das wurde genau so, 1:1 wie es der kleine Junge erfahren hatte, abgespeichert und blieb über 30 Jahre dort genau so hinterlegt.

Ich hatte Angst, und meine Mutter lachte mich aus. Das musste vergeben werden.

In deinem Unterbewusstsein ist alles so abgespeichert, wie es zum Zeitpunkt seiner Entstehung von dir gesehen wurde.

Also sollten wir, wenn wir groß sind, mal einen kräftigen Hausputz in unserem Unbewussten machen. Dazu musst du nicht krampfhaft versuchen, Erinnerungen hervorzukramen, schreibe einfach die eben genannte Affirmation, oder entwirf dir eine eigene und warte ab, was dann geschieht. Ich möchte betonen, dass ich, als ich begann zu vergeben, nicht mit einem solchen Traum gerechnet hatte. Also solltest auch du ihn jetzt nicht erwarten („Ich schreibe schon zwei Tage. Wo bleibt er denn nur?"). Dann könnte es sehr lange dauern.

Und glaube mir, jeder sollte es tun, auch wenn du noch so sehr denkst, du müsstest es nicht. Es sind so viele verborgene Ressentiments und so viel latenter Hass in fast jedem Menschen vorhanden, meistens gegen Menschen, die man glaubt zu lieben, wie Eltern und Geschwister. Ich hätte auch vehement bestritten, meiner Mutter irgendetwas vergeben zu müssen.

Manchmal hört man Menschen sagen, dass sie aber einer ganz bestimmten Person nicht vergeben wollen oder können, weil sie glauben, diese Person habe es nicht verdient, dass ihr vergeben werde. Wenn es auch nicht immer einfach ist, du solltest verstehen, dass du Vergebung prinzipiell für dich selbst machst und niemals für andere. Wenn du jemandem nicht vergeben willst, dann heißt das im Klartext, dass du die schlechte Frucht des Hasses unbedingt weiter in deinem Inneren behalten möchtest. **Aber nur du selbst wirst durch diesen Hass vergiftet**, da kannst du noch so oft sagen: „Wie soll ich ihm vergeben, er hat doch ..."

Es spielt keine Rolle, was er hat. Für ihn macht es auch keinen Unterschied, ob du ihm vergibst oder nicht. Egal was es war, was er dir angetan hat, es ist Vergangenheit und du hast die Macht, deine schöpferischen Gedanken auf etwas Erwünschtes zu lenken oder weiter an die Pein zu denken, die du erfahren hast.

Wenn du dich weigerst zu vergeben, bestrafst du dich selbst.

Vergeben kann man prinzipiell jedem, egal was er getan hat, die Kenntnis der Wirkungsweise des Gesetzes vorausgesetzt. Wenn du es kennst, weißt du, dass du diese Situation, wo dieser Hass herrührt, selbst erschaffen haben musst, sonst hätte sie nicht in dein Leben treten können, und der „böse" Mensch, dem du nicht vergeben kannst, war lediglich der Postbote, der dir dein Paket gebracht hat.

Diese Übung der Vergebung, indem du Affirmationen schreibst, kann in besonders schweren Fällen auch länger dauern, aber glaub mir, egal wie groß die Mühe, egal wie groß der Aufwand, es lohnt sich allemal.

Nachdem ich meine Vergebung begonnen hatte, dauerte es ca. drei Monate und ich hatte den fließenden, freudvollen Übergang in ein völlig neues Leben. Mein Einkommen verzehnfachte sich, ich erfuhr eine völlig neue Anerkennung, hatte einen völlig neuen sozialen Stand erreicht, lernte eine Traumfrau kennen, alles wurde besser und leichter. Ich machte buchstäblich einen Quantensprung auf eine neue Ebene meiner Existenz und das alles nur, weil ich ein paar Affirmationen aufgeschrieben hatte und daraufhin einem kleinen Jungen aus dem Kindergarten vergeben konnte, der mir ein Spielzeugschlüsselbund für 30 Pfennig gestohlen hatte.

Vergebung ist bedingungslose Liebe!

Du siehst nichts Schlechtes mehr an diesen Menschen, denen du vergeben hast. Alles an ihnen ist gut oder eben so, wie es ist, jedenfalls neutral, wertfrei und niemals schlecht. Dadurch entledigst du dich deiner schlechten Gedanken und Gefühle anderen gegenüber.

Selbstvergebung

Nur wer sich selbst liebt, kann auch andere lieben; nur wer sich selbst vergibt, kann auch anderen vergeben!

Ein wirklich erfülltes Leben ist nur dann möglich, wenn du frei von Schuldgefühlen wirst. Fast alle Menschen, denen man begegnet, haben in irgendeiner Form Schuldgefühle. Meistens werden dir diese von der Familie, Freunden, der Kirche oder anderen „Wohltätigkeitsorganisationen" eingeredet, indem sie behaupten, dass dein Verhalten egoistisch sei. Viele Mütter haben ein schlechtes Gewissen ihren Kindern gegenüber, weil sie durch die Arbeit nicht so viel Zeit für sie haben oder ihnen durch Scheidung den Vater genommen haben. Die Kirche verordnet uns schon mal die Erbsünde, mit der wir geboren wurden. Freunde und Bekannte machen uns Vorwürfe, warum wir so lange nicht angerufen haben usw. Es ist eine endlose Kette von Schuldzuweisungen, denen du täglich ausgesetzt bist, die aber immer auf die Unkenntnis des Gesetzes zurückzuführen ist. Diese Kette solltest du unbedingt durchbrechen, wenn es deine Absicht ist, ein freudvolles Leben zu genießen. Die seit Langem eingeredete Schuld, die sich schon in dir verfestigt hat, die solltest du dir selbst vergeben. **Nur wer vergeben hat, kann wahrhaft lieben,** das gilt auch für dich selbst.

Die Selbstvergebung ist genauso wichtig, wie anderen zu vergeben, wenn es auch nicht immer leicht fällt. Mache dir bewusst, dass alles in deiner Vergangenheit von dir so und nicht anders getan wurde, weil es zu diesem Zeitpunkt gar nicht anders möglich war. Schreibe:

ALLES, was ich jemals in meinem Leben getan habe, war gut, richtig und zu diesem Zeitpunkt nicht anders zu machen!

Alles was du getan hast, hast du deshalb getan, weil die damaligen Inhalte deines Unterbewusstseins nun eben so waren, dass du eben nur entsprechend ihrer Inhalte handeln konntest. Sich jetzt Monate oder Jahre oder gar Jahrzehnte später zu sagen: „Hätte ich damals bloß ...", ist nicht nur sinnlos, sondern äußerst zerstörerisch. Damit gibst du deinem Unterbewusstsein immer und immer wieder ein, dass du schlecht bist, wertlos, dass dir Strafe gebührt und du nichts Gutes verdient hast.

Selbsthass ist noch zerstörerischer als Hass auf andere. Beim Hass auf andere stellst du dich „nur" als Opfer hin, beim Selbsthass als böser Täter, der andere zu Opfern macht. Da du die Situation der Vergangenheit aber bei dieser Betrachtungsweise nicht ändern kannst, bist du natürlich Täter, der andere zu Opfern gemacht hat, **und** Opfer, weil du es nicht mehr rückgängig machen kannst. Das ist die beste Einstellung, um Krankheiten, Armut, Zwietracht und uner-wünschte Begebenheiten aller Art in dein Leben zu holen.

Vergebung machst du nicht für andere, sondern für dich selbst!

Genauso wie man andere nur wahrhaft lieben kann, wenn man sich selbst liebt, kann man allen anderen nur dann vergeben, wenn man sich selbst vergeben hat. Selbstliebe ist das Resultat von Selbstverge-bung. Erst wenn ich an mir selbst keinen Mangel mehr sehe, kann ich auch andere als perfekt betrachten. Die Selbstvergebung ist so be-trachtet die wichtigste Sache in deinem Leben überhaupt.

37. Weißt du, was du willst?

Viele Menschen, mit denen ich sprach, glaubten und behaupteten, nicht zu wissen, was sie wollen. Das erscheint irgendwie zeitgemäß, sich in dieser unüberschaubaren Flut von Möglichkeiten nicht entscheiden zu können. Ich behaupte aber, dass jeder Mensch weiß, was er will!

Das Problem ist nur, dass das, was sie in ihrem tiefsten Herzen wollen, von ihrem bewussten Verstand als unerreichbar eingestuft wird. Und da es für sie total utopisch ist, das zu bekommen, was sie **wirklich** wollen, denken sie gar nicht weiter dran, sondern versuchen, Ziele zu finden, die ihnen erreichbar erscheinen, die mehr ihrer „Kragenweite" entsprechen. Denn auch ihre Freunde, Eltern und Lehrer sagen ihnen, dass sie auf dem Boden der Tatsachen bleiben müssen. Sie versuchen dann, zwischen den Dingen zu wählen, die Sie als „realistisch" einstufen. Nehmen wir einen normalen Arbeiter: Am liebsten würde er sehr wenig tun und sehr viel Geld haben. Natürlich hat er keinen Plan, wie er das realisieren könnte. Er glaubt sogar, dass das auf legalem Wege gar nicht machbar ist. Er hat nun mal nicht Jura oder Medizin studiert. Eine mysteriöse Erbtante, die er vorher nicht kannte, wird auch nicht auftauchen, und die Chance, im Lotto richtig abzuräumen, liegt mit über 1:100.000.000 gegen ihn. Das Einzige, was er sich vorstellen kann, ist, irgendwo für einen normalen Arbeiterlohn zu arbeiten. Aber das fühlt sich natürlich nicht gut an, denn es ist ja nicht sein wahrer Wunsch. Er möchte nicht früh aufstehen und dann den ganzen Tag das tun, was andere von ihm wollen, und das für einen Lohn, der ihn zwar bequem, aber nicht traumhaft leben lässt. Noch einmal zur Schule zu gehen und vielleicht dann irgendwann einen Meister zu machen, fühlt sich auch nicht besser an, da er schon früher nicht gerne in die Schule gegangen ist. Also versucht er zu wählen zwischen dem, was er als realistisch einstuft, aber das will er eigentlich alles nicht. Genau da beißt sich die Schlange in den Schwanz. Das, was er als erreichbar einstuft, übt aber auch keinen unbedingten Reiz auf ihn aus, und das, was er möchte, erscheint ihm unerreichbar. Das ist natürlich alles vollkommen unbefriedigend und der beste Nährboden für Burn-out-Syndrom oder andere Lebenskrisen. Also glaubt er, er weiß nicht, was er will, na klar, wenn man zwischen ein paar Möglichkeiten wählen soll, die einem **nicht** gefallen, will man am liebsten nichts von all dem. Also sagt man, dass man es nicht weiß!

Aber er weiß es, er will wenig arbeiten und sehr viel Geld haben, dicke Autos, eine große Villa, viele Frauen und Party.

Diesem Mann könnte man nur raten, sich mit dem Gesetz der Anziehung zu befassen, seinen erwünschten Lebensstil zu visualisieren und die Dinge sich entwickeln zu lassen. Wenn er daraufhin den Drang hat, etwas zu tun, dann sollte er es tun. Es gibt Millionen Menschen, die sehr wenig arbeiten, dabei noch Spaß haben und sehr viel Geld damit verdienen.

Wünsche

Mit den Wünschen ist das eben so eine Sache.

Man kann niemandem Wünsche einpflanzen, höchstens ein Begehren wecken. Aber dazu muss es schon in ihm gewesen sein. Wenn dir jemand sagt, das musst du auch mal tun, das ist gut, aber es interessiert dich nicht im Mindesten, dann wirst du das auch nicht versuchen. Aussagen wie: „Du musst brennendes Verlangen in dir erwecken", oder „Du musst ganz fest daran glauben", sind da absolut unangebracht, dein Gegenüber weiß gar nicht, wovon du sprichst, oder kann es nur theoretisch erfassen. Lehrer sagen ihren Schülern: „Du musst mehr Ehrgeiz entwickeln" usw., das geht alles nur über einen starken Wunsch, wenn der nicht da ist, kannst du ihn auch nicht erzwingen, niemand kann auf Bestellung „Ehrgeiz entwickeln". Nur mit Kenntnis der geistigen Gesetze bist du in der Lage, deine Wünsche zu verstärken, weil du dann weißt, dass alles möglich ist. Aber ohne starken Wunsch wirst du dich nicht mit den geistigen Gesetzen befassen. Das ist ein Kreislauf, vergleichbar mit dem Körperlichen. Wenn du jemanden hast, der keinen großen Wert auf einen tollen starken Körper legt, wirst du ihn auch nicht für Sport begeistern können, höchstens zum gemeinsamen Fußball gucken von der Couch aus, aber bitte mit Bier und Pizza. Auch sieht man es beim Thema Gesundheit. Natürlich wäre jeder lieber gesund als krank, aber was ist der Einzelne bereit, dafür zu tun? Verzichten? Sport? Fasten? Oder Reichtum – jeder wäre lieber reich als arm, etwas anderes wäre unnatürlich, aber was dafür tun? Die Quantenphysik hat bewiesen, dass unsere Gedanken unsere Zukunft erschaffen, aber täglich ca. 20 Minuten innehalten, nach innen blicken? „Keine Zeit", hört man da, die Vorabendserie oder Castingshow ist da eben wichtiger. Aber so ist es nun mal, einen Menschen zu überreden, bringt erstens nichts, und zweitens wäre das ein Eingriff in seine Freiheit. Wenn sich jemand für Pizza, Bier, Fernsehen, Krankheit, Mittelmaß und 08/15-Ehe entschieden hat, so ist das sein gottgegebenes Recht!

Die meisten denken eben, dass sie keinen wahren Einfluss auf ihr Leben haben und fühlen sich halt wohl dabei, dass andere ihr Leben bestimmen. Da ist der Mensch eben ein Rudeltier und fühlt sich recht bequem, wenn das Alphatierchen namens Chef, Politiker, Ehemann oder Schicksal die Entscheidungen trifft.

Genauso schlicht ist die Aussage: „Denke genau darüber nach, was du willst." Wie macht man das eigentlich, „nachdenken"? Mit Nachdenken kannst du eine Matheaufgabe lösen, aber keine Ideen haben oder gar Vorlieben entdecken. Wenn ein Mensch nicht weiß, was er will, wird er das auch nicht durch Nachdenken erfahren, weil er sich nur in den Bereichen des für ihn in diesem Augenblick Möglichen bewegt. Was er wirklich will, nämlich glücklich sein, reich und glücklich, vielleicht auch berühmt, reich und glücklich sein, aber alles ohne große Anstrengung, das scheint ihm unmöglich. Deswegen klammert er diese Möglichkeit sofort geistig aus, darüber spricht er noch nicht mal mit jemandem, weil er denkt, sich lächerlich zu machen und dass andere dann schlecht über ihn denken und reden könnten.

Jegliche Form von Unwohlsein ist auf den Abstand zwischen Wunsch und Haben zurückzuführen.

Du kannst jetzt versuchen, deine Unzufriedenheit abzustellen, was mit einem Abklemmen der Tankuhr vergleichbar wäre.

„Mit dem zufrieden sein, was man hat", nennt man dieses äußerst dumme Verhalten, was eigentlich gar kein Verhalten ist, sondern eher ein Resignieren.

Der einzige Rat, den man da geben kann, ist folgender:

Studiere das Gesetz der Anziehung, bereichere dich mit der Erkenntnis, dass du selbst dein Leben durch deine vorherrschenden Gedanken erschaffst.

Wenn du das Gesetz verstanden hast, beginne, deine Gedanken nach deinen wahren Wünschen auszurichten. Du wirst die Richtigkeit dieser Lehre sehr schnell in deinem Leben erfahren, dann stehen dir alle Türen offen, ein wahrhaft erfülltes Leben zu leben!

38. The Magic

„The Magic" ist der Weg, der dich am schnellsten und vor allem am leichtesten dorthin führt, wo du gerne hin möchtest.

Das wirklich Allererste in deinem Leben ist der Wunsch. Kennst du das auch, wenn du ganz am Anfang eines Wunsches stehst und diesen Wunsch noch nicht einmal richtig in Gedanken fassen kannst? Es ist nur so ein vages Gefühl der Sehnsucht und du weißt, dass sich etwas verändern sollte. Du weißt noch nicht wirklich was, es ist nur ein subtiles Gefühl, du kannst es noch nicht wirklich definieren, nicht „greifen". Dieses Gefühl kommt aus den tiefsten Tiefen deiner Seele! Das wird mal **dein** Wunsch! Nur du musst ihn mögen, was andere davon halten, spielt nicht die geringste Rolle. Wenn du dieses Gefühl nicht rigoros beiseite schiebst, wird es sich konkretisieren. Der Wunsch wird wachsen, und plötzlich wirst du ihn benennen können. Dieser Wunsch ist der Anfang von etwas Neuem, etwas, was es noch nie gegeben hat, das du jetzt buchstäblich durch deine Gedanken erschaffst. Durch dein häufiges Denken an diesen Wunsch wird – physikalisch ausgedrückt – die Angebotswelle in die feste Materie gewandelt und der Wunsch ist bereit, sich in deinem Leben zu materialisieren. Aber dieser Wunsch, bevor er ein Gedanke war, ist der Anfang des Prozesses. Wenn du solch einen Wunsch hast, dann solltest du ihn dir so realistisch wie möglich visualisieren. Jetzt werden immer mehr Gedanken in dir entstehen, die mit diesem Wunsch im Einklang sind. Du kannst dir deinen Wunsch daher immer genauer vorstellen, du wirst ihn irgendwann fühlen können, einfach fühlen, dass es schon irgendwo da draußen auf dich wartet. Es ist von höchster Wichtigkeit, dass du dich gut fühlst, Liebe ausstrahlst. Nichts kann die Erfüllung stoppen, außer du selbst, indem du dich schlecht fühlst oder unwürdig oder vielleicht denkst, dein Wunsch sei nicht richtig, weil Tante Hilde immer gesagt hat, dass nur der Arme in den Himmel kommt.

Du wirst das, was du willst, oft bei anderen bemerken, das gibt dir Mut und Kraft. Du wirst Ideen haben, die dich zu deinem Wunsch führen.

Es könnte sein, dass du zu Handlungen inspiriert wirst, Handlungen, die dir Freude bereiten. Lass dir von niemandem erzählen, dass du hart arbeiten musst. Harte Arbeit ist für mich per definitionem eine Tätigkeit, die eben **keinen Spaß macht**, die sich **nicht** gut anfühlt, sonst wäre es ja nicht harte Arbeit, sondern inspiriertes Handeln. Ich finde immer wieder die Story von Jack Canfield beeindruckend, der 8.000,- $ im Jahr verdiente und nun begann, sich ein 100.000-Dollar-Jahreseinkommen zu visualisieren. Hat er hart gearbeitet? Nein, er hat für die selbe Tätigkeit, die er eh schon tat, mehr als das Doppelte verlangt und ein Büchlein über Kindererziehung verkauft, das er schon vor zwei Jahren geschrieben hatte. Er wurde einfach durch sein Visualisieren dieses Einkommens unbewusst geleitet. Heute verdient er mehrere Millionen jedes Jahr. Über diese Erfolgsstory berichtet er ausführlich auf der „The Teachers of the Secret"-DVD.

Also, zuerst schleicht sich der Wunsch auf leisen Sohlen in dein Bewusstsein, deine Aufgabe besteht darin, ihn als bereits empfangen zu visualisieren. Dazu „baue" dir einen kurzen Spot in deinem Geist zusammen, der diesen Wunsch als bereits verwirklicht darstellt. Du kannst deinen Wunsch googeln und dort Bilder zu Hilfe nehmen, Hauptsache, es entsteht in deinem Kopf ein kurzer Spot, der diesen Wunsch ausdrückt. Such dir eine ruhige Stelle, fahr einfach auf dem Nachhauseweg auf einen ruhigen Parkplatz, leg dir Musik ein, die dich bewegt, und lass deinen Film ablaufen, zweimal täglich mindestens zehn Minuten sollte ein Pflichtprogramm werden. Bevor ich ein Auto hatte, konnte ich auch wunderbar in S- oder U-Bahnen visualisieren. Dieses monotone Geräusch beim Fahren, dieses „Rattern" hat mich immer sehr „meditativ" werden lassen. Die Badewanne war für mich auch immer ein ganz besonderer Zufluchtsort zum Imaginieren. Diese zweimal zehn Minuten ist die Hauptaufgabe, die du hast! Wenn morgen die Welt untergehen soll – tue es trotzdem! Sollten Außerirdische vor deinem Haus landen – tue es trotzdem! Sollte Dieter Bohlen heute Bundeskanzler werden – tue es trotzdem!

Du solltest es tun, als ob dein Leben davon abhinge!

Genau genommen hängt es tatsächlich **davon** ab, was für ein Leben du führst! Den Erfolg deiner Visualisierung erkennst du daran, dass du dich dabei und noch Stunden danach besser als gewöhnlich fühlst. Außerhalb deiner Visualisierungen solltest du möglichst viel dazu tun, dich einfach gut zu fühlen. Mache es dir zu Tagesaufgabe, dich möglichst gut zu fühlen, lenke deine Gedanken bewusst auf Dinge, die du magst. Du musst keine Nachrichten gucken, um zu wissen, was der eine oder andere Politiker wieder für einen Schwachsinn von sich gegeben hat. Auch der Flugzeugabsturz hat keine Auswirkungen auf dein Leben, es sei denn, du lenkst deine Aufmerksamkeit darauf und du stimmst ein in den Chor der Vermutungen und Schuldzuweisungen. Dann hat es eine negative Auswirkung auf dein Denken, damit auf die Inhalte deines Unterbewusstseins und damit letztendlich auf dein Leben. Schau dir ein Konzert an oder eine Natursendung oder wonach auch immer dein Sinn steht, aber nichts mit Problemen, Krisen, Krankheiten, Schuldzuweisungen, Verbrechen usw. Du kannst natürlich auch einfach die Glotze auslassen, dir ein Hörbuch anhören oder mit deinem Bruder Schach spielen. Wichtig ist, dass du dich bewusst gut fühlst. Ich sage und meine **bewusst!** Das heißt, dass du eben nicht das tust, was du zu tun gewohnt bist.

Wenn du das nur ein halbes Jahr durchziehst, kann ich dir versprechen, dass dein Leben besser sein wird als jemals zuvor. Du wirst dich besser und glücklicher fühlen, es werden auch schon neue Dinge oder Begebenheiten, die in Richtung deines Zieles sind, eingetreten sein. Du wirst neue Chancen sehen und den festen Glauben haben, dass du alles erreichen wirst, was du dir wünschst.

Den Rest, der zu tun ist, wirst du per Intuition empfangen. Nichts auf dieser Welt kann die Erfüllung verhindern. Die Vision ist nicht nur das beste Werkzeug zum Erschaffen, es ist das einzige. Es gibt keine andere Möglichkeit, denn nur durch Gedanken und Vision wird das Feinstoffliche in das Grobstoffliche gewandelt. Jeglicher Erfolg, dem du jemals begegnet bist, wurde durch beharrliche Konzentration auf das erwünschte Objekt hervorgebracht.

„Imagination ist alles, sie ist die Vorschau auf die kommenden Er-
eignisse des Lebens. "

Albert Einstein

**Imaginieren ist das einzige Handeln mit göttlicher Erfolgsgaran-
tie.**

Durch Imaginieren wird dein Handeln in der Zukunft beeinflusst. Ein
Mensch geht immer in die Richtung seiner Gedanken! Das ist logisch!

Manche glauben, sie müssen nun sehr, sehr aufmerksam sein und beobachten, ob die Erfüllung hinter einer Ecke lauert, aber das ist nicht
notwendig, du musst dein Unterbewusstsein in die gewünschte Richtung programmieren, der Rest kommt von allein. Das Gesetz der Anziehung muss es dir bringen; ihr könnt euch unmöglich verpassen; du
kannst ihr noch nicht einmal entfliehen, wenn du es dir anders über-
legt hättest, deine Manifestationen würden dich verfolgen wie dein
Schatten. Du kannst nicht mit Willenskraft erzwingen, was dein Unterbewusstsein nicht hat – siehe Diät. Die Diät wurde hier oft angesprochen, weil sie ein Paradebeispiel dafür ist, dass Menschen in eine
Richtung denken und in eine andere handeln wollen.

In vielen Büchern steht, du sollst nur **einmal** an etwas denken, ähnlich einer Bestellung aus einem Katalog. Das ist natürlich für den
Normalmenschen nicht ausreichend! Wenn Jesus das tat, hat es bestimmt funktioniert, wenn ein Milliardär sich ein neues Millionenge-
schäft vorstellt, wird es auch klappen. Aber beim Normalo klappt das

eben nur mit einem Parkplatz. Glaubst du, ein Mann in der Gosse denkt **einmal** an seine Million und bekommt sie? Dann wäre jeder Millionär! Die meisten Menschen wollen etwas erschaffen, was für sie sehr groß ist, jedenfalls wesentlich größer als ein Parkplatz. Die meisten, die beginnen, mit dem Gesetz zu arbeiten, wären froh, sich einen Parkplatz wünschen zu müssen, da ist es meist doch erst das Auto, das sie unbedingt haben wollen. Da halte ich es eher mit Dr. Fred Alan Wolf:

„Es geht also nicht darum, eine Absicht zu haben und dann ins Kino zu gehen, sondern es dreht sich immer wieder um WUNSCH, SEHNSUCHT, VERLANGEN, FOKUS, FOKUS, FOKUS – und dann geschehen die Wunder!"

Wenn du das für dich bislang Unerreichte haben willst, solltest du danach handeln! Du musst deine Gedanken auf diese Ebene heben. Wenn du ausdauernd visualisierst, was du für wünschenswert hältst, wird dein Unterbewusstsein dies zum dominierenden Inhalt haben, wird sich deine geistige Frequenz langsam, aber sicher auf die erwünschte Ebene begeben, und dein materielles Leben wird nachziehen müssen. Das ist Gesetz! Erhard Freitag nannte es die geistige Großwetterlage, Esther Hicks den Set Point. Beide meinen das Gleiche, die vorherrschenden Inhalte deines Unterbewusstseins.

Wie wahrscheinlich ist es denn, dass jede einzelne deiner Zellen Wohlstand aussendet, wenn du nur einmal an Wohlstand gedacht hast, aber den Rest des Tages an Armut denkst? Die Gedanken an

Wohlstand müssen kontinuierlich ausgesendet werden. Da, wie wir ja schon wissen, ein erwünschter Gedanke wesentlich kraftvoller ist als ein unerwünschter, genügt es, zweimal täglich für 10 bis 15 Minuten intensiv an Wohlstand zu denken, damit wird sich dein Schwingungsniveau langsam, aber stetig erhöhen. Es ist wichtig, dass du dieses Buch öfter liest, damit es zu einem felsenfesten Glauben wird. Die meisten Menschen glauben nicht an das Gesetz, weil ihnen sofortige Beweise fehlen. Wenn sie einen Hammer nehmen und auf die Glasplatte schlagen, dann sehen sie das sofortige Ergebnis. Die Platte liegt in Trümmern, der Schlag mit dem Hammer ist dafür verantwortlich. Genau genommen ist er das aber nicht. Verantwortlich ist die Absicht, also der Gedanke, denn ohne diesen hätte die Person den Hammer erst gar nicht aus dem Keller geholt. Sonst könnte man ja auch behaupten, das Messer sei schuld, dass Olaf tot ist, aber das Messer ist nicht schuld. In unserer Welt ist jetzt der schuld, der das Messer in der Hand hatte, bevor er es Olaf gab. In dem Gesetz der Gesetze und auch in der Quantenphysik ist aber Olaf selbst schuld, weil er es durch sein Denken angezogen haben muss, weil niemand in seinem Leben erschaffen kann, außer er selbst! Der Messerstecher war sein Postbote, der ihm sein Paket überbracht hat.

Das einzige Handeln, welches einen Sinn macht ist inspiriertes Handeln oder Taten, die der Verbesserung deiner Geisteshaltung dienen! Um deine Geisteshaltung zu verbessern, ist auch uninspiriertes Handeln angesagt. Das Ganze funktioniert folgendermaßen:

Du sagst dir mit deinem bewussten Verstand: „Ich möchte dies und jenes haben", laut dem Gesetz musst du nun diesen Inhalt, dass du es bereits besitzt, in dein Unterbewusstsein bringen; es ist ja nicht einfach da, nur weil du es gerne hättest, dann wäre jeder reich, gesund und glücklich. Die haben es aber alle nicht in ihr Unterbewusstsein gepflanzt, dort steht bei denen geschrieben, dass sie es eben nicht haben können, weil sie es nicht verdienen oder weil sie zu gut für diese böse Welt sind oder weil sie nicht genug Ellenbogen haben und was auch immer für Ausreden die Armen schaffen, um ihre Armut zu rechtfertigen. Also wirst du zum Anfang vielleicht auch die uninspirierte Handlung des „Überzeugens des Unterbewusstseins" tätigen müssen. Genau das ist der Punkt, an dem die meisten „The Secret"-Schüler versagen. Du musst jetzt affirmieren, deine Affirmationen zu Papier bringen, eine Visionstafel erstellen und dich täglich mindestens zweimal zehn Minuten der Vorstellung hingeben, dass du es bereits hast. Zum Anfang macht dir das vielleicht keinen Spaß, weil es ungewohnt ist und du den Sinn nicht wirklich verstehst, denn deine Eltern und Lehrer haben dir das nicht beigebracht. Aber umso mehr du dich mit dem Gesetz befasst, umso logischer wird es dir erscheinen, dass das der einzige Weg ist, dein Unterbewusstsein so zu programmieren, dass es dir das in dein Leben bringt, das du wirklich willst!

Wenn du dein Leben lang gehört hast, dass der Reiche der Böse ist, wenn du gehört hast, dass du schwer arbeiten musst, um kein Nichtsnutz zu sein, dann wird dir dieser Weg als falsch erscheinen. Er wird sich nicht gut anfühlen. Du musst dich zuerst mit deinem Verstand davon überzeugen, dass das, das deine Eltern dir beibrachten, nicht das Nonplusultra ist, und dass es genug reiche und glückliche Menschen gibt, die nicht hart arbeiten, aber auch nicht auf Kosten anderer leben. Weiterhin musst du verstehen, dass nichts Ehrenwertes daran ist, den unteren Schichten anzugehören und für andere die Drecksarbeit zu machen. Sind irgendwo Straßen benannt nach der Putzfrau von Albert Einstein? Bekommen solche Menschen Orden verliehen oder Denkmale gesetzt?

Ehre gebührt immer dem Menschen mit einer Vision.

Zuerst ist es Arbeit, du wirst dich dazu zwingen müssen, aber sowie dein Unterbewusstsein die ersten Sequenzen in sich aufgenommen hat, wirst du es gerne tun. Bei mir ist es die schönste Tätigkeit des Tages!

Deine jetzigen Inhalte deines Unterbewusstseins sind wie entstanden? Durch Suggestion von anderen (lieber arm und gesund als reich und krank; Schuster bleib bei deinen Leisten; lerne einen ordentlichen Beruf und verdiene ehrliches Geld), durch das Vorleben deiner Eltern und durch deine eigenen Suggestionen (ich kann das nicht; so eine Frau nimmt mich nie; das kann ich mir nicht leisten).

Und ganz genauso musst du nun neue Suggestionen in dein Unterbewusstsein bringen, ganz bewusst und zielführend (es gibt viele Millionäre, die klein angefangen haben; mir geschieht nach meinem Glauben; nur weil mein Vater es nicht geschafft hat, heißt das noch lange nicht ...).

Ja, es ist teilweise harte Arbeit (nun also doch!), harte geistige Arbeit, bei der nur wenige bereit sind, diese zu tun. Du musst gegen dich selbst kämpfen, und damit hast du den gnadenlosesten, unerbittlichsten Gegner überhaupt, weil es so einfach ist, den Fernseher einzuschalten, ein Bier aufzumachen und sich selbst zu sagen, das habe ich mir verdient, schließlich war ich den ganzen Tag arbeiten. Aber wenn du das täglich tust, dann wirst du für den Rest deines aktiven Lebens arbeiten müssen, um abends dein Bier trinken zu können. Würdest du die Zeit nicht vor dem Fernseher, sondern mit deinen Visionen verbringen, dann würden bald andere Menschen für dich arbeiten und dein Geld verdienen, die ihrerseits abends das Bier aufmachen und vor dem Fernseher sitzen.

Techniken kurz erklärt

Sämtliche Techniken dienen dazu, dein Unterbewusstsein umzuprogrammieren, weg von den Versagensmustern, hin zu Glaubenssätzen, die den gewünschten Erfolg bringen. Das ist wahrhaftig der einzige Sinn einer jeglichen Technik! Lass dir von Esoterikern nicht irgendwelchen Humbug auftischen, mit weiß der Geier was für Techniken, mit denen sie das Äußere beeinflussen wollen. Schalte dein Gehirn ein und denke darüber nach, ob eine Technik in der Lage ist, den Inhalt deines Unterbewusstseins in die Richtung zu verändern, in die du dein Leben entwickeln möchtest. Esoterik ist der Versuch, das Universum zu bestechen, damit es mir etwas gibt, was ich **nicht** ausgestrahlt habe, also **nicht** in meinem Inneren besitze. Das ist aber laut dem Gesetz der Anziehung einfach nicht möglich!

Affirmation

Die wohl bekannteste Technik ist die Affirmation. Eine Affirmation ist eine positive Aussage, die du dir suggerierst. Es ist erwiesen, dass Menschen, die eine Affirmation wie ein Mantra vor sich hersagen, eine wesentlich stabilere Gesundheit haben, als die, die das nicht tun. Das ist experimentell bewiesen, wobei es keine Rolle spielt, wie diese Affirmation lautet. Das hängt wohl damit zusammen, dass wenn du eine Affirmation vor dich hersagst, selbst wenn ihr Inhalt neutral ist, du keine minderwertigen negativen Gedanken haben kannst. Wesentlich effizienter wird es natürlich noch, wenn du dir eine Affirmation zusammenstellst, die ausschließlich aus positiven Aussagen besteht. Die bekannteste lautet wohl:

„Es geht mir mit jedem Tag in jeder Hinsicht immer besser und besser!"

Émile Coué

Stelle dir eine zusammen, die dich ganz persönlich anspricht, und wiederhole sie immer und immer wieder. Deine Worte werden tief in dein Unterbewusstsein eindringen und dort ihre Spuren hinterlassen. Wenn du ständig positive Gedanken denkst, werden die negativen aus deinem Unterbewusstsein verdrängt. Dr. Joseph Murphy führte oft diesen Vergleich an: Wenn du einen Eimer mit schmutzigem Wasser unter einen tropfenden Wasserhahn stellst, ist irgendwann der Zeitpunkt gekommen, wo sich nur noch sauberes Wasser in dem Eimer befindet. Ich finde diesen Vergleich sehr passend und ebenso anschaulich.

Ich fand es schon immer sehr wirkungsvoll, Affirmationen zu schreiben. Setz dich einfach an deinen Schreibtisch und schreibe deine gewählte Affirmation 15 Minuten oder länger auf ein Blatt Papier. Jetzt potenziert sich natürlich die Macht dieser Handlung, weil du denkst es, du sprichst es dabei leise vor dich hin, du hörst es, deine Hand schreibt es und du siehst es. Das ist natürlich viel wirkungsvoller, als es nur zu denken, es dringt mit einer wesentlich stärkeren Wucht in dein Unterbewusstsein.

Diese Technik bringt unglaubliche Erfolge, das kann ich dir garantieren. Nur kommen diese Erfolge eben nicht von heute auf morgen in dein Leben. Es ist ähnlich wie mit Gewichtsverlust; angenommen, durch eine spezielle Diät würde ein stark Übergewichtiger jeden Tag 15 Gramm abnehmen. Die meisten würden nach einer Woche diese Diät abbrechen, weil sie keine Resultate sehen. Sie haben eben gerade mal 105 Gramm abgenommen, viele Waagen zeigen das noch nicht mal an. Würden sie aber konsequent weiter so handeln, dann wären das nach einem Jahr 5,475 kg, und das hört sich doch schon mal nach einem Erfolg an, zumal solche Erfolge wesentlich dauerhafter in deinem Leben bleiben als ein super Wochenergebnis, was aber wieder wie ein Strohfeuer verpufft.

Sollte dein Wunsch in dir eine Abwehrhaltung deines Verstandes hervorrufen, ist es ein gutes Mittel, sie umzuformulieren. Angenommen, es ist dein Ziel, einen bestimmten Posten zu bekleiden, aber dein Verstand sagt dir: Warum solltest ausgerechnet du befördert werden? Dann könntest du die Affirmation umformulieren. Z. B.: „Ich bin Abteilungsleiter!" Das wird jetzt vom Verstand abgelehnt. Also formuliere: „Wie wäre es, wenn ich ab nächstem Jahr Abteilungsleiter wäre?" Oder: „Wenn ich Abteilungsleiter bin, werde ich vieles besser machen", oder: „Es wäre doch sehr schön, Abteilungsleiter zu sein." Oder: „Wäre es nicht schön, Abteilungsleiter zu sein?"

Bei solchen Aussagen ist es jetzt für den Verstand nicht mehr möglich, es abzulehnen, du hast ihn eben mal ausgetrickst.

Spiegelbehandlung

Auch die Spiegelbehandlung funktioniert auf der Basis der Affirmation, nur dass du diese verbunden mit einem Blick in den Spiegel äußerst. Kauf dir am besten einen Spiegel, den du bequem auf dem Schoß platzieren kannst, dann schau dir tief in die Augen und sage deine Affirmation immer und immer wieder. Vielleicht brauchst du eine kurze Aufwärmphase, aber spätestens nach fünf Minuten beginnt man, sich sehr, sehr gut zu fühlen, oftmals geht es in eine wahre Euphorie über, da mag man dann gar nicht mehr damit aufhören. Wenn man das jeden Abend eine halbe Stunde lang tut, wird man gar nicht mehr in der Lage sein, sich jemals wieder schlecht zu fühlen. Probiere es einfach aus und du wirst selbst merken, dass das ein wahrer Turbolader für deine Affirmation ist. So transportierst du sie nahezu intravenös in dein Unterbewusstsein. Der Volksmund sagt, die Augen seien die Fenster der Seele. Bei der Spiegelbehandlung wirst du den Wahrheitsgehalt dieser Aussage bestätigt sehen.

Visionstafel

Eine Visionstafel ist ein einfaches Stück Pappe, auf das du Bilder klebst, die deinen Wunsch oder dein Ziel widerspiegeln. Durch ständiges Betrachten dringen diese Bilder tief in dein Inneres ein und werden von deinem Unterbewusstsein irgendwann als sichtbare Begebenheiten oder handfeste Materie in dein Leben treten. Wenn du beim Betrachten dieser Collage eine konstruktive Affirmation im Kopf hast, wie z. B. „Ich habe es verdient" oder „**Ja, das** ist mein neues Leben", potenziert sich der Effekt geradezu. Wichtig ist auch da, dass dich die Bilder und der Spruch ansprechen, etwas in dir drin zum Vibrieren bringen. Man kann so was natürlich auch zusätzlich als Schreibtisch- oder Desktophintergrund wählen oder einen elektronischen Bilderrahmen damit bestücken. Wenn du glaubst, dass irgendetwas unmöglich ist, dann brauchst du es nur zu visualisieren, und nach einiger Zeit wird es dir möglich erscheinen, aber nicht weil sich die Welt geändert hat, sondern weil du dich geändert hast. Die Inhalte deines Geistes haben sich verlagert, also erscheint es dir als möglich; visualisiere weiter und es wird dir immer wahrscheinlicher, dass du es haben kannst, es kommt der Tag, da wirst du es besitzen!

An etwas zu denken, das du nicht willst, dich schlau machen über etwas, das du vermeiden möchtest, wäre so, als würdest du einen Menschen, den du nicht leiden kannst, den du nicht kennen möchtest, vor dem du Angst hast, laufend SMS schreiben und ihn anrufen: „Ich kenne Sie nicht und eigentlich möchte ich Sie ja auch gar nicht kennen, Sie sind so gruselig, Herr Maier, aber ich muss doch wissen, ob das stimmt, was über Sie berichtet wird."

Hört sich so richtig nach geistigem Tiefflieger an, oder? Aber das tun 95 Prozent der Menschen, wenn sie sich Berichte über Krankheiten anschauen, die sie (noch) nicht haben, oder Berichte schauen, in denen es um Altersarmut geht, oder Talkshows, in denen solche oder andere Themen diskutiert werden.

Die Konzentration ist die einzige Methode des Erschaffens! Alles, was jemals erschaffen wurde, wurde so erschaffen. Frage jeden erfolgreichen Menschen und er wird dir sagen, dass er sich auf den Erfolg konzentriert hat. Frage einen Versager und du wirst aus seinen Ausflüchten und Schuldzuweisungen heraushören, dass er sich vorrangig mit Unerwünschtem befasst hat.

Subliminals

Subliminals sind CDs oder andere Tonträger, auf denen meist Entspannungsmusik zu hören ist, die mit positiven Affirmationen unterlegt ist. Diese werden nicht bewusst wahrgenommen, das heißt, dass dein bewusster Verstand nur die Musik wahrnimmt und die Affirmationen für das Ohr kaum hörbar „darunter liegen". Das hat den Vorteil, dass du immer und überall einfach eine entspannende Musik hörst, aber dein Unterbewusstsein empfängt diese kostbaren Botschaften, ohne dass diese von deinem bewussten Verstand negiert werden können. Höre sie beim Arbeiten, im Büro, vor dem Fernseher, beim Autofahren und Schlafen. Natürlich solltest du keine Wunder erwarten. Es ist nur ein Instrument, das in Verbindung mit anderen eben den positiven Nutzen noch steigern kann. Ich war schon immer ein Befürworter, mehrere Methoden gleichzeitig zu nutzen. Auch wenn das alles einzeln gesehen eher kleinkalibrige Waffen sind, die ich dir in diesem Kapitel vorstelle, um deine Glaubenssätze in die gewünschte Richtung zu verändern, sind sie zusammen genommen eben doch eine Bazooka.

Bewusstes positives Denken

Damit ist gemeint, einfach zu versuchen, immer bewusst das Gute zu betrachten. Wenn du am Abend den Tag Revue passieren lässt, frage ganz bewusst: Was war gut an diesem Tag? Selbst an den schlimmsten Tagen meines Lebens habe ich immer etwas Gutes gefunden, das lässt deine Gedanken augenblicklich von dem Unerwünschten zum

Erwünschten switchen. Wenn du dringend sechs Rechnungen bezahlen musst, aber heute nur eine davon bezahlen konntest, dann denke an diese eine bezahlte, „Ja, geil, dass die endlich bezahlt ist!" Damit bist du auf der Habenseite deines Denkens. Wenn du dir um die fünf anderen Rechnungen Sorgen machst und grübelst, wie du sie bezahlen sollst, dann bist du auf der Sollseite deines Denkens. Egal auf welcher Seite du dich gedanklich befindest, das Gesetz der Anziehung wird dir mehr davon bringen.

Lebenskunst

Lebenskunst heißt, du musst jeden Menschen so lassen, wie er nun mal ist, ihn einfach so nehmen. Wenn es nicht passt, egal, es müssen ja nicht deine Freunde sein. Urteilen ist was für Versager, die Unterschicht sind diejenigen, die am meisten kritisieren. Im Gespräch mit ihren Kolleginnen kritisieren sie ihren Ehemann, im Gespräch mit diesem kritisieren sie ihre Kolleginnen, sie kritisieren den Chef, alle Chefs, die Reichen, die Politiker, ihre Kinder, ihre Eltern, die Lehrer ihrer Kinder usw. usf. Reiche, glückliche Menschen kritisieren dagegen nur sehr wenig. Kannst du dir vorstellen, dass ein paar Millionäre beim Golfspielen darüber reden, was sie **nicht** haben wollen, und dabei andere Menschen kritisieren?

Absolut die einzige Methode, etwas zu erschaffen, ist diese:

Es ist immer wieder die gleiche Kausalkette; du denkst Gedanken, diese sinken in dein Unbewusstes, wenn du sie immer wieder denkst, werden sie zu Glauben. Das Unterbewusstsein steuert deine Handlungen, das Unterbewusstsein steuert deinen Körper, das Unterbewusstsein sendet selbst und über die DNA. Daraufhin werden äquivalente Menschen, Situationen und Dinge in deinem Leben auftauchen, die aber letzten Endes verzögerte Manifestationen deiner Gedanken sind!

Du solltest verstehen, dass der Gedanke, den du gerade denkst, das Wichtigste überhaupt ist, um dein Leben zu gestalten, wenn auch dieser Gedanke wenig Macht hat. Aber auch ein Tsunami besteht aus kleinen machtlosen Wassertropfen. Dein einzelner Gedanke hat nicht viel Macht, aber der Inhalt deines Unterbewusstseins ist dafür verantwortlich, wer du bist, was du hast, was dir widerfährt, ob du gesund bist, ob du glücklich bist. Der Unterschied zwischen einem Menschen, der gerade in der Gosse eine Hölle erlebt aus Armut, Krankheit und Verachtung, und einem Milliardär, der gesund und glücklich ist und sich gerade im Paradies wähnt, weil er riesige Triumphe feiert, ist **ausschließlich in den verschiedenen Inhalten ihres Unbewussten zu suchen** und diese Inhalte wurden von ihren **eigenen Gedanken geschaffen** oder von Worten anderer, die aber von ihnen selbst angenommen und bestätigt wurden, womit es sich schon wieder um eigene Gedanken handelt.

Wenn du an deiner Situation etwas ändern willst, beginne heute, an das zu denken, was du gerne magst.

Auch wenn es dir unmöglich erscheint, deine verfahrene Situation noch rumzureißen. Es ist möglich! Es ist möglich, weil ein positiver Gedanke wesentlich machtvoller ist als ein negativer.

Das wurde in Experimenten bestätigt: Forscher fanden heraus, dass es unsere gesamte DNA ist, also jede einzelne Zelle deines Körpers, die Informationen nach außen sendet. Weiterhin fanden sie heraus, dass sich die DNA zusammenzieht und wesentlich weniger sendet, wenn wir uns schlecht fühlen, und sich voll entfaltet und auf Hochtouren sendet, wenn wir uns richtig gut fühlen. Gut fühlen wir uns, wenn wir Gedanken hegen an etwas, das wir mögen.

Damit ist wissenschaftlich bestätigt, was die Weisen schon immer wussten. Das ist auch der Grund, dass die Welt trotz des allgegenwärtigen Pessimismus in den Medien trotzdem immer besser wird.

Du selbst bist überwältigend mächtig. Aber eben nicht so mächtig wie ein Zauberer aus dem Märchen, der mit seinem Zauberstab auf Bestellung ein Königreich erschafft, sondern etwas langsamer mächtig, aber deswegen nicht weniger mächtig. Wie ein Maler, der sich dieses Königreich mit jedem einzelnen Pinselstrich selbst erschaffen muss. Jeder einzelne Gedanke ist ein kleiner Pinselstrich, aber aus etlichen Pinselstrichen wird nachher ein wunderschönes Gemälde, das Gemälde deines Lebens, entstehen, das niemals zu Ende gebracht wird, sondern immer noch besser werden kann. Aber was du so langsam und kontinuierlich erschaffen hast, das ist auch für immer dein, das kann dir niemand nehmen, weil es in deinem Inneren ruht.

Wie lange dauert es?

Das ist wohl eine der am häufigsten gestellten Fragen: In „The Secret" wird gesagt, dass es dafür keine Regel gibt, dass man etwas Großes genauso schnell erschaffen kann wie etwas Kleines. Mir ist es ein Bedürfnis, das hier noch etwas genauer auszuformulieren. Die meisten glauben, dass Gedanken direkt ins Universum gehen und von dort die Antwort kommt, aber das ist nicht richtig, deine Gedanken gehen in dein Unterbewusstsein, und dieses sendet dein „Sosein" ins Universum. Das Unterbewusstsein sendet 50-mal stärker als dein Gehirn. Also, wenn dein Gehirn sagt: „Ich bin reich", und dein Unterbewusstsein sagt dagegen 50-mal lauter: „Ach was, eigentlich bin ich doch eine verdammt arme Sau!", was wird sich da wohl verwirklichen? Du musst dafür sorgen, dass auch dein Unterbewusstsein sagt: **„Ich bin reich!"** Wenn du jahrelang negativ über ein Thema gedacht hast, dann ist das wie ein Vorstrafenregister, das muss erstmals gelöscht sein oder ausgeglichen durch positive Gedanken über dieses Thema, das kann etwas dauern.

Wenn du glaubst, dass es sein kann, dass du in der Innenstadt einen Parkplatz bekommst, kann dieser auch sofort manifestiert werden, weil es ja deinem „Sosein" entspricht, einen zu bekommen. Würden die Gedanken nicht den Filter des Unterbewusstseins passieren müssen, würdest du ja auch den Sportwagen sofort manifestieren können. Da du aber nicht glaubst, sofort so einen Wagen zu bekommen, weil deine Glaubenssätze etwas anderes sagen, kann es auch nicht sein. Dass du nicht daran glaubst, dieses Auto sofort haben zu können, ist Beweis genug, dass die Inhalte deines Unterbewusstseins eben nicht auf dem Level sind, dieses Auto zu bekommen. Würde es deinem „Sosein" entsprechen, dann würdest du daran glauben. Also brauchst du den Prozess des Visualisierens über einen längeren Zeitraum, um die Inhalte deinen Wünschen anzupassen. Irgendwann hast du so lange visualisiert, dass dein Unterbewusstsein es angenommen hat, dass du solch ein Auto besitzt. Es unterscheidet nicht, ob du es nur in Gedanken benutzt, also in der mentalen Realität, oder in der materiellen Realität. Deswegen ist die Dauer vom ersten Wunsch bis zum manifestierten „Haben" eines Ereignisses oder eines materiellen Manifestierens oder eines Kennenlernens eines Partners immer genau die Zeit, die du brauchst, um dein Unterbewusstsein von der jetzigen Programmierung zu der erwünschten Programmierung zu bringen.

Da spielen zwei Faktoren eine Rolle: Wie weit bist du vom Ziel entfernt, also wie groß ist das Volumen, das umprogrammiert werden muss, und mit welcher Intensität programmierst du um? Wenn ein Bettler einen Porsche visualisiert, wird er mit derselben Intensität länger brauchen als ein Facharbeiter. Anderseits, wenn der Bettler sehr intensiv und viel visualisiert und der Facharbeiter recht wenig, kann er diesen durchaus überholen.

Das ist wie beim Sport: Wenn einer das Ziel hat, eine 100-Kilo-Hantel zu stemmen, dann richtet sich die Zeitspanne, in der er das erreicht, danach, wie viel er jetzt schon schafft und wie intensiv er trainiert.

„Der Langsamste, der sein Ziel nicht aus den Augen verliert, ist immer noch schneller als jener, der ohne Ziel umherirrt."
Gotthold Ephraim Lessing

Das ist der Grund, dass sich Beharrlichkeit immer auszahlt.

Jemand sagte einmal, Versagen ist ihm noch nicht begegnet, die Leute haben einfach nur aufgehört.

Also richtet sich das Tempo nach der Größe deines Wunsches im

Verhältnis zu deinem jetzigen „Sosein" und deinen Anstrengungen, die du unternimmst. Ein Mathematiker könnte daraus bestimmt eine brillante Formel entwerfen.

Wenn du jetzt aber denkst: „Oh Gott, das ist ein riesiges Ziel, das dauert bestimmt ewig", würde ich dir raten, lieber nicht zu jammern, sondern zu beginnen. Umso eher du anfängst, umso eher bist du da. Weiterhin wäre zu bemerken, dass es, wenn du begonnen hast, ja nur noch bergauf geht in deine gewünschte Richtung, und das ist sehr, sehr befriedigend. Bestimmt wirst du mir zustimmen, das der oben genannte Sportler, der eine 40-Kilo-Hantel stemmt, der aber eine 100-Kilo-Hantel stemmen will, schon sehr zufrieden und voller Hoffnung in die Zukunft blickt, wenn er bei 80 Kilo angelangt ist.

Noch ein Tipp

Egal was du in deinem Leben erreichen willst, du kannst es haben. Alleine der Umstand, dass du es begehrst, ist Beweis genug, dass ein Teil von dir weiß, dass es das haben kann, aber lass dir gesagt sein, so einfach, wie in vielen Büchern beschrieben, ist es nicht: einmal im Katalog des Universums bestellt und, schwups, ist es da. Zielerreichung ist immer mühelos, der, der du bist, bist du doch völlig mühelos, **du musst dich doch nicht anstrengen, um du selbst zu sein.** Anstrengen musst du dich, wenn du ein anderer sein willst. Also musst du dich solange positiv mit deinem Ziel auseinandersetzen, bis du es verinnerlicht hast,

jetzt bist du so!

Ich möchte es nicht harte Arbeit nennen, das klingt einfach zu abgedroschen. Arbeiten im herkömmlichen Sinne brauchst du gar nicht mehr. Du erschaffst die Dinge durch dein Denken und nicht durch dein Handeln, aber lass dir gesagt sein, was du wirklich brauchst, um dich von der Masse abzuheben.

Du brauchst Selbstdisziplin! Davon brauchst du eine ganze Menge!

Wenn du dich von der Masse abheben willst, was das Einkommen und das Glücklichsein betrifft, dann musst du dich auch ganz deutlich von der Masse damit abgrenzen, was du in deiner Freizeit tust. Ich sagte vorhin schon, dass das Gesetz der Anziehung sich nicht mit dem weltlichen Denken vermischen lässt, weil es dem diametral entgegengesetzt ist. Wenn du den Weg des Gesetzes gehst, kannst du dein Leben nicht einfach so fortführen und nur ein wenig anders denken. Denn aus diesem Denken, das du bislang hattest, sind ja diese Handlungen entsprungen. Weil du so gedacht hast, hast du abends vor dem Fernseher gesessen, weil du so gedacht hast, hast du die Freunde, die du hast, den Job, den du hast, das Geld, das du hast, den Partner, den du hast. Jetzt brauchst du die Selbstdisziplin, die oben erwähnten Techniken anzuwenden. Wenn du das eine Weile tust, wirst du dich langsam, aber sicher von deinen bisherigen Erfahrungen verabschieden, dazu gehören auch Freunde und vielleicht sogar der Ehepartner. Da brauchst du dich nicht zu grämen, denn es werden ja neue Menschen in dein Leben treten, die mehr deinem neuen „Sosein" entsprechen. In ein paar Jahren wirst du dann vermutlich denken: „Also, was ich früher an meinen Kumpels mochte, das mag ich jetzt nicht mehr nachzuvollziehen."

Wenn du aber keine Disziplin hältst und weiter vor dem Fernseher abhängst und mit deinem Ehepartner über die schlechte Welt lamentierst, wird es dir unmöglich sein, aus dem Massendenken auszubrechen, weil du dann ein Teil davon bist.

Unter Selbstdisziplin verstehe ich, sich selbst eine klare Anweisung zu geben und dann danach zu handeln, ohne Wenn und Aber. Wenn du das tust, kann nichts und niemand deinen Erfolg verhindern!

Ich glaube an dich!

Nachsatz:

Offensichtlich zählst du zu denjenigen, die dieses Buch bis zum Schluss gelesen haben. Wenn du bei allen Vorhaben so durchhältst, dann ist dein Erfolg garantiert.

Ich würde mich sehr freuen, wenn du mir deine persönliche Erfolgsstory zusenden würdest. Die besten werden in einem folgenden Werk (natürlich ohne Deinen richtigen Namen)

veröffentlicht: **andreas@boskugel.email**

Besuche mich im Internet: **www.andreas-boskugel.de**

Ganz besonders freue ich mich auch über positive Rezensionen bei Amazon oder anderen großen Online-Buchhändlern.

Auch ein Like bei Facebook lässt mir ein Lächeln übers Gesicht huschen. :)

DANKE!

Impressum
Copyright: © 2013 Andreas Boskugel
Rich Verlag Andreas Boskugel
ISBN 978-3-9815377-9-6

5. Auflage

Weitere Werke von Andreas Boskugel:

DENKE! ANDERS ARBEITSBUCH

Nutze die Macht!

160 Seiten, Taschenbuch, 14,99 €

ISBN 978-3-95754-001-0

Nach dem Bestseller DENKE! ANDERS nun das Arbeitsbuch. Darauf haben viele schon sehnsüchtig gewartet! Boskugel legt einen klaren Weg vor, welchen er selbst gegangen ist. Er hat sich damit aus der Falle der Armut befreit und hat sich von einem Sozialhilfe-Empfänger zu einem extrem erfolgreichen Geschäftsmann, Autor und Erfolgstrainer entwickelt.

Dies ist eine klare Schritt-für-Schritt Anleitung!

So wie ein Profi-Monteur unter die Motorhaube schaut, den Fehler erkennt und beseitigt, wird Dir der Weg geebnet, den Fehler in deinem Inneren zu beheben, damit Dir das Gesetz der Anziehung die Resultate bringen kann, welche Dich glücklich machen!

Egal wo Du stehst, wenn Du dieser Anleitung gewissenhaft folgst, wirst Du in die Lage versetzt, endlich Deinen Traum zu leben!

RICHTIG DENKEN!

Ein extrem wertvolles Buch!
96 Seiten, Taschenbuch, 6,99 €
ISBN 978-3-9815377-4-1

Wenn du dein Leben um 20 % verbessern willst, nimm einen der üblichen Mainstream-Autoren, die erzählen dir was von positivem Denken, harter Arbeit und wie Du den widrigen Umständen in Deinen Erfahrungen angemessener begegnest. Willst Du dagegen den wahren Erfolg, dann lerne bei Andreas Boskugel, wie Du deine Erfahrungen gestaltest, bevor sie überhaupt entstehen! Wenn Du Dein Leben ENTSCHEIDEND verbessern willst, aber dennoch aus eigener Kraft nicht weiterkommst, ist Andreas Boskugel der Spezialist, der dich mit seinen unkonventionellen Maßnahmen, seiner exorbitanten Offenheit, seiner magischen Leidenschaft für Erfolg auf kürzestem Weg dahin bringt, wo Du hin willst. In diesem Buch wird der Grundgedanke von dem Standardwerk „DENKE! ANDERS" in stark komprimierter Form vermittelt.

FREI vom Alkohol

Ohne Kampf, ohne Willenskraft zu ersehnten Freiheit

96 Seiten, Taschenbuch, 11,99 €

ISBN 978-3-9815377-6-5

Die meisten Bücher zu diesem Thema werden von „Therapeuten" geschrieben, die mit theoretischem Halbwissen aufwarten, die gar nicht nachempfinden können, worüber sie da sprechen. Andreas Boskugel trank über 15 Jahre exzessiv, bevor er eine Technik entwickelte, mit deren Hilfe sich jeder Mensch selbst aus der Falle der Sucht befreien kann. Und das ohne Entzugsklinik, ohne Gruppentherapie, ohne Willenskraft.

„Es wird das Größte sein, das Nachhaltigste, was Du jemals getan hast." Boskugels Methode funktioniert ganz hervorragend und das völlig entspannt!

DVD

„Ich erschaffe mir die Welt, wie sie mir gefällt"

Live Seminar Mitschnitt

Laufzeit 128 Minuten, 19,99 €

ISBN 978-3-95754-000-3

Boskugel, Autor des Bestsellers "DENKE! ANDERS", bringt auf diesem
Seminar-Mitschnitt das Gesetz der Anziehung auf den Punkt und offenbart,
wie es jeder schaffen kann, sein Leben in Rekordgeschwindigkeit zu
verbessern.

Er zeigt einen klaren Weg auf, wie es jedem gelingen kann, seinen
Traum zu leben.

Die Lehren des Ausnahmetrainers Boskugel sind deshalb so
wirkungsvoll, weil sie völlig frei von weltlichem, religiösem und
ideologischem Ballast sind!

Die schönen Motive mit inspirierenden Sprüchen aus der Feder des Erfolgsautors Andreas Boskugel.

(natürlich in Farbe!)

Die Poster sind in Premium-Druckqualität. Ideal für das Arbeitszimmer, um positiv ausgerichtet zu bleiben. Die Postkarte ist ideal als Lesezeichen, Dekoration des Arbeitsplatzes oder zum verschicken.

In verschiedenen Größen: A1, A2 und Postkarte.

Erhältlich in unserem Onlineshop

www.andreas-boskugel.de

oder bei Amazon